魚類

マグロ

ミノカサゴ

カクレクマノミ

両生類

トノサマガエル（おたまじゃくし）

JN022693

オオサンショウウオ

イモリ

ハチュウ類

トカゲ

ミドリガメ

アオダイショウ

鳥類

カルガモ

ツバメ

ペンギン

ホニュウ類

イヌ

ウシ

イルカ

考える力。
それは「明日」に立ち向かう力。

あらゆるものが進化し、世界中で昨日まで予想もしなかったことが起こる今。
たとえ便利なインターネットを使っても、「明日」は検索できない。

チャート式は、君の「考える力」をのばしたい。
どんな明日がきても、この本で身につけた「考えぬく力」で、
身のまわりのどんな問題も君らしく解いて、夢に向かって前進してほしい。

チャート式が大切にする5つの言葉とともに、
いっしょに「新しい冒険」をはじめよう。

1　地図を広げて、ゴールを定めよう。

1年後、どんな目標を達成したいだろう？
10年後、どんな大人になっていたいだろう？
ゴールが決まると、たどり着くまでに必要な力や道のりが見えてくるはず。
大きな地図を広げて、チャート式と出発しよう。
これからはじまる冒険の先には、たくさんのチャンスが待っている。

2　好奇心の船に乗ろう。「知りたい」は強い。

君を本当に強くするのは、覚えた公式や単語の数よりも、
「知りたい」「わかりたい」というその姿勢のはず。
最初から、100点を目指さなくていい。
まわりみたいに、上手に解けなくていい。
その前向きな心が、君をどんどん成長させてくれる。

3 味方がいると、見方が変わる。

どんなに強いライバルが現れても、
信頼できる仲間がいれば、自然と自信がわいてくる。
勉強もきっと同じ。
この本で学んだ時間が増えるほど、
どんなに難しい問題だって、見方が変わってくるはず。
チャート式は、挑戦する君の味方になる。

4 越えた波の数だけ、強くなれる。

昨日解けた問題も、今日は解けないかもしれない。
今日できないことも、明日にはできるようになるかもしれない。
失敗をこわがらずに挑戦して、くり返し考え、くり返し見直してほしい。
たとえゴールまで時間がかかっても、
人一倍考えることが「本当の力」になるから。
越えた波の数だけ、君は強くなれる。

5 一歩ずつでいい。
でも、毎日進み続けよう。

がんばりすぎたと思ったら、立ち止まって深呼吸しよう。
わからないと思ったら、進んできた道をふり返ってみよう。
大切なのは、どんな課題にぶつかってもあきらめずに、
コツコツ、少しずつ、前に進むこと。

チャート式はどんなときも
ゴールに向かって走る君の背中を押し続ける

本書の特色と使い方

ぼく，数犬チャ太郎。
いっしょに勉強しよう！

デジタルコンテンツを活用しよう！

●もくじや各章の **1 要点のまとめ** に掲載されているQRコードを，タブレットPCやスマートフォンで読み取ると，**3 要点チェック** のような一問一答テストにアクセスできます。※1，※2

◀ こちらからもアクセスできます。

PCからは https://cds.chart.co.jp/books/9v4ogws7as

●理解度チェックやくり返し学習ができます。スキマ時間にチャレンジしてみましょう！

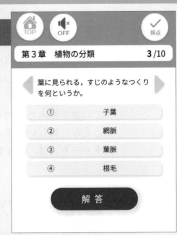

第3章 植物の分類 3/10

葉に見られる，すじのようなつくりを何というか。

① 子葉
② 網脈
③ 葉脈
④ 根毛

解 答

第1~4編　各章の流れ

1 要点のまとめ

●用語や定義，公式などの要点を簡潔にまとめています。

●授業の予習・復習はもちろん，テスト直前の最終確認にも活用しましょう。

>>p.101 簡単にさがせる
くわしく学習する **2** のページを示しているので，参照したいページが一目でわかります。

QRコード

図や表でも確認できる
要点を図や表でまとめているので，知識を効率よく確認・整理できます。

2 解説

●本文では，学習内容をわかりやすい文章でていねいに解説しています。

●側注では，本文をより深く理解するための補足的な内容を扱っています。興味・必要に応じて活用しましょう。

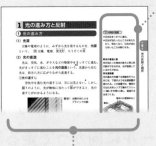

側注で理解が深まる

小学校の復習：小学校内容のうち，中1で学習する内容に関連が深いものを取り上げています。

⚠：かん違いしやすい内容を取り上げています。

発展：学習指導要領を超えた内容ですが，本文の理解に役立つものを取り上げています。

本文と図や側注の対応がわかる
図や表，側注に番号をつけているので，本文との対応が一目でわかります。

※1 QRコードは(株)デンソーウェーブの登録商標です。　※2 通信料はお客様のご負担となります。Wi-Fi環境での利用をおすすめいたします。

2 解説

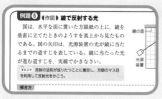

作図や計算のしかたがわかる

教科書に出てくる作図や計算を，例題として取り上げ，解き方をわかりやすく解説しています。

入試に向けた準備ができる

入試に出やすい応用的な内容を取り上げています。教科書内容が理解できたら，ここで知識を深めましょう。

重要な実験・観察がわかる

教科書の実験・観察のうち，特に重要なものを取り上げ，よく問われる操作や結果とその理由をまとめています。

3 要点チェック

● 一問一答形式で，基本的な知識の習得度をチェックできます。

● 右側の解答をかくして，くり返しチェックしましょう。

≫ p.101 もどって復習できる

問題ごとに **2** のページを示しているので，わからなかったときはもどって，しっかり復習しましょう。

4 定期試験対策問題

● その章でおさえておきたい内容を出題しています。

● 実力を試したいときは，💡ヒント を見ないで挑戦してみましょう。

≫ p.102 もどって復習できる

問題ごとに **2** のページを示しているので，わからなかったときはもどって，しっかり復習しましょう。

入試対策編

入試対策問題

● 入試で出題された，思考力・判断力・表現力が試される問題を取り上げています。

● 学年の終わりや入試前に挑戦し，入試に備えましょう。

解き方のポイントがわかる

解き方のヒント で，入試の傾向や注目するところ，考え方の道すじなどをアドバイスしています。実力を試したいときは，ここを見ないで挑戦してみましょう。

別冊 参考書らくらく活用ノート

● 参考書（本冊）の「要点のまとめ」「例題」「要点チェック」を集めた書き込み式のノートです。

● このノートを使えば，参考書を無理なく活用できます。

● 完成したノートは，復習に活用できる要点まとめ集に！

参考書そのままの紙面だから，見やすく，使いやすい！

学習したかどうかが一目でわかる！

例題には，類似の練習問題をプラス！

中学理科 1年

もくじ

一問一答コンテンツ ➡

本書の特色と使い方	……………………	2

第1編 いろいろな生物とその共通点 …………… 7

第1章 生物の観察と分類のしかた
●要点のまとめ ……………………………… 8
1 生物の観察 ……………………………… 9
2 生物の分類のしかた …………………… 16
☑ 要点チェック …………………………… 17
●定期試験対策問題 ……………………… 18

第2章 花のつくり
●要点のまとめ …………………………… 20
1 果実をつくる花のつくり …………… 21
2 マツの花と種子植物 ………………… 25
☑ 要点チェック …………………………… 27
●定期試験対策問題 ……………………… 28

第3章 植物の分類
●要点のまとめ …………………………… 30
1 被子植物の分類 ……………………… 31
2 種子をつくらない植物の分類 ……… 34
☑ 要点チェック …………………………… 37
●定期試験対策問題 ……………………… 38

第4章 動物の分類
●要点のまとめ …………………………… 40
1 セキツイ動物の分類 ………………… 41
2 無セキツイ動物の分類 ……………… 45
☑ 要点チェック …………………………… 48
●定期試験対策問題 ……………………… 49

第2編 身のまわりの物質 … 51

第5章 物質の性質
●要点のまとめ …………………………… 52
1 物質の区別 …………………………… 53
2 物質の密度 …………………………… 57
　例題❶ 【計算】物質の密度 ………… 59
　例題❷ 【計算】密度の公式から
　　　　　　　 質量・体積を求める …… 59
☑ 要点チェック …………………………… 61
●定期試験対策問題 ……………………… 62

第6章 気体の性質
●要点のまとめ…………………………… 64
1 気体の性質の調べ方と集め方 ……… 65
2 気体の発生と性質 …………………… 67
☑ 要点チェック …………………………… 73
●定期試験対策問題 ……………………… 74

第7章 水溶液の性質

- ●要点のまとめ‥‥‥‥‥‥‥‥‥ 76
- **1** 物質が水に溶けるようす ‥‥‥‥ 77
  - 例題❸〈計算〉質量パーセント濃度 ‥‥ 79
  - 例題❹〈計算〉濃度の公式の利用 ‥‥‥ 79
- **2** 溶解度と再結晶 ‥‥‥‥‥‥ 80
  - 例題❺〈計算〉水溶液の温度を下げて
    出てくる物質の量 ‥‥ 82
- 応用 溶解度曲線の利用 ‥‥‥‥‥‥ 84
- ☑ 要点チェック ‥‥‥‥‥‥‥‥ 85
- ●定期試験対策問題 ‥‥‥‥‥‥‥ 86

第8章 物質の状態変化

- ●要点のまとめ‥‥‥‥‥‥‥‥‥ 88
- **1** 状態変化と体積・質量‥‥‥‥‥ 89
- **2** 状態変化と温度 ‥‥‥‥‥‥‥ 92
- ☑ 要点チェック ‥‥‥‥‥‥‥‥ 96
- ●定期試験対策問題 ‥‥‥‥‥‥‥ 97

第3編 身のまわりの現象 … 99

第9章 光の反射と屈折

- ●要点のまとめ ‥‥‥‥‥‥‥‥ 100
- **1** 光の進み方と反射 ‥‥‥‥‥‥ 101
  - 例題❻〈作図〉鏡で反射する光 ‥‥‥ 102
  - 例題❼〈作図〉像の位置と光の道すじ ‥ 104
- 応用 鏡に映る像の見え方 ‥‥‥‥‥ 105
- **2** 光の屈折 ‥‥‥‥‥‥‥‥‥ 106
  - 例題❽〈作図〉屈折する光の道すじ ‥‥ 108
- ☑ 要点チェック ‥‥‥‥‥‥‥ 111
- ●定期試験対策問題 ‥‥‥‥‥‥‥ 112

第10章 凸レンズのはたらき

- ●要点のまとめ ‥‥‥‥‥‥‥‥ 114
- **1** 凸レンズを通る光の進み方 ‥‥‥ 115
- **2** 凸レンズによってできる像 ‥‥‥ 118
  - 例題❾〈作図〉凸レンズを通る
    光の道すじと実像 ‥‥ 121
  - 例題❿〈作図〉凸レンズを通る
    光の道すじと虚像 ‥‥ 121
- 応用 凸レンズと像 ‥‥‥‥‥‥‥ 122
- ☑ 要点チェック ‥‥‥‥‥‥‥ 123
- ●定期試験対策問題 ‥‥‥‥‥‥‥ 124

第11章 音の性質

- ●要点のまとめ ‥‥‥‥‥‥‥‥ 126
- **1** 音の伝わり方と速さ ‥‥‥‥‥ 127
  - 例題⓫〈計算〉音の速さ ‥‥‥‥‥ 130
  - 例題⓬〈計算〉速さの公式から距離・
    時間を求める ‥‥‥‥ 131
- **2** 音の大きさと高さ ‥‥‥‥‥‥ 132
- ☑ 要点チェック ‥‥‥‥‥‥‥ 135
- ●定期試験対策問題 ‥‥‥‥‥‥‥ 136

第12章 力のはたらき

- ●要点のまとめ ‥‥‥‥‥‥‥‥ 138
- **1** 物体にはたらく力 ‥‥‥‥‥‥ 139
  - 例題⓭〈作図〉力の大きさと
    ばねの伸びのグラフ ‥ 143
  - 例題⓮〈計算〉フックの法則の利用 ‥ 143
- **2** 力の表し方と2力のつりあい ‥‥‥ 144
  - 例題⓯〈作図〉いろいろな物体に
    はたらく力 ‥‥‥‥‥ 145
- ☑ 要点チェック ‥‥‥‥‥‥‥ 148
- ●定期試験対策問題 ‥‥‥‥‥‥‥ 149

第4編 大地の変化 ………… 151

第13章 火山
- ●要点のまとめ ……………… 152
- **1** 火山の活動 ………………… 153
- **2** 鉱物と火成岩 ……………… 156
- ☑ 要点チェック ……………… 161
- ●定期試験対策問題 ………… 162

第14章 地震
- ●要点のまとめ ……………… 164
- **1** 地震のゆれとその伝わり方 ……… 165
  - 例題⑯ 計算 地震の波の伝わる速さと
    震源からの距離 167
  - 例題⑰ 計算 初期微動継続時間 … 169
- 応用 グラフの読み取り ………… 171
- **2** 地震が起こるしくみと地形の変化 … 172
- ☑ 要点チェック ……………… 177
- ●定期試験対策問題 ………… 178

第15章 地層
- ●要点のまとめ ……………… 180
- **1** 地層のでき方 ……………… 181
- 応用 地層の広がり ………… 184
- **2** 地層からわかる過去のようす ……… 185
- ☑ 要点チェック ……………… 190
- ●定期試験対策問題 ………… 191

入試対策編 ………… 193
- 入試対策問題 ……………… 194

解答 ……………………………… 203
- 定期試験対策問題 解答と解説 ………… 203
- 入試対策問題 解答と解説 …………… 223
- 別冊 練習問題 解答と解説 ………… 227

- さくいん ……………………… 234

基本操作
- ルーペの使い方 ………………… 12
- 双眼実体顕微鏡の使い方 ………… 12
- スケッチのしかた ………………… 12
- 顕微鏡の使い方 ………………… 14
- ガスバーナーの使い方 ………… 55
- てんびん・メスシリンダーの使い方 ……… 58
- 気体の性質の調べ方 …………… 65
- 気体の集め方 …………………… 66
- ろ過のしかた …………………… 82
- グラフのかき方 ………………… 142

コラム
- いろいろなタンポポ ……………… 11
- 私たちが食べている果物は果実？ ………… 24
- 藻類 …………………………… 36
- 人体が水より海水に浮きやすいのはなぜ？ … 60
- 身のまわりの気体 ……………… 72
- 虹が見えるしくみ ……………… 110
- 音も反射や屈折をするの？ ………… 131
- 超音波って何？ ………………… 133

第 1 編

いろいろな生物と その共通点

第1章

生物の観察と分類のしかた … 8
1 生物の観察
2 生物の分類のしかた

● 定期試験対策問題 …………………… 18

第2章

花のつくり … 20
1 果実をつくる花のつくり
2 マツの花と種子植物

● 定期試験対策問題 …………………… 28

第3章

植物の分類 …………… 30
1 被子植物の分類
2 種子をつくらない植物の分類

● 定期試験対策問題 …………………… 38

第4章

動物の分類 …………… 40
1 セキツイ動物の分類
2 無セキツイ動物の分類

● 定期試験対策問題 …………………… 49

第1章 生物の観察と分類のしかた

要点のまとめ

一問一答
コンテンツ →

1 生物の観察 ≫p.9

☐ タンポポやオオバコは，日当たりがよく，乾（かわ）いているところに見られ，ドクダミやゼニゴケは，日当たりが悪く，湿（しめ）っているところに見られる。

☐ タンポポの花は，小さな花が集まって，1つの花のように見える。

▼ ルーペの使い方

観察物が動かせるとき

ルーペは目に近づけて持つ。

観察物を前後に動かしてピントを合わせる。

観察物が動かせないとき

顔を前後に動かしてピントを合わせる。

▼ 水中の小さな生物　▲動く ●緑色

ゾウリムシ▲　アメーバ▲

ツリガネムシ▲　ミジンコ▲

ミドリムシ▲●　ミカヅキモ●

アオミドロ●　イカダモ●

▼ 顕微鏡（けんびきょう）の使い方

ステージ上下式顕微鏡

- レボルバー
- 対物レンズ
- ステージ
- しぼり
- 反射鏡
- 接眼レンズ
- 鏡筒（きょうとう）
- アーム
- クリップ
- 調節ねじ

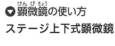
操作の手順 レンズは，接眼レンズ→対物レンズの順に取りつける。

| ①最も低倍率の対物レンズにして，反射鏡としぼりで視野を明るくする。 | ②プレパラートをステージにのせ，横から見ながら対物レンズとプレパラートを近づける。 | ③接眼レンズをのぞきながら，対物レンズとプレパラートを離（はな）していき，ピントを合わせる。 | ④高倍率にするときはレボルバーを回して対物レンズをかえる。 |

2 生物の分類のしかた ≫p.16

☐ 生物を**分類**するときは，まず生息場所などの**観点**を決め，さらに水中か陸上かなどの**基準**を設定する。

1 生物の観察

① 身近な生物の観察

(1) 日当たり・湿りけと植物

図1のように，日当たりや湿りけなどの環境（かんきょう）の違い（ちが）によって，見られる植物の種類は異なる。

🔻 **図1 日当たり・湿りけと植物**

日当たりがよく乾いている（校庭のまわりや道ばたなど）

タンポポ

オオバコ❶

ハルジオン

ヨモギ

日当たりがよく湿っている（川や池などの水辺）

セリ

ホテイアオイ

日当たりが悪く湿っている（校舎や体育館の影（かげ））

ドクダミ

ゼニゴケ

(2) いろいろな場所で見られる動物

図2のように，環境の違いによって，見られる動物の種類は異なる。

❶人にふまれる場所に生える植物
背の高い植物は，日光を受けやすいが，人にふまれると折れてかれてしまうため，人が通らない場所でしか育つことができない。しかし，オオバコのように背が低く根が発達している植物は，人にふまれても折れにくいため，植物が育ちにくい場所に生えることで，日光を十分に受けて育つことができる。

ヒメジョオン
タンポポ
ヨモギ
オオバコ
へい
ふまれやすい。 ふまれにくい。

「ゼニゴケ」については第3章で学習するよ。

🔻 **図2 環境と動物**

植物の近く

スズメ　セイヨウミツバチ
クロヤマアリ　シマミミズ

ナナホシテントウ

地面や石・落ち葉の下

オカダンゴムシ

水面や水中

アメンボ　メダカ

トノサマガエルのおたまじゃくし

（3）生物の分布地図

　図3のように，観察する場所の地図をつくり，見られた生物を地図に記録すると，どのような場所にどのような生物が多く生活しているかがわかりやすい。

▼図3　生物の分布地図

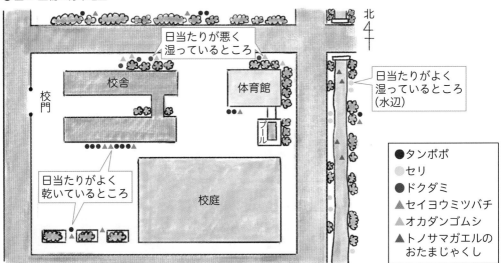

日当たりが悪く
湿っているところ

日当たりがよく
湿っているところ
（水辺）

日当たりがよく
乾いているところ

校舎

体育館

プール

校門

校庭

北

● タンポポ
○ セリ
◉ ドクダミ
▲ セイヨウミツバチ
▲ オカダンゴムシ
▲ トノサマガエルの
　おたまじゃくし

小学校で「花びら」
とよんでいたものを，
中学校からは「花弁」
とよぶよ。

（4）似た植物の共通点や違う点

①ハルジオンとヒメジョオン

　外見はとても似ているが，図4のような違いがある。

▼図4　ハルジオンとヒメジョオン

	花弁	つぼみ	茎の断面	葉
ハルジオン （開花期：春〜夏）	ピンクっぽく細い	下を向いている	中心部が空洞	茎をだいている
ヒメジョオン （開花期：夏〜秋）	白く幅がある	上を向いている	空洞はない	茎をだいていない

②**カンサイタンポポとセイヨウタンポポ**

外見はとても似ているが，図5のような違いがある。

▼図5 カンサイタンポポとセイヨウタンポポ

カンサイタンポポ(開花期:春)　　**セイヨウタンポポ(開花期:春～秋)**

 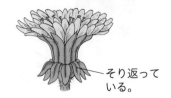

そり返って
いない。

そり返って
いる。

(5) タンポポの花の観察

タンポポの花は，図6のように，小さな花が集まって1つの花のように見える。生物のからだの細かいつくりを観察するときは，**ルーペ**や**双眼実体顕微鏡**を使う。観察した結果は，**スケッチ**に表す。>>p.12 基本操作❶～❸

▼図6 タンポポの花の集まりと1つの花

花の集まり　　1つの花

めしべ
花弁
おしべ
がく

これが1つの花なんだ！
おしべとめしべもちゃん
とあるね！

コラム

いろいろなタンポポ

日本で生育するタンポポにはいくつかの種類があるが，大きく分けると，古くから日本にある**在来種**と，外国から入ってきた**外来種**がある。これらを見分けるには，総苞とよばれる，花を下から包んでいるような部分の形を見るとよい(右図)。

外来種は，繁殖力が強いので数が増えている。また，外来種と在来種の雑種もできていて，在来種の数が減ってきている。

カンサイタンポポ　セイヨウタンポポ
(在来種)　　　　(外来種)

総苞

そり返っていない。　　そり返っている。

「在来種」と「外来種」
については3年生で
学習するよ。

ルーペの使い方

観察するものが動かせるとき　観察するものが動かせないとき

ルーペを目に近づけて持ち，
観察するものを前後に動かして
ピントを合わせる。

ルーペを目に近づけて持ち，
顔を前後に動かして
ピントを合わせる。

> ポイント ルーペは目に近づけ
> て使う。

★持ち運びしやすいので，野外での観
　察に便利である。
★10倍程度で観察できる。

注意! 目をいためるので，ルーペで
太陽を見てはいけない！

基本操作 ❷ **双眼実体顕微鏡（そうがんじったいけんびきょう）の使い方**

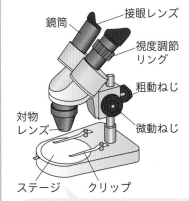

鏡筒
接眼レンズ
視度調節
リング
粗動ねじ
対物
レンズ
微動ねじ
ステージ　　クリップ

> ステージには，白い面と黒い面があるので，
> 観察物がはっきり見えるほうを使う。

❶ **接眼レンズの間隔（かんかく）を調節する**

接眼レンズを両目でのぞいて，左右の視野が重なって見
えるように鏡筒の間隔（きょうとう）を調節する。

❷ **ピントを合わせる**

粗動（そどう）ねじをゆるめて鏡筒を上下させて，両目でおよその
ピントを合わせた後，右目でのぞきながら微動（びどう）ねじを回
してピントを合わせる。

❸ **視度調節リングで調整する**

左目でのぞきながら，視度調節リングを回してピントを
合わせる。

★プレパラートをつくる必要がなく，観察物を
　そのまま20〜40倍程度で立体的に観察できる。

基本操作 ❸ **スケッチのしかた**

・対象とするものだけを，先を細く
　削（けず）った鉛筆（えんぴつ）を使ってかく。
・細い線と小さな点ではっきりとか
　き，線を重ねがきしたり，影（かげ）をつ
　けたりしない。
・気づいたことも記録する。

○ よい例

縦に細かいすじ
がある。

拡大すると
細かいもが
ある。

白い線毛

× 悪い例

×重ねがき
している。

×影をつけて
いる。

② 水中の小さな生物

(1) 水中の小さな生物の採集

川や池，水槽の水の中には，小さな生物がいる。水中の小さな生物を採集するには，図7のような方法がある。

❷プランクトンネット
水中に浮遊して生活している小さな生物をプランクトンといい，それを集めるための器具をプランクトンネットという。

▼図7 水中の小さな生物を採集する方法

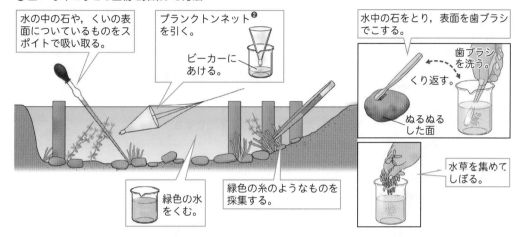

水の中の石や，くいの表面についているものをスポイトで吸い取る。

プランクトンネット❷を引く。

ビーカーにあける。

水中の石をとり，表面を歯ブラシでこする。

歯ブラシを洗う。

くり返す。

ぬるぬるした面

緑色の水をくむ。

緑色の糸のようなものを採集する。

水草を集めてしぼる。

(2) 水中の小さな生物の観察

図7のようにして採集したものでプレパラートをつくり，顕微鏡で観察すると，図8のような生物が見られる。

>>p.14 基本操作❹

▼図8 水中の小さな生物

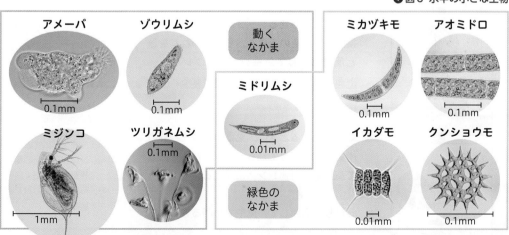

アメーバ
0.1mm

ゾウリムシ
0.1mm

動くなかま

ミドリムシ
0.01mm

ミカヅキモ
0.1mm

アオミドロ
0.1mm

ミジンコ
1mm

ツリガネムシ
0.1mm

緑色のなかま

イカダモ
0.01mm

クンショウモ
0.1mm

顕微鏡の使い方

プレパラートのつくり方

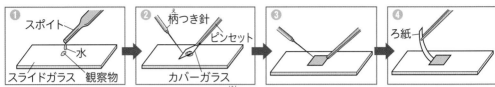

❶ スライドガラスの
上に観察物を置く。

❷ カバーガラスの端を
水につける。

❸ カバーガラスを
ゆっくりとかぶせる。

❹ 余分な水をろ紙で
吸い取る。

❓ なぜ？ **空気の泡（気泡）が入らないようにするため。**

操作の手順

❶ **視野を明るくする**
対物レンズを最も低倍率のものにする。

▼

接眼レンズをのぞきながら，反射鏡としぼ
りを調節して，視野全体が一様に明るく見
えるようにする。

> くわしく　ふつう，最初は最
> も低倍率で広範囲を観察し，
> 見たい部分を決めてから高
> 倍率にする。

❷ **対物レンズとプレパラートを近づける**
プレパラートをステージの上にのせる。

▼

横から見ながら調節ねじを回し，対物レン
ズとプレパラートをできるだけ近づける。

> ❓ なぜ近づけてから離す？
> **対物レンズとプレパラー
> トをぶつけないようにす
> るため。**
> くわしく　接眼レンズをのぞ
> きながら対物レンズとプレ
> パラートを近づけていくと，
> レンズとプレパラートをぶ
> つけてしまうおそれがある。

❸ **ピントを合わせる**
接眼レンズをのぞきながら，調節ねじを❷
と反対に回して対物レンズとプレパラー
トを離していき，ピントを合わせる。

❹ 高倍率にするときは，見たい部分を視野の
中央にもってきてから，レボルバーを回し
て高倍率の対物レンズにかえる。

▼

しぼりを調節して，見やすい明るさにする。

> くわしく　高倍率にすると，
> 対物レンズに入る光の量が
> 減って視野全体が暗くなる
> ので，しぼりや反射鏡で明
> るさを調節する。

顕微鏡のつくり

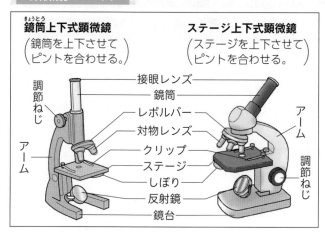

鏡筒上下式顕微鏡
（鏡筒を上下させて
ピントを合わせる。）

ステージ上下式顕微鏡
（ステージを上下させて
ピントを合わせる。）

調節ねじ
接眼レンズ
鏡筒
レボルバー
対物レンズ
クリップ
ステージ
しぼり
反射鏡
アーム
アーム
調節ねじ
鏡台

★プレパラートにした観察物を40〜600倍程度で立体的に観察できる。

・顕微鏡は，水平で直射日光の当たらない，明るい場所に静かに置く。

・レンズは，<u>接眼レンズ→対物レンズの順</u>に取りつける。

? なぜ？

鏡筒を通して，対物レンズの上にほこりが落ちないようにするため。

レンズをはずすときは，逆の順（対物→接眼）にするよ。

倍率の求め方

接眼レンズの倍率 × 対物レンズの倍率

例 接眼レンズの表示が「10×」，対物レンズの表示が「10」のときの倍率は，10×10で100倍である。

プレパラートを動かす向きと観察物の動く向き

顕微鏡の視野内に見えているものは，ふつう，**上下・左右の向きが実物とは逆になっている。**

ポイント プレパラートを動かす向きと，観察物の動く向きは逆になる。

視野
動かしたい向き
観察したいもの
プレパラート
プレパラートを動かす向き

観察したいものが視野の右下にあり，それを視野の中央（左上）に動かしたい場合は，プレパラートを右下に動かせばよい。

レンズの長さと倍率

ふつう，接眼レンズの長さは倍率が高いほど短く，対物レンズの長さは倍率が高いほど長い。

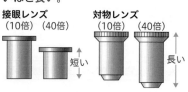

接眼レンズ
（10倍）（40倍）
短い

対物レンズ
（10倍）（40倍）
長い

高倍率にしたとき

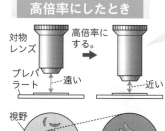

対物レンズ
高倍率にする。
プレパラート
遠い
近い

視野

対物レンズを高倍率にすると，レンズとプレパラートの距離は近くなる。

ポイント 高倍率にすると，見える範囲は狭くなり，視野の明るさは暗くなる。

→しぼりを広げて明るくする。

基本操作

2 生物の分類のしかた

① 生物の分類のしかた

(1) 分類

　地球上にはたくさんの生物がいる。それらの生物には，似ているところもあれば，違うところもある。共通点や相違点に着目して，なかま分けし，整理することを**分類**という。

(2) 生物の特徴と分類のしかた

　いろいろな生物を分類するには，生物の特徴を比較して見つけ出した共通点や相違点をもとに，**観点**を決め，さらに**基準**を設定する。

①観点を決める

　生息している場所，よく活動する季節，色・形・大きさなどの外見，なかまのふやし方，栄養分のとり方など，何に着目して分類するかの観点を決める。

②基準を設定する

　決めた観点について，さらに何に着目するかの基準を設定する。例えば，生息している場所を観点とした場合は，水中か陸上かの基準が考えられ，なかまのふやし方を観点とした場合は，動物であれば卵をうむか子をうむかの基準が考えられる。

(3) 観点・基準と分類の結果

　分類する生物の種類が同じでも，**図9**のように，観点や基準を変えると，分類の結果が変わることがある。

図9に別の生物を当てはめて，分類してみよう！

▼図9 生物の分類の例

分類する生物

タンポポ　セリ　カエル
バッタ　カマキリ

観点1
生息している場所

水中・水辺	陸上	
セリ　カエル	タンポポ　バッタ　カマキリ	

観点2
栄養分のとり方

自分でつくる	植物を食べる	動物を食べる
タンポポ セリ	バッタ	カエル カマキリ

16

☑ 要点チェック

1 生物の観察

□ (1)　タンポポ，ドクダミ，セリ，オオバコのうち，①日当たりがよく，湿っている場所でよく見られるものはどれか。また，②日当たりが悪く，湿っている場所でよく見られるものはどれか。>>p.9

(1) ① セリ

② ドクダミ

□ (2)　ルーペで観察するとき，ルーペは目に近づけるか，目から遠ざけるか。>>p.12

(2) 目に近づける。

□ (3)　プレパラートをつくる必要がなく，観察物をそのまま20〜40倍程度の倍率で立体的に観察することができる顕微鏡を何というか。>>p.12

(3) 双眼実体顕微鏡

□ (4)　スケッチするとき，細い線でかくか，太い線でかくか。>>p.12

(4) 細い線でかく。

□ (5)　プレパラートをつくるとき，スライドガラスの上にかぶせるガラスを何というか。>>p.14

(5) カバーガラス

□ (6)　顕微鏡で観察するとき，最初はふつう，低倍率，高倍率のどちらで観察するか。>>p.14

(6) 低倍率

□ (7)　顕微鏡にレンズを取りつけるとき，はじめに取りつけるレンズを何というか。>>p.15

(7) 接眼レンズ

□ (8)　10倍の接眼レンズと40倍の対物レンズを用いると，顕微鏡の倍率は何倍になるか。>>p.15

(8) 400倍

2 生物の分類のしかた

□ (9)　共通点や相違点に着目してなかま分けし，整理することを何というか。>>p.16

(9) 分類

□ (10)　タンポポ，カエル，バッタを，①生息場所の観点で分類したとき，「水中・水辺」という基準に当てはまるものはどれか。また，②栄養分のとり方の観点で分類したとき，「植物を食べる」という基準に当てはまるものはどれか。>>p.16

(10) ① カエル

② バッタ

定期試験対策問題 解答 ➡ p.203

1 身近な生物の観察 ≫p.9, 10, 12

図は，ある中学校の校庭で植物A～Cがそれぞれ生活している場所を調べ，地図にまとめたものである。また，表は，校庭のある場所①～③の日当たりと湿りけについてまとめたものである。次の問いに答えなさい。

(1) 植物A～Cは，それぞれ表の①～③のどの場所で生活しているか。

(2) 植物A～Cとして考えられるものは，それぞれ次の**ア～ウ**のどれか。

　ア ゼニゴケ　　**イ** タンポポ　　**ウ** セリ

(3) ルーペで植物を観察するときのピントの合わせ方として正しいものは，次の**ア～エ**のどれか。

場所	日当たり	湿りけ
①	よい。	湿っている。
②	悪い。	湿っている。
③	よい。	乾いている。

ア	**イ**	**ウ**	**エ**

※矢印は，動かす部分と方向を示している。

(4) スケッチのしかたとして正しいものは，次の**ア～ウ**のどれか。

　ア 影をつけてかく。　　**イ** 1本の線でかく。　　**ウ** 先の丸い鉛筆でかく。

2 双眼実体顕微鏡の使い方 ≫p.12

図は，双眼実体顕微鏡を表したものである。次の問いに答えなさい。

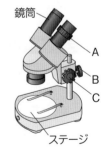

(1) 双眼実体顕微鏡の使い方について，最も適切な操作の順となるように，次の**ア～エ**を並べかえなさい。

　ア 鏡筒を調節して両目の間隔に合わせ，左右の視野が1つに重なって見えるようにする。

　イ 左目でのぞきながら，Aを左右に回して，ピントを合わせる。

　ウ Bをゆるめて鏡筒を上下させながら，両目でおよそのピントを合わせる。

　エ 右目でのぞきながら，Cを回してピントを合わせる。

(2) ステージには，白色の面と黒色の面がある。透明なものや白いものを観察するとき，ステージは何色の面を使うのがよいか。

3 顕微鏡の使い方 ≫p.13〜15

図1は，顕微鏡を表したものである。次の問いに答えなさい。

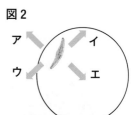

図1

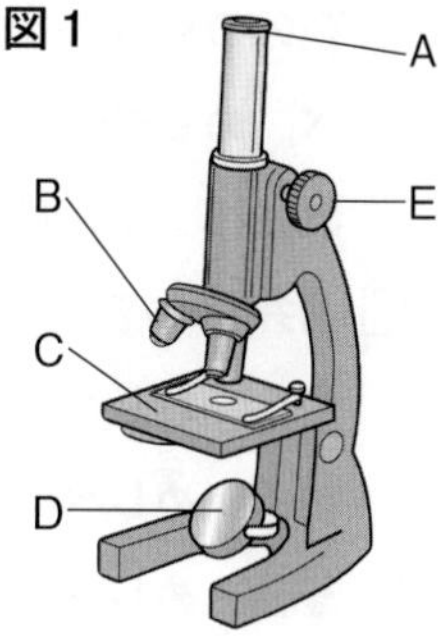

(1) A〜Eの部分をそれぞれ何というか。

(2) AとBのレンズでは，どちらを先に取りつけるか。

(3) 顕微鏡の使い方について，最も適切な操作の順となるように，次のア〜エを並べかえなさい。

　ア　プレパラートをCにのせてクリップでとめる。

　イ　真横から見ながらEを回し，プレパラートとBをできるだけ近づける。

　ウ　Aをのぞきながら，Dを調節して全体が明るく見えるようにする。

　エ　Aをのぞいて，Eを回してプレパラートとBを遠ざけながらピントを合わせる。

(4) (3)のエのように，プレパラートとBを遠ざけながらピントを合わせるのはなぜか。簡単に答えなさい。

(5) 倍率を150倍にするために，Aを15倍のレンズにしたとき，Bは何倍のレンズにすればよいか。

(6) 顕微鏡の倍率を低倍率から高倍率に変えたとき，視野はどのように変化するか。見える範囲と明るさについて，それぞれ簡単に答えなさい。

(7) 池の水を採取し，プレパラートをつくった。

　① プレパラートをつくるときは，カバーガラスを端からゆっくりと下げるようにする。これはどのようなことを防ぐためか。簡単に答えなさい。

　② プレパラートを顕微鏡で観察すると，図2のように，視野のすみに緑色のものが見えた。これを視野の中央に移動させるには，プレパラートをア〜エのどの向きに動かしたらよいか。

図2

　③ 池の水には，図3のような生物が見られた。A，Bの生物をそれぞれ何というか。

図3

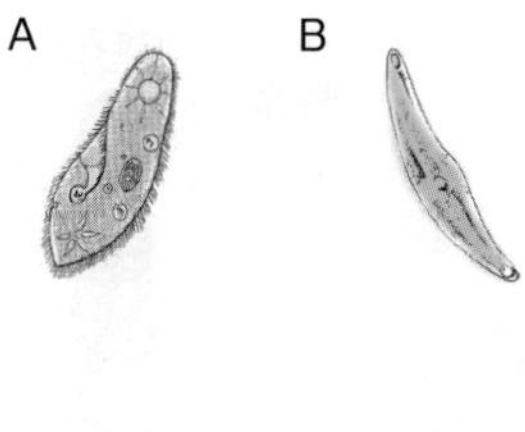

A　　　　　B

第2章 花のつくり

要点のまとめ

一問一答
コンテンツ →

1 果実をつくる花のつくり >>p.21

☐ **花のつくり**：外側から順に，**がく（がく片）**，**花弁**，**おしべ**，**めしべ**がある。

☐ **離弁花**：花弁が1枚1枚**離れている**花。

☐ **合弁花**：花弁が**つながっている**花。

☐ **やく**：**おしべの先端**にある，花粉が入っている小さな袋。

☐ **柱頭**：**めしべの先端**。花粉がつきやすくなっている。

☐ **子房**：**めしべの根もと**のふくらんだ部分。

☐ **胚珠**：めしべの**子房の中**にある粒。

☐ **受粉**：めしべの**柱頭**に**花粉**がつくこと。

☐ **果実**と**種子**：受粉すると，**子房**が成長して**果実**になり，**子房**の中の**胚珠**が成長して**種子**になる。

☐ **被子植物**：**胚珠**が**子房の中**にある植物。

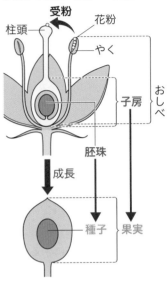

▼花から果実・種子への変化

受粉
柱頭　花粉
やく
おしべ
子房
胚珠
成長
種子　果実

2 マツの花と種子植物 >>p.25

☐ **花粉のう**：マツの雄花のりん片にある袋。花粉が入っている。

☐ **裸子植物**：**子房**がなく，**胚珠がむき出し**になっている植物。

☐ **種子植物**：花をさかせ，**種子**をつくる植物。

▼マツの花と種子ができるまで

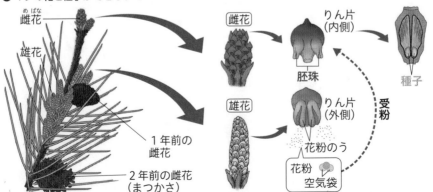

雌花
雄花
1年前の雌花
2年前の雌花（まつかさ）

雌花
りん片（内側）
胚珠
種子

雄花
りん片（外側）
花粉のう
花粉　空気袋

受粉

1 果実をつくる花のつくり

① 花のつくり

図1のように，身のまわりの花を分解してつくりを観察すると，どの花にも共通したつくりがあることがわかる。また，花の種類によって，花弁やおしべなどの形や数，色などが違っていることもわかる。

●花には，花びらとがく，めしべとおしべがある。

「花びら」のことを「花弁」とよぶんだったね。

◆図1 花のつくりの観察

花の各部分を外側から順に外し，セロハンテープで台紙にはる。

外側 → 内側

アブラナ

セロハンテープ

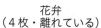

がく（4枚）　花弁（4枚・離れている）　おしべ（6本）　めしべ（1本）

ツツジ

がく（5枚）　花弁（5枚・つながっている）　おしべ（10本）　めしべ（1本）

エンドウ

がく（5枚）　花弁（5枚・つながっている）　おしべ（10本）　めしべ（1本）

❶花のつくりはさまざま
すべての花に，がく，花弁，おしべ，めしべの4つがそろっているわけではない。≫p.24

前ページの図1より，どの花も外側から，がく（がく片），花弁，おしべ，めしべの順についていることがわかる。花のつくりを模式的に表すと，図2のようになる。

◀図2 花のつくり

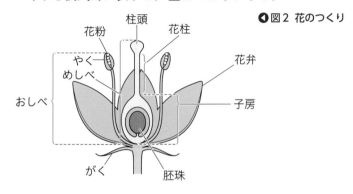

(1) がく（がく片）

がくは，花の根もとを包んでおり，つぼみのときは，花の内部を保護している。

(2) 花弁

花弁は，おしべとめしべを囲んでおり，色鮮やかで目立つものが多い。図1のアブラナやエンドウの花のように，花弁が1枚1枚離れているものを離弁花といい，ツツジの花のように，花弁がつながっているものを合弁花という。

(3) おしべ

おしべは，めしべを囲むようについている。おしべの先端にある袋状のものをやくといい，中に花粉が入っている。

(4) めしべ

めしべは，花の中心に1本あり，柱頭・花柱・子房からできている。

①柱頭　めしべの先端を柱頭という。柱頭は，花粉がつきやすくなっている。

②子房　めしべの根もとのふくらんだ部分を子房という。子房の中には，胚珠という粒がある。

③花柱　柱頭と子房をつなぐ部分を花柱という。

❷花弁が色鮮やかな理由
花弁が色鮮やかで目立ちやすくなっているのは，花粉を運ぶ昆虫や鳥などの動物を引きつけるためである。

花弁が離れているから離弁花，花弁が合わさっているから合弁花というんだね。

❸柱頭のようす
柱頭は，花粉がついたら離れないように，ねばねば，ざらざらしていたり，毛がついていたりする。

② 花の変化

　おしべの花粉がめしべの柱頭につくと，子房が成長して，中に**種子**ができる。地面に落ちた種子は，やがて発芽して次の世代の植物になる。このように，花は種子をつくり，**子孫をふやすはたらき**をしている。

(1) 受粉

　おしべのやくから出た**花粉が，めしべの柱頭につくこと**を**受粉**という。花粉は，動物(昆虫や鳥など)や風などによって運ばれる。④

(2) 果実と種子

　受粉すると，**図3**のように，めしべの根もとの**子房**は成長して**果実**になり，子房の中の**胚珠**は成長して**種子**になる。

▶️ **小学校の復習**

●おしべの花粉がめしべの先につくと，めしべの根もとのふくらんだ部分が実に変化し，その中に種子ができる。

④虫媒花・鳥媒花と風媒花
色鮮やかな花弁や蜜，においのある花は，花粉が動物によって運ばれる。花粉が昆虫によって運ばれる花を虫媒花，鳥によって運ばれる花を鳥媒花という。一方，目立たない色や形の花は，花粉が風によって運ばれ，このような花を風媒花という。

小学校で「実」とよんでいたものを，中学校では「果実」とよぶんだね。

❤ **図3 花から果実・種子への変化**

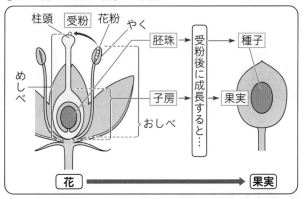

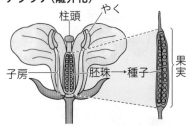

アブラナ(離弁花)

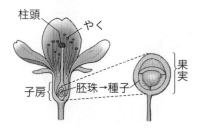

サクラ(離弁花)

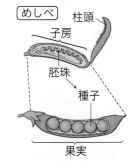

エンドウ(離弁花)

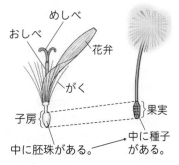

タンポポ(合弁花)

❺雌花と雄花がある花

ヘチマやカボチャのように，雌花と雄花がある花では，雌花にめしべ（胚珠）があり，雄花におしべ（やく）がある。

❻単性花と両性花

ヘチマやカボチャのように，1つの花にめしべかおしべの一方しかない花を，単性花という。これに対して，アブラナやツツジのように，1つの花にめしべとおしべの両方がある花を，両性花という。

❼風媒花の特徴

イネのように，花粉が風によって運ばれる風媒花では，花弁がないか，花弁が目立たないものが多い。

(3) 被子植物

アブラナやエンドウ，ツツジのように，**胚珠が子房の中にある**植物を**被子植物**という。

被子植物には，図4のように，**雌花と雄花**があるものや，がくが花弁に見えるもの，花弁やがくがないものなど，いろいろな花のつくりをもつものがある。

▼図4 いろいろな花のつくり

雌花と雄花があるもの❺❻

ヘチマ（雌花）

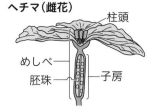

柱頭／めしべ／胚珠／子房

ヘチマ（雄花）

おしべ／やく

がくが花弁に見えるもの

アヤメ

めしべ（先が3枚に分かれている）／花弁（3枚）／おしべ（3本）／がく（3枚）

ユリ

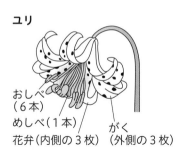

おしべ（6本）／めしべ（1本）／花弁（内側の3枚）／がく（外側の3枚）

花弁やがくがないもの❼

イネ

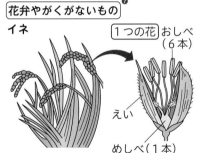

1つの花／おしべ（6本）／えい／めしべ（1本）

コラム # 私たちが食べている果物は果実？

私たちは，ふだんいろいろな果物を食べている。ここで学んだ，被子植物の子房が成長してできた果実を，果物として食べているものには，サクランボ，ブドウ，モモ，カキなどがある。

しかし，リンゴやナシ，イチゴなどは，がくと花のつけ根がいっしょになった「花たく（花床）」という部分がふくらんでできた部分を食べている（右図）。つまり，私たちが果物として食べている部分は，果実とは限らない。

リンゴ

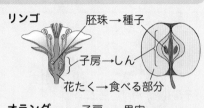

胚珠→種子／子房→しん／花たく→食べる部分

オランダイチゴ

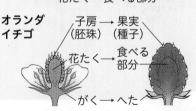

子房（胚珠）→果実（種子）／花たく→食べる部分／がく→へた

② マツの花と種子植物

① マツの花

マツは，アブラナやツツジのような目立つ花はさかせない
が，春になると，**図5**のような**雌花**と**雄花**をさかせる。受粉
すると，翌年の秋に**まつかさ**から種子が落ち，子孫を残す。

▼図5 マツの花のつくりと種子ができるまで

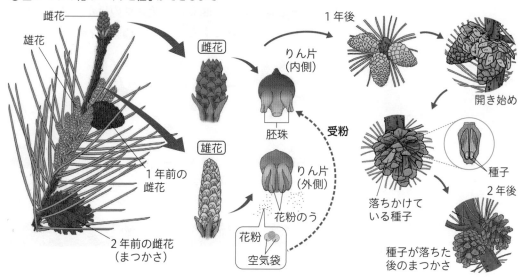

(1) マツの花のつくり

マツは，新しく伸びる枝の先に**雌花**がさき，その枝のも
とに**雄花**がさく。雌花も雄花も，花弁やがくはなく，うろ
このような**りん片❽**が多数重なったつくりをしている。

①雌花

雌花のりん片には子房がなく，**胚珠**がむき出しでつい
ている。❾

②雄花

雄花のりん片には**花粉のう**がついていて，中に花粉が
入っている。❿花粉は，空気袋がついていて風に飛ばされ
やすく，遠くまで移動することができる。

❽りん片
りん片は，漢字では鱗片と書き，
「鱗」は「うろこ」とも読む。うろ
このようなつくりが重なっている
ようすから，このようによばれる。

❾胚珠はりん片の内側
マツの胚珠は，雌花のりん片の内
側についていて，りん片によって
守られている。

❿花粉のうはりん片の外側
マツの花粉のうは，雄花のりん片
の外側についていて，花粉が外に
出やすくなっている。

⚠️

⓫まつかさは雌花
まつかさは果実ではなく，雌花が変化したものである。

⓬雌花と雄花のつき方
マツやスギの雌花と雄花は同じ木（株）につくが，イチョウやソテツの雌花と雄花は別々の木（雌株と雄株）につく。

（2）マツの受粉と種子のでき方

風で運ばれた花粉は，雌花の胚珠に直接ついて受粉する。その後，１年以上かかって雌花が**まつかさ**になり，りん片の胚珠が**種子**になる。マツには子房がないので，**果実はできない**。

（3）裸子植物

マツのように，**子房がなく，胚珠がむき出しである**植物を，**裸子植物**という。図６のイチョウのほか，スギ，ソテツなども，裸子植物である。

▼図６ イチョウの花と種子

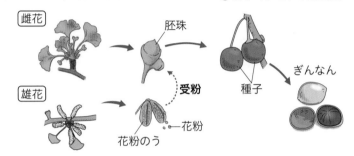

② **種子植物**

（1）被子植物と裸子植物

アブラナやツツジのように，胚珠がめしべの子房の中にある植物のなかまを**被子植物**という。

これに対して，マツのように，子房がなく，胚珠がむき出しになっている植物のなかまを**裸子植物**という。

（2）種子植物

被子植物と裸子植物には，胚珠が子房の中にあるかどうかという違いはあるが，種子をつくってふえるという点では共通している。このような，花をさかせ，**種子をつくってふえる**植物のなかまを**種子植物**という。

ポイント

種子植物のまとめ

```
           種子植物
    ┌──── 種子でふえる。 ────┐
被子植物              裸子植物
```

胚珠が子房の中にある。

例 アブラナ，エンドウ
　　ツツジ，タンポポ

子房がなく，胚珠がむき出し。

例 マツ，イチョウ
　　スギ，ソテツ

✅要点チェック

1 果実をつくる花のつくり

□ (1) おしべ，めしべ，がく，花弁のうち，①花の最も外側にある部分はどれか。また，②花の最も内側にある部分はどれか。≫p.22

□ (2) 花弁が1枚1枚離れている花を何というか。≫p.22

□ (3) 花弁がつながっている花を何というか。≫p.22

□ (4) おしべの先端にある，花粉が入っている小さな袋を何というか。≫p.22

□ (5) めしべの先端の，花粉がつきやすくなっている部分を何というか。≫p.22

□ (6) めしべの根もとのふくらんだ部分を何というか。≫p.22

□ (7) めしべの子房の中にある粒を何というか。≫p.22

□ (8) めしべの柱頭に花粉がつくことを何というか。≫p.23

□ (9) 受粉すると，①めしべの子房は成長して何になるか。また，②子房の中の胚珠は成長して何になるか。≫p.23

□ (10) 胚珠が子房の中にある植物のなかまを何というか。≫p.24

解答

(1) ① がく
② めしべ

(2) 離弁花

(3) 合弁花

(4) やく

(5) 柱頭

(6) 子房

(7) 胚珠

(8) 受粉

(9) ① 果実
② 種子

(10) 被子植物

2 マツの花と種子植物

□ (11) マツの，①新しく伸びた枝の先にさく花を何というか。また，②新しく伸びた枝のもとにさく花を何というか。≫p.25

□ (12) マツの雄花のりん片にある，花粉が入っている袋を何というか。≫p.25

□ (13) 子房がなく，胚珠がむき出しになっている植物のなかまを何というか。≫p.26

□ (14) 花をさかせ，種子をつくってふえる植物を何というか。≫p.26

(11) ① 雌花
② 雄花

(12) 花粉のう

(13) 裸子植物

(14) 種子植物

定期試験対策問題 （解答➡p.204）

1 花のつくりの観察 >>p.21, 22

図は，アブラナの1つの花の各部分を取り外してA〜Dとし，並べたものである。次の問いに答えなさい。

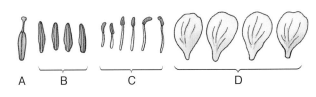

A　B　C　D

(1) A〜Dの部分をそれぞれ何というか。

(2) A〜Dを，花の中心にあるものから外側にあるものへと，順に並べなさい。

(3) 花粉がつくられる部分は，A〜Dのどれか。

(4) 花粉は，(3)の部分の先端(せんたん)に入っている。この先端の部分を何というか。

(5) アブラナのように，Dが1枚1枚分かれている花を何というか。

(6) (5)に対して，Dがつながっている花を何というか。

2 果実をつくる花のつくり >>p.23, 24

図1はタンポポの，図2はエンドウの花のつくりを表したものである。次の問いに答えなさい。

(1) 図1のA，Bの部分は，それぞれ図2のア〜エのどの部分にあたるか。

(2) タンポポやエンドウなどの植物が果実や種子をつくるには，花粉がある部分につくことが必要である。

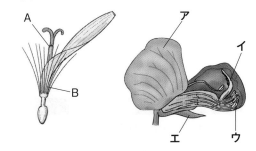

図1

A

B

図2

ア

イ

ウ

エ

① 下線部について，ある部分を何というか。

② エンドウの花では，①の部分は図2のア〜エのどれか。

③ 下線部のことを何というか。

④ 下線部のことが起こった後，成長して果実，種子になるのは，それぞれめしべの何という部分か。

(3) タンポポもエンドウも被子植物(ひししょくぶつ)である。被子植物とはどのような植物のことか。簡単に答えなさい。

3 マツの花 》p.25, 26

図1は，裸子植物であるマツの花のつくりを表したもので，CとDは，AとBのいずれかのりん片である。次の問いに答えなさい。

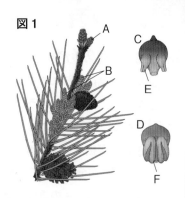

図1

(1) 次の①～⑤に当てはまるものは，それぞれ図1のA～Fのどれか。

① 雄花　　　　　　② 雌花のりん片

③ やがて種子になる部分　④ 花粉が入っている部分

⑤ やがてまつかさになる部分

(2) 図1のE，Fをそれぞれ何というか。

(3) 図1のFは，りん片の内側，外側のどちらについているか。

> 💡ヒント
> (3) 花粉が外に出やすいのは，内側と外側のどちらであるかを考える。

(4) 図2は，マツの花粉のつくりを表したものである。

① マツの花粉を運ぶのは，おもに次のア～エのどれか。

　ア 鳥　イ 昆虫　ウ 風　エ 水

② ①のことがわかる理由は何か。図2をもとに，簡単に答えなさい。

図2

空気袋

4 被子植物と裸子植物 》p.23, 26

花をさかせ，種子をつくってなかまをふやす種子植物は，被子植物と裸子植物に分けられる。図1は被子植物であるサクラの花の断面の模式図を，図2は裸子植物であるイチョウの雌花と雄花を表したものである。次の問いに答えなさい。

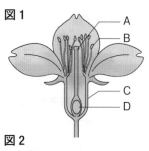

図1

(1) 裸子植物の花の特徴は何か。図1のDの部分の名称を用いて，簡単に答えなさい。

(2) 次の①，②に当てはまる部分は，それぞれ図1のA～Dのどれか。

① 花粉がつくられる部分　② 柱頭

(3) 図1のDにあたるのは，図2のX，Yのどちらか。

(4) 図2のYにあたるのは，図1のA～Dのどれか。

(5) 裸子植物は，次のア～エのどれか。

　ア ソテツ　イ ツツジ　ウ ナズナ　エ イネ

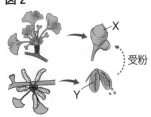

図2

受粉

第**3**章 植物の分類

一問一答
コンテンツ ➡

1 被子植物の分類 ≫p.31

- ☐ **葉脈**：葉に見られる**すじ**のようなつくり。
- ☐ **網状脈**：**網の目**のように広がっている葉脈。
- ☐ **平行脈**：**平行**に並んでいる葉脈。
- ☐ **主根と側根**：タンポポの根は，**中心の太い主根**から，**細い側根**が枝分かれして広がっている。
- ☐ **ひげ根**：ススキの根のような，**多数の細い根**が広がっている根のつくり。
- ☐ **根毛**：根の先端近くに多く生えている，細い毛のようなもの。
- ☐ **子葉**：種子ができるとき最初につくられる葉。種子が発芽するとき，ふつう最初に地上に出る。
- ☐ **双子葉類**：被子植物のうち，**子葉が2枚**のなかま。
- ☐ **単子葉類**：被子植物のうち，**子葉が1枚**のなかま。
- ☐ **合弁花類**：双子葉類のうち，**花弁がつながっている**なかま。
- ☐ **離弁花類**：双子葉類のうち，**花弁が1枚1枚離れている**なかま。

◆ 単子葉類と双子葉類の特徴

	双子葉類 （アブラナ）	単子葉類 （トウモロコシ）
子葉	2枚	1枚
葉脈	網状脈	平行脈
根	主根 側根	ひげ根

2 種子をつくらない植物の分類 ≫p.34

- ☐ **胞子のうと胞子**：種子をつくらない植物は，**胞子のう**という袋でつくられた胞子でふえる。
- ☐ **シダ植物**：胞子でふえる植物のうち，**根，茎，葉の区別がある**なかま。
- ☐ **コケ植物**：胞子でふえる植物のうち，**根，茎，葉の区別がない**なかま。
- ☐ **仮根**：コケ植物のからだの表面にある，からだを地面などに固定するはたらきをする根のようなもの。

◆ シダ植物とコケ植物

シダ植物

葉
葉の柄
茎
根

コケ植物

雄株
雌株
仮根
胞子のう
仮根

1 被子植物の分類

① 被子植物の葉と根のようす

　種子をつくってふえる**種子植物**は，胚珠が子房の中にあるか，胚珠がむき出しになっているかによって，**被子植物と裸子植物**に分類することができた。さらに被子植物は，植物によって，葉や根のようすに違いが見られる。

(1) 葉のようす

　葉のようすを観察すると，**すじのようなつくり**が見られる。これを**葉脈**という。葉脈は，図1のように，植物によって違いが見られる。

①**網状脈**　ツバキのように，**網の目のように広がっている**葉脈を**網状脈**という。

②**平行脈**　ツユクサのように，**平行に並んでいる**葉脈を**平行脈**という。

◆図1　いろいろな葉の葉脈

網状脈

ツバキ　　　　　アサガオ　　　　　サクラ

平行脈

ツユクサ　　　トウモロコシ　　　ササ

網目状の葉脈だから網状脈，平行な葉脈だから平行脈というんだね。

身のまわりにある植物の葉脈がどちらに当てはまるのか，観察してみよう！

◆図2 根のようす

タンポポ

主根

側根

ススキ

ひげ根

(2) 根のようす

　根のようすは，図2のように，植物によって違いが見られる。

①主根と側根

　タンポポの根は，太い根を中心に，そこから枝分かれして細い根が広がっている。この**中心の太い根を主根**，**枝分かれしている細い根を側根**という。

②ひげ根

　ススキの根は，太い根がなく，**多数の細い根が広がっている**。このような根を**ひげ根**という。

③根毛

　主根と側根，ひげ根のような違いが見られる一方で，どの根も，図3のように，先端近くには細い毛のようなものが多く生えている。これを**根毛**という。

◆図3 根毛のようす

ハツカダイコン

根

根毛

❶**子葉が地上に出ない植物**
種子が発芽するとき，多くの植物では子葉が地上に出てくるが，エンドウやソラマメのように，子葉が地上に出ず，地中に残ったままの植物もある。

② 被子植物の分類

　被子植物は，芽生えのようすに着目すると，**子葉が2枚の双子葉類**と，**子葉が1枚の単子葉類**に分けることができる。

(1) 子葉

　種子ができるとき最初につくられる葉で，種子が発芽するとき最初に地上に出る葉を，**子葉**という。❶

(2) 双子葉類と単子葉類

①双子葉類

　被子植物のうち，図4のアブラナのように，**子葉が2枚のなかまを双子葉類**という。

②単子葉類

　被子植物のうち，図4のツユクサのように，**子葉が1枚のなかまを単子葉類**という。

◆図4 子葉のようす

双子葉類	単子葉類
アブラナ	ツユクサ

子葉

子葉

(3) 双子葉類・単子葉類の葉脈と根のようす

双子葉類と単子葉類は，葉脈と根のようすにもそれぞれ特徴がある。

①双子葉類の葉脈と根

双子葉類の葉脈は**網状脈**で，根は**主根と側根**からなる。

②単子葉類の葉脈と根

単子葉類の葉脈は**平行脈**で，根は**ひげ根**である。

双子葉類と単子葉類の特徴をまとめると，**図5**のようになる。❷

❷花弁の枚数
双子葉類は4枚か5枚の花弁をもつことが多く，単子葉類は3枚か6枚の花弁をもつことが多い。

▼図5 双子葉類と単子葉類の特徴

		双子葉類		単子葉類	
		アブラナ	アサガオ	トウモロコシ	ムラサキツユクサ
子葉		2枚	2枚	1枚	1枚
葉脈		網状脈	網状脈	平行脈	平行脈
根		主根／側根	主根／側根	ひげ根	ひげ根

子葉が2枚だから双子葉，子葉が1枚だから単子葉というんだね！

---

③ 双子葉類の分類

双子葉類は，花弁のつき方に着目すると，花弁が1つにくっついている**合弁花類**と，花弁が1枚1枚離れている**離弁花類**に分けることができる。

(1) 合弁花類

双子葉類のうち，**図6**のツツジのように，**花弁がつながっているなかま**を**合弁花類**という。

(2) 離弁花類

双子葉類のうち，**図6**のアブラナのように，**花弁が1枚1枚離れているなかま**を**離弁花類**という。

▼図6 合弁花類と離弁花類

[合弁花類] ツツジ

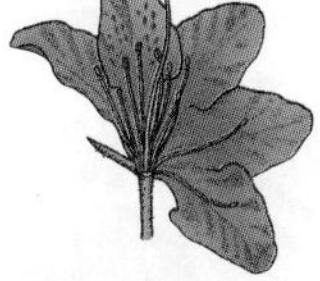

[離弁花類] アブラナ

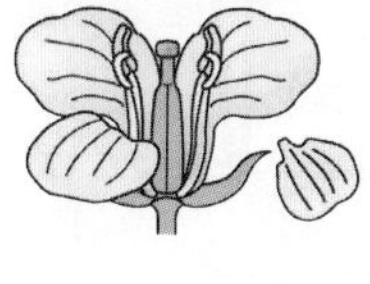

2 種子をつくらない植物の分類

① シダ植物とコケ植物

植物には，種子植物のほかに，種子をつくらないなかまもいる。

(1) 胞子でふえる植物

種子をつくらない植物は，**胞子のう**という袋でつくられた**胞子**でふえる。

胞子でふえる植物には，**シダ植物**や**コケ植物**がある。

(2) シダ植物

シダ植物には，図7のイヌワラビや，図8のゼンマイ，スギナなどがある。

①生える場所

多くは，日かげや湿りけの多いところに生える。

②からだのつくり

根，茎，葉の区別があり，茎は地中にあるものが多い。❸❹

③ふえ方

図7のように，イヌワラビの葉の裏には**胞子のう**が多数見られ，ここで**胞子**がつくられる。熟すと胞子のうがはじけて胞子を飛ばし，胞子は湿りけのあるところに落ちると発芽し，成長していく。

❸地下茎
地中にある茎を地下茎という。地下茎は横に伸び，ここから葉や根を出す。ジャガイモのいもは地下茎である。

❹地上で茎が伸びるシダ植物
あたたかい地方には，ヘゴのように，地上で茎が伸び，高さが10mにもなるシダ植物がある。

▼図7 イヌワラビのからだのつくり

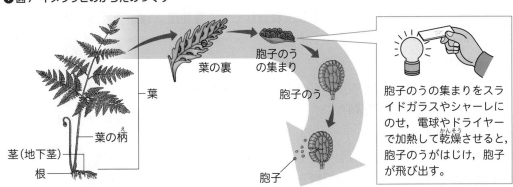

葉

葉の柄

茎(地下茎)

根

葉の裏

胞子のうの集まり

胞子のう

胞子

胞子のうの集まりをスライドガラスやシャーレにのせ，電球やドライヤーで加熱して乾燥させると，胞子のうがはじけ，胞子が飛び出す。

◯図8 いろいろなシダ植物

ゼンマイ

胞子のうを
つける葉と
つけない葉
がある。

スギナ

地下茎から
胞子のうを
つけた
つくしを
出す。

胞子のう

つくし

ノキシノブ

岩や木の表面
に生える。

ワラビ

日当たりのよい
ところに生える。

（3）コケ植物

①生える場所

多くは，日かげや湿りけの多いところに生える。

②からだのつくり

種子植物やシダ植物と違って，根，茎，葉の区別がない。からだの表面にある根のようなものは**仮根**といい，おもにからだを地面などに固定するはたらきをする。[5]

③ふえ方

シダ植物と同じように，**胞子**によってふえる。図9のゼニゴケやスギゴケには，**雌株**と**雄株**があり，胞子は雌株の**胞子のう**にできる。

◯図9 コケ植物のからだのつくり

ゼニゴケ

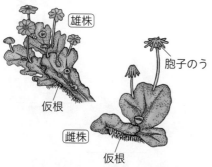

雄株

胞子のう

仮根

雌株

仮根

スギゴケ

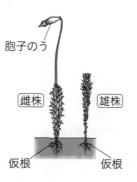

胞子のう

雌株 雄株

仮根 仮根

仮根は根のように
見えるけど，根で
はないんだ…。

[5] 葉のように見える部分
コケ植物のからだで，葉のように
見える部分は葉状体という。

⚠

[6] 「スギ」がつく植物
スギは裸子植物，スギナはシダ植物，スギゴケはコケ植物である。

ゼニゴケは第1章で，
日当たりが悪く湿っ
ている場所に見られ
る植物として出てき
たね！

植物の分類のまとめ ≫巻頭資料①

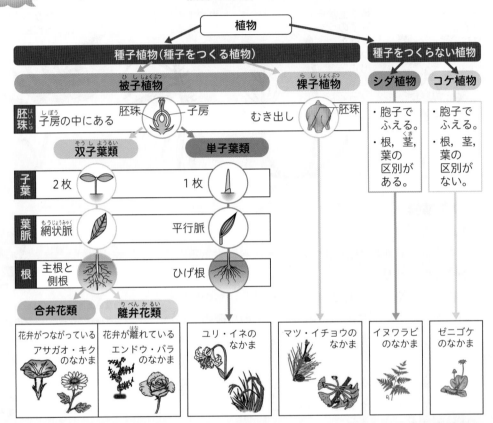

発展 藻類（そうるい）

藻類はいろいろな色をしているね！

　ミカヅキモやアオミドロなどのなかまや，コンブやワカメなどの海藻のなかまは藻類とよばれる。藻類は水中で生活しており，おもに陸上で生活する植物とは区別されている。

　海藻のなかまの多くは，コケ植物と同じように胞子をつくってふえる。また，仮根をもち，からだを岩などに固定している。

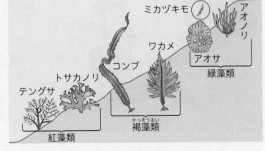

☑要点チェック

1 被子植物の分類

解　答

□ (1) 葉に見られる，すじのようなつくりを何というか。
>>p.31

(1) 葉脈

□ (2) 被子植物の，①網の目のように広がっている葉脈を何というか。また，②平行に並んでいる葉脈を何というか。
>>p.31

(2) ① 網状脈
　　② 平行脈

□ (3) タンポポに見られる，①中心の太い根を何というか。また，②中心の太い根から枝分かれして広がっている細い根を何というか。>>p.32

(3) ① 主根
　　② 側根

□ (4) ススキの根のような，多数の細い根が広がっている根のようすを何というか。>>p.32

(4) ひげ根

□ (5) 根の先端近くに多く生えている，細い毛のようなものを何というか。>>p.32

(5) 根毛

□ (6) 種子が発芽するとき，ふつう最初に地上に出る葉を何というか。>>p.32

(6) 子葉

□ (7) 被子植物のうち，①子葉が2枚のなかまを何というか。また，②子葉が1枚のなかまを何というか。>>p.32

(7) ① 双子葉類
　　② 単子葉類

□ (8) 双子葉類のうち，①花弁がつながっているなかまを何というか。また，②花弁が1枚1枚離れているなかまを何というか。>>p.33

(8) ① 合弁花類
　　② 離弁花類

2 種子をつくらない植物の分類

□ (9) 種子をつくらない植物は，何という袋でつくられた胞子でふえるか。>>p.34

(9) 胞子のう

□ (10) 胞子でふえる植物のうち，①根，茎，葉の区別があるなかまを何というか。また，②根，茎，葉の区別がないなかまを何というか。>>p.34, 35

(10) ① シダ植物
　　② コケ植物

□ (11) コケ植物のからだの表面にある，根のようなものを何というか。>>p.35

(11) 仮根

定期試験対策問題 解答 ➡ p.205

1 被子植物の葉と根 >>p.31，32

ホウセンカとトウモロコシについて，**図1**はそれぞれの葉の
ようすを，**図2**はそれぞれの根のようすを表したものである。
次の問いに答えなさい。

(1) **図1**のA，Bのような葉脈をそれぞれ何というか。

(2) **図2**のCで，X，Yの根をそれぞれ何というか。

(3) **図2**のDのような，太い根がない根のようすを何というか。

(4) ホウセンカの葉を表しているものは，**図1**のA，Bのどち
らか。

(5) トウモロコシの根を表しているものは，**図2**のC，Dのど
ちらか。

図1
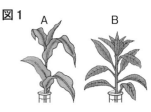

図2
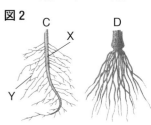

2 被子植物の分類 >>p.32，33

被子植物は，芽生えや葉脈，根のようすによって，双子葉類と単子葉類に分類される。次の
問いに答えなさい。

(1) 次の文は，双子葉類と単子葉類の芽生えのようすにつ
いて述べたものである。（　）の①〜③に当てはまるこ
とばや数字はそれぞれ何か。

> 💡ヒント
> (1) 「双子葉」，「単子葉」から考える
> とよい。

双子葉類は，（ ① ）が（ ② ）枚で，単子葉類は（ ① ）が（ ③ ）枚である。

(2) 双子葉類の葉脈を何というか。

(3) 単子葉類の根のつくりを何というか。

(4) 双子葉類は，花弁のつき方でさらに分類される。

① 花弁が1つにくっついているなかまを何というか。また，このなかまに分類される植
物は，あとの**ア〜エ**のどれか。

② 花弁が1枚1枚離れているなかまを何というか。また，このなかまに分類される植物は，
次の**ア〜エ**のどれか。

ア サクラ　　**イ** トウモロコシ　　**ウ** イチョウ　　**エ** アサガオ

3 種子をつくらない植物 ≫p.34, 35

図1はイヌワラビの，図2はゼニゴケのからだのようすをそれぞれ表している。次の問いに答えなさい。

図1

(1) これらの植物は，種子をつくらず，何をつくってふえるか。

(2) イヌワラビとゼニゴケは，どちらも(1)をつくってふえるが，イヌワラビには根，茎，葉の区別があり，ゼニゴケにはその区別がない。

① イヌワラビのような特徴をもつ植物を何というか。

② 図1で，茎にあたる部分はA～Cのどれか。

③ ゼニゴケのような特徴をもつ植物は，次のア～エのどれか。

　　ア　スギナ　　　イ　ゼンマイ
　　ウ　スギゴケ　　エ　ワラビ

(3) ゼニゴケのからだにある仮根は，どのようなはたらきをするか。簡単に答えなさい。

4 植物の分類 ≫p.36

図1のA～Eは，それぞれの植物の一部を表したものである。これらの植物について，図2のようななかま分けを行った。あとの問いに答えなさい。

図1

A マツ　　B アジサイ　C ツツジ　D ユリ　E イヌワラビ

図2

```
                          ┌ 花弁が1枚1枚離れている ……………… [アジサイ]
                  ┌ⓒ─┤
          ┌ⓐ─┤      └ 花弁がくっついている ………………… [あ]
種子をつくる植物─┤      └ⓓ…………………………………………… [い]
          └ⓑ……………………………………………………… [う]

種子をつくらない植物 ………………………………………………… [え]
```

(1) 種子をつくる植物をまとめて何というか。

(2) 図2のⓐ～ⓓに当てはまる，なかま分けの基準となる特徴は，それぞれ次のア～エのどれか。

　　ア　胚珠が子房の中にある。　　イ　子房がなく，胚珠がむき出しになっている。
　　ウ　子葉が1枚である。　　　　エ　子葉が2枚である。

(3) 図2のあ～えに当てはまる植物は，それぞれ図1のA～Eのどれか。

第**4**章 動物の分類

要点のまとめ

1 セキツイ動物の分類 ≫p.41

- [ ] **セキツイ動物（脊椎動物）**：背骨がある動物。

- [ ] **無セキツイ動物（無脊椎動物）**：背骨がない動物。

- [ ] **セキツイ動物のなかま**：魚類，両生類，ハチュウ類（は虫類），鳥類，ホニュウ類（哺乳類）の5つ。

▼セキツイ動物のなかまの特徴

	魚類	両生類	ハチュウ類	鳥類	ホニュウ類
生活場所	水中	陸上			
体表	うろこ	湿った皮膚	うろこ	羽毛	毛
呼吸	えら	えら→肺	肺		
うまれ方	卵生				胎生

- [ ] **卵生**：親が卵をうみ，卵から子がかえるうまれ方。

- [ ] **胎生**：子が母親の子宮内で，ある程度育ってからうまれるうまれ方。

- [ ] **肉食動物**：おもに他の動物を食べる動物。

- [ ] **草食動物**：おもに植物を食べる動物。

2 無セキツイ動物の分類 ≫p.45

- [ ] **外骨格**：昆虫やカニなどのからだの外側をおおっているかたい殻。

- [ ] **節足動物**：外骨格をもち，からだやあしに節がある動物。

- [ ] **昆虫類**：節足動物のうち，バッタやチョウなどのなかま。

- [ ] **甲殻類**：節足動物のうち，エビやカニなどのなかま。

- [ ] **外とう膜**：イカやアサリなどのからだで，内臓をおおっている膜。

- [ ] **軟体動物**：外とう膜をもつ動物。

▼いろいろな無セキツイ動物

節足動物

昆虫類

トノサマバッタ

甲殻類

イセエビ

軟体動物

アサリ

1 セキツイ動物の分類

① セキツイ動物と無セキツイ動物

　地球上の動物は，背骨があるかないかに着目すると，背骨がある**セキツイ動物**と，背骨がない**無セキツイ動物**に分けることができる。

(1) セキツイ動物（脊椎動物）

　ヒトや鳥，魚などのように，背骨がある動物を**セキツイ動物（脊椎動物）**という。セキツイ動物は，図1のような背骨を中心とした**骨格**[1]と筋肉をもち，活発に運動する。セキツイ動物はさらに，**魚類，両生類，ハチュウ類（は虫類）**[2]**，鳥類，ホニュウ類（哺乳類）**[3]の5つのなかまに分けることができる。

▼図1　いろいろなセキツイ動物の骨格

魚類　コイ

両生類　カエル

ハチュウ類　トカゲ

鳥類　ハト

ホニュウ類　ネコ

(2) 無セキツイ動物（無脊椎動物）

　昆虫やエビ，イカなどのように，背骨がない動物を**無セキツイ動物（無脊椎動物）**という。地球上には，セキツイ動物よりはるかに多くの無セキツイ動物がいる。[4] ≫p.45

🔁 小学校の復習

●骨には筋肉がついていて，骨と筋肉によって，ヒトはからだを支えたり動かしたりすることができる。

❶骨格
動物のからだの中には，たくさんの骨が結合して組み立てられた骨格があり，からだを支えている。

❷は虫類
は虫類の「は」は，漢字で「爬」と書く。「爬」には「地面をはう」という意味がある。

❸哺乳類
哺乳類の「哺乳」とは，乳で子を育てるという意味である。≫p.43

ぼくは何類になるのかな？
ヒトは何類だろう？

❹動物の95%が無セキツイ動物
現在，地球上では，セキツイ動物は約7万種，無セキツイ動物は約146万種が確認されている。確認されている動物の種類の95%以上が無セキツイ動物である。

- メダカは，うすい透明の膜に包まれた卵を水草にうみつける。
- 人の母親のおなかにある，うまれる前の子がいるところを子宮という。子宮の中にいる子を胎児といい，胎児は母親の子宮の中で育ってからうまれてくる。

❺生活場所とからだのつくり
水中で生活する動物のからだは，泳ぐのに適した形をしている。また，陸上で生活する動物の多くは，からだを支えるためのあしをもつ。鳥類では，前あしが翼になっていて，多くは空を飛ぶことができる。

❻両生類の皮膚
両生類の皮膚は，乾燥を防ぐためや保護のため，粘液でおおわれている。皮膚でも呼吸するので，皮膚が乾燥すると死んでしまう。

❼産卵場所と卵のようす
水中にうみ出される魚類と両生類の卵には殻がなく（両生類の卵は寒天状のものに包まれている），乾燥に弱いため，水中でなければ育つことができない。
一方，陸上にうみ出されるハチュウ類の卵には弾力のある殻が，鳥類の卵にはかたい殻があり，乾燥にたえることができる。

❽水中のホニュウ類
イルカやクジラは水中生活をしているが，胎生で，肺呼吸をするホニュウ類である。

② セキツイ動物の分類

セキツイ動物の５つのなかまには，生活場所やからだのつくりなどに違いがある（図２）。

(1) 生活場所

魚類は，一生を**水中**で生活する。両生類は，子のときは**水中**で，親になるとおもに**陸上や水辺**で生活する。ハチュウ類，鳥類，ホニュウ類は，おもに**陸上**で生活する。❺

(2) からだの表面のようす

魚類のからだは，**うろこ**でおおわれている。両生類の**皮膚**は湿っていて，乾燥に弱い。❻ハチュウ類のからだは，かたい**うろこ**でおおわれていて水を通さず，乾燥に強い。鳥類のからだは**羽毛**で，ホニュウ類のからだは**毛**でおおわれており，体温が下がりにくいようになっている。

(3) 呼吸のしかた

魚類は**えら**で，ハチュウ類，鳥類，ホニュウ類は**肺**で呼吸する。両生類は，子のときは**えらと皮膚**で，親になると**肺と皮膚**で呼吸する。

(4) 子のうまれ方
①卵生

魚類，両生類，ハチュウ類，鳥類では，親が**卵をうみ**，**卵から子がかえる**。このような子のうまれ方を**卵生**という。❼

②胎生

ホニュウ類では，**子が母親の子宮内で，ある程度育ってからうまれる**。このような子のうまれ方を**胎生**という。❽

▼図２ セキツイ動物のなかま

魚類
メダカ
- 水中
- うろこ
- えら呼吸
- 卵生 水中
- 殻のない卵

両生類
アマガエル
- 水中→陸上・水辺
- 湿った皮膚
- えら呼吸→肺呼吸
- 卵生 水中
- 殻のない卵

ハチュウ類
ウミガメ

(5) 子の育ち方と1回にうむ卵や子の数

①水中に卵をうむ動物

　魚類，両生類では，ふつう親が世話をしなくても卵から子がかえり，子は水中に泳ぎ出し，自分で食物をとるようになる。一般に，水中に卵をうむ動物は，**表1**のように1回の産卵数が多い。[9]

▼表1　1回にうむ卵や子の数

動物	数
コイ（魚類）	18万〜53万
トノサマガエル（両生類）	1800〜3000
トカゲ（ハチュウ類）	5〜16
スズメ（鳥類）	5〜7
キツネ（ホニュウ類）	2〜9

②陸上に卵をうむ動物

　ハチュウ類の卵では，親が世話をしなくても子がかえるものが多い。鳥類では，親が卵をあたためることによって子がかえり，子はしばらくの間，親から食物を与えられるものが多い。ホニュウ類では，うまれた子はしばらくの間，雌の親が出す乳で育てられる。一般に，鳥類やホニュウ類は，**表1**のように1回にうむ卵や子の数が少ない。[9]

[9] **親まで育つ割合**
魚類や両生類では，うまれたばかりの子は小さく，速く泳ぐことができない。卵や子の多くが他の動物に食べられてしまうため，産卵数は多くても，親まで育つ割合は非常に小さい。
一方，鳥類やホニュウ類では，親が卵や子の世話をするため，産卵（子）数は少ないが，親まで育つ割合は大きい。

発展　体温の保ち方
下図の──のように，まわりの温度の変化によって体温が変化する動物を変温動物といい，下図の──のように，まわりの温度が変化しても体温がほぼ一定に保たれる動物を恒温動物という。魚類，両生類，ハチュウ類は変温動物で，鳥類，ホニュウ類は恒温動物である。

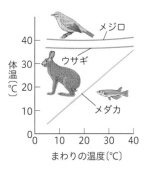

魚類，両生類，ハチュウ類は変温動物で，鳥類，ホニュウ類は恒温動物である。

おもに陸上		
うろこ		
肺呼吸		
卵生　陸上		
殻のある卵		

鳥類
スズメ

陸上
羽毛　体温維持
肺呼吸
卵生　陸上
殻のある卵

ホニュウ類
サル

おもに陸上
毛　体温維持
肺呼吸
胎生

⑩雑食動物
サルやクマのように，他の動物と
植物の両方を食べる雑食動物もい
る。

ヒトは雑食動物
だね！

**⑪肉食動物と草食動物のあしのよ
うす**
肉食動物の前あしには，するどい
爪があるものが多く，速度を上げ
て走り，獲物をしとめるのに役立
っている。
一方，草食動物のあしには，かた
くて大きなひづめがあるものが多
く，長い距離を走り，捕食者から
逃げるのに役立っている。

③ 肉食動物と草食動物

　ホニュウ類には，おもに**他の動物を食べる肉食動物**と，お
もに**植物を食べる草食動物**がいる。肉食動物と草食動物では，
歯の形や目のつき方などに違いが見られる。

(1) 歯の形

　図3のように，ライオンのような肉食動物では，獲物を
しとめる**犬歯**と，皮膚や肉をさいて骨をくだく**臼歯**が発達
している。

　一方，シマウマのような草食動物では，草を切る**門歯**と，
草をすりつぶす**臼歯**が発達している。

🔻図3 肉食動物と草食動物の歯

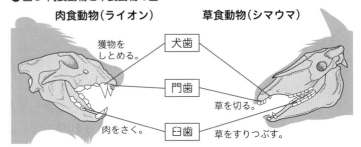

(2) 目のつき方

　図4のように，肉食動物では，**目が前向き**についてい
るため，視野は狭いが立体的に見える範囲が広く，獲物ま
での距離をはかりながら追いかけるのに役立っている。

　一方，草食動物では，**目が横向き**についているため，視
野が広く，敵を早く見つけて逃げるのに役立っている。

🔻図4 肉食動物と草食動物の目のつき方

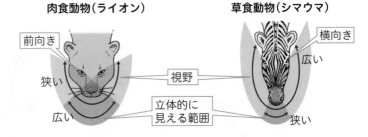

2 無セキツイ動物の分類

　無セキツイ動物には，昆虫やカニなどの**節足動物**や，イカやアサリなどの**軟体動物**のほか，さまざまな種類の動物がいるが，どれも**卵生**である。

① 節足動物

(1) 節足動物とその特徴

①節足動物

　外骨格をもち，からだやあしに節がある動物を**節足動物**という。

②外骨格

　昆虫やカニなどのからだは，かたい殻のようなものにおおわれている。このように，**からだの外側をおおっているかたい殻を外骨格**という。外骨格は，からだを支えたり保護したりするのに役立つ。外骨格には節があり，外骨格の内側についている筋肉のはたらきで，からだやあしを動かす。

(2) 節足動物のなかま

　節足動物には，**昆虫類**，**甲殻類**などが含まれる。

①昆虫類

　節足動物のうち，バッタやチョウなどのなかまを**昆虫類**という。昆虫類のからだは，図5のように，**頭部**，**胸部**，**腹部**に分かれ，胸部や腹部にある**気門**から空気を取り入れて呼吸する。

⑫内骨格
節足動物の外骨格に対して，セキツイ動物のからだの内部の骨格を内骨格という。

⑬脱皮
外骨格は大きくならないので，節足動物は成長に伴って脱皮し，外骨格を新しい大きなものに取りかえる。

〔小学校の復習〕
● 昆虫の成虫のからだは，頭，胸，腹からできていて，胸に6本のあしと4枚のはねがついている。

◯ 図5 昆虫類のからだのつくり

トノサマバッタ

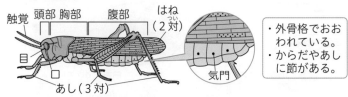

・外骨格でおおわれている。
・からだやあしに節がある。

◆図6 甲殻類のからだのつくり

イセエビ

頭胸部
あし（つい）
5対

腹部

②甲殻類（こうかくるい）

　節足動物のうち，エビやカニなどのなかまを**甲殻類**という。甲殻類のからだは，多くは頭部，胸部，腹部に分かれているが，**図6**のように，**頭胸部**と**腹部**に分かれているものもある。あしの数は昆虫類（こんちゅうるい）より多く，えらで呼吸する。

③その他の節足動物

　節足動物にはほかに，**図7**のようなクモ類（クモやサソリなど），ムカデ類やヤスデ類などが含（ふく）まれる。

◆図7 その他の節足動物のからだのつくり

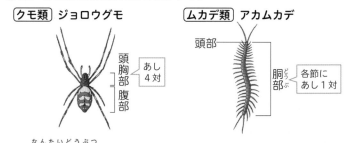

クモ類 ジョロウグモ

頭胸部
あし
4対

腹部

ムカデ類 アカムカデ

頭部

胴部（どうぶ）
各節にあし1対

② 軟体動物（なんたいどうぶつ）

(1) 軟体動物とその特徴（とくちょう）

①**軟体動物**

　外とう膜（まく）をもつ動物をまとめて**軟体動物**という。

②**軟体動物のからだのつくり**

　図8のように，イカやアサリなどのからだでは，内臓が**外とう膜**という膜でおおわれている。また，あしは筋肉でできていて，骨格も節もない。

⑭**外とう膜をおおう貝殻（かいがら）**

貝殻は，外とう膜から出された炭酸カルシウムでできていて，やわらかいからだを保護している。（イカの外とう膜についている，うすく透明（とうめい）な板状のものも，炭酸カルシウムでできている。）

◆図8 軟体動物のからだのつくり

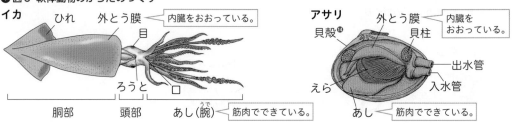

イカ

ひれ　外とう膜　内臓をおおっている。

目

ろうと　口

胴部　頭部　あし（腕（うで））　筋肉でできている。

アサリ

貝殻⑭　外とう膜　内臓をおおっている。

貝柱

出水管

入水管

えら

あし　筋肉でできている。

(2) 軟体動物のなかま

　軟体動物には，イカ，タコのほか，アサリやハマグリなどの二枚貝，サザエやマイマイなどの巻貝，ナメクジ，ウミウシなどがいる。軟体動物の多くは水中で生活し，えらで呼吸するが，図9のマイマイのように陸上で生活するものは，肺で呼吸する。

▼図9 陸上で生活する軟体動物
マイマイ（巻貝のなかま）

③ その他の無セキツイ動物

　無セキツイ動物には，図10のような多くの種類の動物が含まれる。ミミズやヒル，ヒトデやウニ，クラゲやサンゴ，カイメンなども無セキツイ動物である。

▼図10 いろいろな無セキツイ動物
ミミズ　ウニ
クラゲ

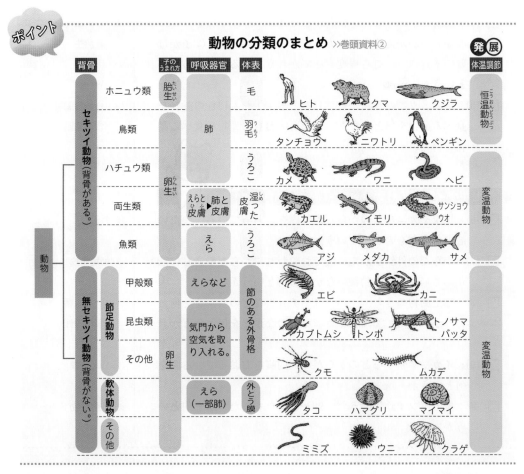

ポイント

動物の分類のまとめ ≫巻頭資料②

発展

背骨		子のうまれ方	呼吸器官	体表				体温調節
セキツイ動物（背骨がある。）	ホニュウ類	胎生	肺	毛	ヒト	クマ	クジラ	恒温動物
	鳥類	卵生		羽毛	タンチョウ	ニワトリ	ペンギン	
	ハチュウ類			うろこ	カメ	ワニ	ヘビ	変温動物
	両生類		えらと皮膚▶肺と皮膚	湿った皮膚	カエル	イモリ	サンショウウオ	
	魚類		えら	うろこ	アジ	メダカ	サメ	
無セキツイ動物（背骨がない。）	甲殻類（節足動物）	卵生	えらなど	節のある外骨格	エビ	カニ		変温動物
	昆虫類		気門から空気を取り入れる。		カブトムシ	トンボ	トノサマバッタ	
	その他				クモ	ムカデ		
	軟体動物		えら（一部肺）	外とう膜	タコ	ハマグリ	マイマイ	
	その他				ミミズ	ウニ	クラゲ	

（動物）

47

☑ 要点チェック

解　答

1 セキツイ動物の分類

□ (1)　動物を背骨があるかないかで分けたとき，①背骨がある動物を何というか。また，②背骨がない動物を何というか。 >>p.41

□ (2)　セキツイ動物の5つのなかまのうち，①一生，水中で生活するなかまを何というか。また，②子のときは水中で，親になると陸上や水辺で生活するなかまを何というか。 >>p.42

□ (3)　セキツイ動物の5つのなかまのうち，①からだの表面がかたいうろこでおおわれていて水を通さないなかまを何というか。また，②からだの表面が羽毛でおおわれているなかまを何というか。 >>p.42

□ (4)　動物の子のうまれ方に着目したとき，①親が卵をうみ，卵から子がかえるうまれ方を何というか。また，②子が母親の子宮内で，ある程度育ってからうまれるうまれ方を何というか。 >>p.42

□ (5)　ホニュウ類の食物に着目したとき，①おもに他の動物を食べる動物を何というか。また，②おもに植物を食べる動物を何というか。 >>p.44

2 無セキツイ動物の分類

□ (6)　昆虫やカニなどのからだの外側をおおっている，かたい殻のようなものを何というか。 >>p.45

□ (7)　からだの外側がかたい殻でおおわれ，からだやあしに節がある無セキツイ動物のなかまを何というか。 >>p.45

□ (8)　節足動物のうち，①バッタやチョウなどのなかまを何というか。また，②エビやカニなどのなかまを何というか。 >>p.45，46

□ (9)　イカやアサリなどのからだで，内臓をおおっている膜を何というか。 >>p.46

□ (10)　無セキツイ動物のうち，外とう膜をもつなかまを何というか。 >>p.46

解　答

(1) ① セキツイ動物
　　② 無セキツイ動物

(2) ① 魚類
　　② 両性類

(3) ① ハチュウ類

　　② 鳥類

(4) ① 卵生
　　② 胎生

(5) ① 肉食動物
　　② 草食動物

(6) 外骨格

(7) 節足動物

(8) ① 昆虫類
　　② 甲殻類

(9) 外とう膜

(10) 軟体動物

定期試験対策問題 解答→p.206

1 セキツイ動物 >>p.41〜43

表は，よく知られている動物を，からだ
のつくりや生活のしかたなどでA〜Eのグ
ループに分けたものである。次の問いに答
えなさい。

A	B	C	D	E
ハト スズメ	イワシ コイ	トカゲ ヘビ	イモリ カエル	ウサギ ウシ

(1) A〜Eのグループのうち，うまれたときから一生，肺で呼吸するものはどれか。すべて選
びなさい。

(2) A〜Dのグループの子のうまれ方を卵生というのに対して，Eのグループの子のうまれ方
を何というか。

(3) A〜Dのグループのうち，1回にうむ卵の数が最も多いものはどれか。

(4) A〜Eのグループのうち，からだの表面が，体温が下がりにくいつくりになっているもの
はどれか。すべて選びなさい。

(5) 次の①〜④の動物は，それぞれ表のA〜Eのどのグループに当てはまるか。

① ペンギン ② クジラ ③ ヤモリ ④ コウモリ

2 肉食動物と草食動物 >>p.44

図のA，Bは，ある2種類の動物の頭骨を表し
たものであり，一方は肉食動物，もう一方は草食
動物である。次の問いに答えなさい。

(1) 肉食動物の頭骨は，A，Bのどちらか。

(2) Aのような動物で発達しているaの歯を何と
いうか。

(3) Bのような動物のbの歯は，どのようなときに役立つ
ように発達しているか。

(4) 肉食動物と草食動物では，目のつき方に違いがある。
視野は狭いが，立体的に見える範囲が広い目のつき方を
しているのは，A，Bのどちらか。

A
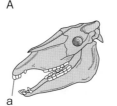
a

B

b

> 💡ヒント
> (1) 発達している歯や目のつき方から
> 考える。
> (4) 目が前向きについているのと横向
> きについているのとでは，どのよう
> に見え方が違うのか考える。

3 背骨がない動物 >>p.45, 46

図は，バッタとイカのからだのつくりを表したものである。次の問いに答えなさい。

(1) バッタやイカのように，背骨がない動物を何というか。

(2) バッタのからだは，図のようにa〜cの3つの部分に分かれている。それぞれ何というか。

(3) バッタは，図のXの部分から空気を取り入れて呼吸する。この部分を何というか。

(4) イカのからだのYの部分は，内臓をおおう膜である。この膜を何というか。

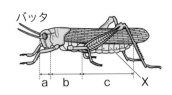

バッタ

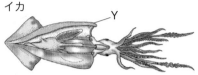

イカ

4 動物の分類 >>p.47

図は，次の ▭ 内の8種類の動物をいろいろな観点で分類したものである。あとの問いに答えなさい。

コイ	カエル	トカゲ	ハト
ネコ	チョウ	カニ	タコ

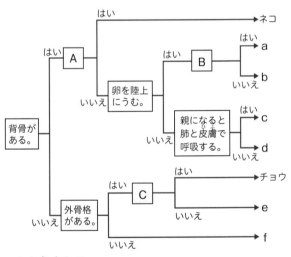

(1) A〜Cに当てはまる分類の観点は，それぞれ次のア〜オのどれか。

　ア　一生，水中で生活する。

　イ　からだが羽毛でおおわれている。

　ウ　3対のあしをもつ。

　エ　植物を食べる動物である。

　オ　子が母親の子宮内である程度育ってからうまれる。

(2) a〜fに当てはまる動物は，それぞれ上の ▭ 内のどれか。

(3) dの動物は，からだのどの部分で呼吸をするか。

(4) eの動物は，節足動物のうちの何類とよばれているか。

> 💡ヒント
> (1)　Aの観点はネコに当てはまる特徴を，Cの観点はチョウに当てはまる特徴を考える。

第2編

身のまわりの物質

第5章

物質の性質 … 52

1 物質の区別
2 物質の密度

● 定期試験対策問題 … 62

第6章

気体の性質 … 64

1 気体の性質の調べ方と集め方
2 気体の発生と性質

● 定期試験対策問題 … 74

第7章

水溶液の性質 … 76

1 物質が水に溶けるようす
2 溶解度と再結晶

● 定期試験対策問題 … 86

第8章

物質の状態変化 … 88

1 状態変化と体積・質量
2 状態変化と温度

● 定期試験対策問題 … 97

第5章 物質の性質

一問一答
コンテンツ

1 物質の区別 ≫p.53

- [ ] **物体**：使う目的や外見に着目したときの「もの」。
- [ ] **物質**：物体をつくる材料に着目したときの「もの」。
- [ ] **有機物**：**炭素を含む**物質。多くは水素を含み，燃えると**二酸化炭素**と**水**ができる。こげて黒い炭（炭素）になるものもある。
- [ ] **無機物**：**有機物以外**の物質。
- [ ] **金属**：鉄，アルミニウム，金，銀，銅など。金属には共通の性質がある。
- [ ] **非金属**：**金属以外**の物質。

❤ 金属に共通の性質

金属光沢　　　　　　電気伝導性

熱伝導性　　　　展性　　　　延性

❤ ろうと鉄が燃えたときのようす

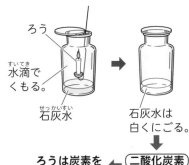

ろう

水滴でくもる。

石灰水

石灰水は白くにごる。

ろうは炭素を含む有機物。　←　二酸化炭素ができた。

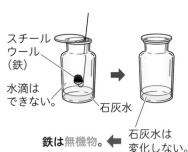

スチールウール（鉄）

水滴はできない。

石灰水

鉄は無機物。　←　石灰水は変化しない。

性質を調べれば，物質を区別できるんだね！

2 物質の密度 ≫p.57

- [ ] **質量**：電子てんびんや上皿てんびんではかることのできる，**物質そのものの量**。
- [ ] **密度**：物質の**一定体積当たりの質量**。
- [ ] **密度とものの浮き沈み**：固体を液体に入れたとき，固体の密度が液体の密度よりも**大きければ固体は沈み**，液体の密度よりも**小さければ固体は浮く**。

❤ 密度を求める式

$$\text{物質の密度}〔g/cm^3〕＝\frac{\text{物質の質量}〔g〕}{\text{物質の体積}〔cm^3〕}$$

1 物質の区別

1 有機物と無機物

(1) 物体と物質

私たちの身のまわりには，いろいろな「もの」があり，それらは，いろいろな「もの」でできている。

①物体

コップのように，使う目的や外見に着目したときの「もの」を**物体**という。

②物質

コップをつくっているガラスやプラスチックのように，物体をつくる材料に着目したときの「もの」を**物質**という。**表1**は，身のまわりにある物体と，それをつくっている物質の例である。

◆表1 物体と物質

物体	物質
コップ	ガラス，プラスチックなど
本	紙
1円玉	アルミニウム
机	木
タオル	綿，ナイロン，ポリエステルなど

(2) 有機物と無機物

物質にはそれぞれ特有の性質があるので，性質を調べることによって，物質を区別することができる。

①有機物

図1で，石灰水が白くにごったことからわかるように，ろうを燃やすと**二酸化炭素**が発生する。これは，ろうに**炭素**が含まれているからである。このように，**炭素を含む物質を有機物**という（**図2**）。また，**図1**のとき，二酸化炭素のほかに**水**もできる。これは，ろうに**水素**が含まれているからである。❶

🐦 **小学校の復習**

●ろうそくや木，紙などが燃えると，空気中の酸素が使われて二酸化炭素ができる。

●石灰水に息を吹きこむと，息に含まれる二酸化炭素によって，石灰水が白くにごる。

❶多くの有機物は水素を含む
多くの有機物は水素を含んでいて，燃えると水ができる。

◆図1 ろうが燃えたときにできる物質

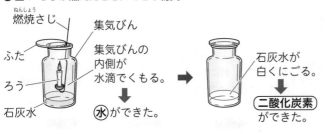

燃焼さじ　集気びん
ふた
ろう
石灰水

集気びんの内側が水滴でくもる。
→ 水ができた。

石灰水が白くにごる。
↓
二酸化炭素ができた。

◆図2 いろいろな有機物

ろう　砂糖　プラスチック
紙　プロパン　エタノール

② 無機物

　図3のように，スチールウール（鉄）を燃やしても，二酸化炭素は発生しない。このように，炭素を含まない，**有機物以外の物質を無機物**という（図4）。ただし，**二酸化炭素や一酸化炭素などは例外**で，**炭素を含むが無機物に分類される。炭素そのものも無機物である。**❷

● 図3　鉄が燃えたときのようす

スチールウール（鉄）
ガスバーナー
≫p.55 基本操作❺

火がついたら

水滴はできない。

赤くなって燃える。
石灰水

石灰水は変化しない。

● 図4　いろいろな無機物

鉄　　食塩　　ガラス
アルミニウム　　酸素　　水

（3）似ている物質の区別

　砂糖，食塩，デンプン（かたくり粉）は，どれも白い粉末で，見ただけでは区別しにくい。しかし，性質を調べることによって，これらの物質を区別することができる（図5）。

● 図5　白い粉末を区別する実験

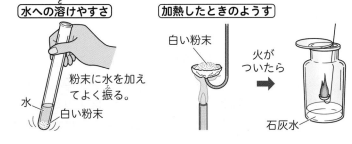

水への溶けやすさ

粉末に水を加えてよく振る。
水
白い粉末

加熱したときのようす

白い粉末

火がついたら

石灰水

実験を行うときは安全めがね（保護めがね）をしよう！

調べたこと	砂糖	食塩	デンプン
水への溶けやすさ	よく溶けた。	溶けた。	溶けずに，白くにごった。
加熱したときのようす	とけた後，燃えてあまいにおいがし，**炭になった。**❸ 石灰水は**白くにごった。**	変化しなかった。	燃えて**炭になった。**❸ 石灰水は**白くにごった。**

↓	↓	↓
有機物	**無機物**	**有機物**

基本操作 ❺ ガスバーナーの使い方

ガスバーナーのしくみ

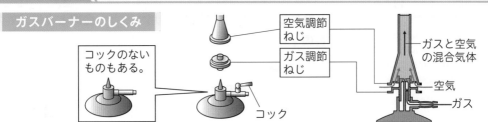

空気調節ねじ

ガス調節ねじ

コックのないものもある。

コック

ガスと空気の混合気体

空気

ガス

火のつけ方

❶ 空気調節ねじとガス調節ねじが閉まっていることを確かめる。

❷ ガスの元栓を開く。コックつきのガスバーナーの場合は、次にコックを開く。

❸ マッチに火をつけて下から近づけ、ガス調整ねじを少しずつ開いて点火する。

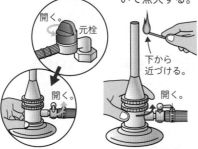

閉まる。

開く。 元栓

開く。

下から近づける。

開く。

炎の調節のしかた

❶ ガス調節ねじをさらに開いて、炎の大きさを10cmくらいに調節する。

❷ ガス調節ねじを押さえたまま、空気調節ねじだけを少しずつ開いて青色の炎にする。

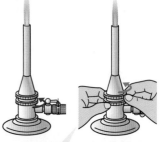

火の消し方

火をつけるときとは逆に操作する。

❶ 空気調節ねじを閉めて空気を止める。

❷ ガス調節ねじを閉めてガスを止める。

❸ コックつきの場合はコックを閉める。

❹ 元栓を閉める。

火を口で吹き消してはいけないよ！

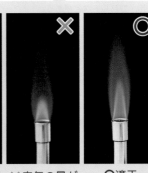

✕空気の量が足りない。　✕空気の量が多すぎる。　◯適正

小学校の復習

●ものには，電気を通すものと，通さないものがあり，金属でできているものは電気を通す。

●ものには，磁石につくものと，つかないものがあり，鉄でできているものは磁石につく。

② 金属と非金属

金属がもつ共通の性質を利用すると，**金属**と金属以外の**非金属**を見分けることができる。

(1) 金属

①金属に共通の性質

鉄，アルミニウム，金，銀，銅などの**金属**には，図6のような共通の性質がある。

▼図6 金属に共通の性質

みがくと特有の光沢が出る。(金属光沢)

電気をよく通す。(電気伝導性)

熱をよく伝える。(熱伝導性)

たたくとうすく広がる。(展性)引っ張ると細くのびる。(延性)

②磁石につく金属とつかない金属

鉄でできているスチール缶は磁石につくが，アルミニウムでできているアルミニウム缶は磁石につかない。このように，**磁石につくことは金属に共通した性質ではない**。鉄は磁石につくが，アルミニウム，金，銀，銅などは磁石につかない。

(2) 非金属

金属以外の物質を，**非金属**という。ガラス，食塩などは非金属である。また，プラスチック，木，紙，ゴム，砂糖などの**有機物はすべて非金属**である。

❹磁石につく金属
磁石につく金属には，鉄のほかにニッケル，コバルトなどがある。

❺電気を通す非金属
炭素のように，非金属であるのに電気を通すものもある。炭素でできている鉛筆やシャープペンシルのしんは，表面が光っていて電気を通すが，たたくと折れるので金属とはいえない。

ポイント

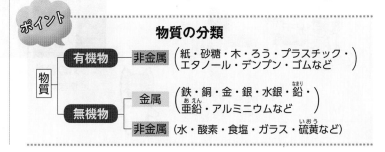

物質の分類

物質
- 有機物 ― 非金属（紙・砂糖・木・ろう・プラスチック・エタノール・デンプン・ゴムなど）
- 無機物
  - 金属（鉄・銅・金・銀・水銀・鉛・亜鉛・アルミニウムなど）
  - 非金属（水・酸素・食塩・ガラス・硫黄など）

❷ 物質の密度

① 密度

同じ体積当たりの金属の重さを比べると，金属どうしを区別することができる。

(1) 質量

物質の重さを調べるとき，電子てんびんや上皿てんびんを使う。これらのてんびんではかることのできる，物質そのものの量を**質量**という。❻❼ >>p.58 基本操作❻

(2) 密度

体積が同じでも，金属の種類によって質量は異なる。このことは，金属以外の物質でも同じである。**一定の体積当たりの質量**を，その物質の**密度**といい，ふつう1 cm³当たりの質量で表す。単位には**g/cm³（グラム毎立方センチメートル，あるいはグラムパー立方センチメートル）**を用いる。

表2のように，物質の種類によって密度の値は決まっているので，密度は物質を区別する手がかりになる。物質の密度は，物質の質量と体積から，次の式で求められる。❽

$$物質の密度〔g/cm³〕＝\frac{物質の質量〔g〕}{物質の体積〔cm³〕}$$

固体		液体		気体	
氷（0℃）	0.92	エタノール	0.79	水素	0.00008
アルミニウム	2.70	重油	0.85〜0.90	水蒸気（100℃）	0.00060
鉄	7.87	菜種油	0.91〜0.92	アンモニア	0.00072
銅	8.96	水（4℃）	1.00	窒素	0.00116
銀	10.50	海水	1.01〜1.05	酸素	0.00133
金	19.32	水銀	13.55	二酸化炭素	0.00184

🔺表2 物質の密度〔g/cm³〕
温度が示されていないものは20℃での値である（密度は温度によって変化する）。気体の密度は非常に小さいので，単位にはg/L（グラム毎リットル）を用いることもある。
1 L＝1000cm³ 囫 酸素 0.00133g/cm³→1.33g/L

🐾小学校の復習
- 同じ体積でも，ものによって重さが違う。
- 同じ体積で比べたとき，木と鉄では鉄のほうが重い。

❻重さと質量
小学校で使っていた「重さ」ということばは，厳密には「物体にはたらく**重力**（>>p.140）の大きさ」をさす。中学校からは，てんびんではかった量（質量）は，力の大きさではなく物質そのものの量で，「重さ」とは区別して使用する。>>p.146

❼質量の単位
質量の単位には，g（グラム）やkg（キログラム）を用いる。
1 kg＝1000 g

❽体積をはかる
体積は，メスシリンダーを使ってはかることができる。
>>p.58 基本操作❻

密度の単位g/cm³の「/」は，「割る」ことを意味している。単位を見れば数値の求め方がわかるね！

てんびん・メスシリンダーの使い方

電子てんびんの使い方

① 水平な台の上に置いて電源を
入れ，表示を0.0や0.00にする。
② はかりたいものをのせ，数値を読む。

薬品のはかり取り方

① 薬包紙や容器を
のせ，表示を
0.0や0.00にする。

② 薬品を少しずつのせていき，
はかり取りたい質量になっ
たら，のせるのをやめる。

上皿てんびんの使い方

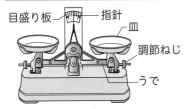

目盛り板　指針　皿　調節ねじ　うで

① 水平な台の上に置き，指針が左右
に等しく振れるように，調節ねじ
で調節する。
② はかりたいものを一方の皿にのせ，
もう一方の皿には質量が少し大き
そうな分銅をのせ，つりあうよう
に分銅をかえていく。

薬品のはかり取り方

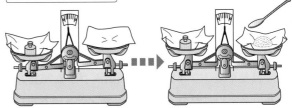

① はかり取りたい質量
の分銅と薬包紙を左
の皿にのせ，右の皿
には薬包紙をのせる
（左ききの人は左右
が逆でもよい）。

② 右の皿に，指針が左右に
等しく振れるまで，薬品
を少しずつのせていく。

かたづけるときは，
皿を一方に重ねて，
うでが動かないよ
うにしよう。

メスシリンダーの使い方

目盛りの読み方

水平な台の上に
置き，液面の最
も低い位置を真
横から水平に見
て，最小目盛り
の$\frac{1}{10}$まで目分量で読む。

拡大　70

この場合，
73.5cm³と読む。

固体の体積のはかり方

① 液体の体積
を読む。
② 物体を液体
の中に沈め，
目盛りを読
む。
③ ❷と❶の目
盛りの差が
物体の体積
となる。

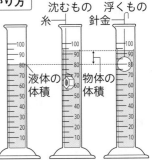

沈むもの　浮くもの
糸　針金

液体の
体積　物体の
体積

例題❶ ◀計算▶ 物質の密度

(1) ある金属でできた物体の質量と体積をはかったところ，質量は47.22g，体積は6.0cm³であった。この物体の密度を求めなさい。

(2) ある液体を30.0cm³はかり取り，質量をはかったところ，23.67gであった。この液体の密度を，小数第2位まで求めなさい。

💡ヒント (2)「小数第2位まで求めなさい」という指示に注意する。

(1)の金属，(2)の液体はp.57の表2のどれだろう？

解き方

(1) 密度の公式 密度＝$\dfrac{質量}{体積}$ より，$\dfrac{47.22〔g〕}{6.0〔cm^3〕}$ ＝ 7.87〔g/cm³〕

解答 7.87g/cm³

(1)の金属は鉄，(2)の液体はエタノールだとわかるね！

(2) 密度の公式より，$\dfrac{23.67〔g〕}{30.0〔cm^3〕}$ ＝ 0.789〔g/cm³〕

小数第2位まで求めるので，小数第3位を四捨五入する。 **解答** 0.79g/cm³

(3) 密度の公式の変形

密度の値は物質の種類によって決まっているので，物質の体積がわかれば質量を求めることができ，物質の質量がわかれば体積を求めることができる。

密度の公式は，右のように変形することができる。

$$密度〔g/cm^3〕＝\dfrac{質量〔g〕}{体積〔cm^3〕}$$

➡質量を求めるには…
$$質量〔g〕＝密度〔g/cm^3〕×体積〔cm^3〕$$

➡体積を求めるには…
$$体積〔cm^3〕＝\dfrac{質量〔g〕}{密度〔g/cm^3〕}$$

例題❷ ◀計算▶ 密度の公式から質量・体積を求める

(1) 密度が0.79g/cm³のエタノールがある。このエタノールの体積が100cm³のとき，エタノールの質量を求めなさい。

(2) 密度が2.7g/cm³のアルミニウムでできた，質量が135gの物体がある。この物体の体積を求めなさい。

解き方

(1) 質量＝密度×体積 より，0.79〔g/cm³〕×100〔cm³〕＝ 79〔g〕 **解答** 79g

(2) 体積＝$\dfrac{質量}{密度}$ より，$\dfrac{135〔g〕}{2.7〔g/cm^3〕}$ ＝ 50〔cm³〕 **解答** 50cm³

② 密度とものの浮き沈み

(1) 液体と固体の密度と浮き沈み

固体が液体に浮くか，沈むかは，その固体の密度が液体の密度よりも小さいか，大きいかで決まる。例えば，**図7**の@のように，水よりも密度の大きい鉄は水に沈むが，水よりも密度の小さい氷は水に浮く。また，ⓑのように，エタノールよりも密度の大きい氷はエタノールに沈み，ⓒのように，水銀よりも密度の小さい鉄は水銀に浮く。

(2) 液体どうし・気体どうしの密度と浮き沈み

密度の違いによるものの浮き沈みは，液体どうし，気体どうしでも起こる。例えば，**図7**のⓓのように，水よりも密度の小さい食用油は，水に浮く。

❾**氷の密度**
氷の密度が水よりも小さいのは，水が氷になるときに体積が大きくなるからである。≫p.90

❿**水銀は常温で液体の金属**
水銀は，常温で液体の状態で存在する唯一の金属である。

◆図7 ものの浮き沈み

ⓐ**水に沈む鉄と水に浮く氷**　　ⓑ**エタノールに沈む氷**　ⓒ**水銀に浮く鉄**　ⓓ**水に浮く食用油**

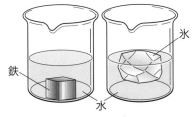

密度	水 < 鉄	氷 < 水	エタノール < 氷	鉄 < 水銀	食用油 < 水
	(1.00) (7.87)	(0.92) (1.00)	(0.79) (0.92)	(7.87) (13.55)	(約0.91) (1.00)

コラム ## 人体が水より海水に浮きやすいのはなぜ？

　人体は，骨，筋肉，脂肪などさまざまな物質でできており，密度の平均は約 1 g/cm³ である。水の密度は 1 g/cm³ なので，人体が水に入ると，わずかなバランスの違いで浮いたり沈んだりする。
　また，食塩の密度は約 2 g/cm³ で，水の密度は 1 g/cm³ なので，水に食塩を溶かした食塩水の密度は，水の密度より大きくなる。
　人体が海水（食塩水）に入ると，水に入ったときより浮きやすく感じるのは，海水の密度が水の密度（人体の密度）より大きいためである。

✅ 要点チェック

1 物質の区別

- ☐ (1) ①コップのように，使う目的や外見に着目したときの「もの」を何というか。また，②コップをつくっているガラスやプラスチックのように，物体をつくる材料に着目したときの「もの」を何というか。≫p.53

- ☐ (2) ろうのように，炭素を含む物質を何というか。≫p.53

- ☐ (3) ろうが燃えると，①ろうに炭素が含まれていることで何という気体が発生するか。また，②ろうに水素が含まれていることで何という液体ができるか。≫p.53

- ☐ (4) 有機物以外の物質を何というか。≫p.54

- ☐ (5) 砂糖，食塩，デンプンを水に入れたとき，溶けないものはどれか。≫p.54

- ☐ (6) 砂糖，食塩，デンプンを加熱したとき，変化しないものはどれか。≫p.54

- ☐ (7) 金属は，電気をよく通すか，通さないか。≫p.56

- ☐ (8) 金属は，どれも磁石につくといえるか，いえないか。≫p.56

- ☐ (9) 金属以外の物質を何というか。≫p.56

2 物質の密度

- ☐ (10) 電子てんびんや上皿てんびんではかることのできる，物質そのものの量を何というか。≫p.57

- ☐ (11) 一定の体積当たりの質量を，その物質の何というか。≫p.57

- ☐ (12) 次の式の①，②に当てはまることばは何か。≫p.57

$$\text{物質の密度〔g/cm}^3\text{〕} = \frac{\text{物質の〔 ① 〕〔g〕}}{\text{物質の〔 ② 〕〔cm}^3\text{〕}}$$

- ☐ (13) 固体を液体に入れたとき，①固体の密度が液体の密度よりも大きければ，固体は沈むか，浮くか。また，②固体の密度が液体の密度よりも小さければ，固体は沈むか，浮くか。≫p.60

解答

(1) ① 物体
　　② 物質

(2) 有機物

(3) ① 二酸化炭素
　　② 水

(4) 無機物

(5) デンプン

(6) 食塩

(7) よく通す。

(8) いえない。

(9) 非金属

(10) 質量

(11) 密度

(12) ① 質量
　　② 体積

(13) ① 沈む。
　　② 浮く。

定期試験対策問題
解答 ➡ p.207

1 有機物と無機物 >>p.53, 54

ろうとスチールウール(鉄)をそれぞれ燃焼さじにのせて火をつけ，図のように乾いた集気びんA，Bに入れた。次の問いに答えなさい。

(1) 火が消えた後，集気びんの内側がくもっていたのはA，Bのどちらか。

(2) 火が消えた後，燃焼さじを集気びんA，Bから取り出し，それぞれ石灰水を入れてよく振った。このとき，石灰水が白くにごった集気びんはA，Bのどちらか。

(3) (2)のように，石灰水が白くにごったのは，何という気体ができたからか。

(4) 火をつけると燃えて，(3)の気体ができる物質を何というか。

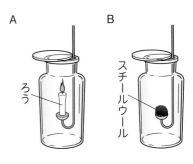

ヒント
(1) 集気びんの内側がくもるのは，何ができたからかを考える。
(4) 燃えて(3)の気体ができる物質は，炭素を含んでいる。

2 似ている物質の区別 >>p.54

デンプン(かたくり粉)，砂糖，食塩を見分けるために，図のような手順で調べた。次の問いに答えなさい。

(1) 方法Aは，次の**ア〜ウ**のどれか。
   ア においをかぐ。
   イ 色を比べる。
   ウ 水に入れる。

(2) 方法Bは，「加熱する。」である。
   ① X，Yの□□□に当てはまる物質はそれぞれ何か。
   ② デンプンを方法Bで調べたとすると，デンプンのようすは，X，Yのどちらの物質と同じようになるか。

(3) デンプン，砂糖，食塩のうち，有機物はどれか。すべて選びなさい。

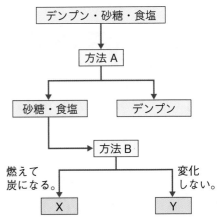

62

3 ガスバーナーの使い方 >>p.55

図のようなガスバーナーがある。次の問いに答えなさい。

(1) 次の文の（　）に入る記号は，それぞれA，Bのどちらか。

図で，（　①　）はガス調節ねじ，（　②　）は空気調節ねじである。

(2) 次の**ア**〜**エ**は，ガスバーナーに火をつけるときの操作である。**ア**〜

エを，正しい操作の順に並べなさい。

ア　Bのねじを押さえ，Aのねじを少しずつ開いていく。

イ　元栓を開く。

ウ　A，Bのねじが閉まっていることを確かめる。

エ　マッチに火をつけてから，Bのねじをゆるめて火をつける。

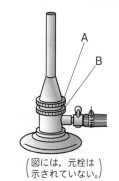

（図には，元栓は
示されていない。）

4 物質の分類 >>p.56

次のA〜Eの物質がある。あとの問いに答えなさい。

| A　鉄　　B　紙　　C　アルミニウム　　D　ガラス　　E　プラスチック |

(1) A〜Eのうち，有機物はどれか。すべて選びなさい。

(2) A〜Eのうち，無機物で，非金属はどれか。

(3) 金属に共通の性質として誤っているものは，次の**ア**〜**エ**のどれか。

ア　みがくと特有の光沢が出る。　　**イ**　磁石に引きつけられる。

ウ　熱をよく伝え，電気をよく通す。　**エ**　たたくと広がる。

5 物質の密度 >>p.57〜59

100mL用のメスシリンダーに水を50mL入れ，質量62.0gの球を沈めると，液面が図のようになった。また，表は，いろいろな物質の密度を示している。次の問いに答えなさい。ただし，1 mL = 1 cm³ とし，水の密度は1 g/cm³である。

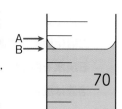

(1) メスシリンダーの目盛りの読む位置として正しいのは，A，Bのどちらか。

(2) この球の密度は何g/cm³か。小数第2位を四捨五入して，小数第1位まで求めなさい。

(3) (2)より，この球は表のどの物質でできていることがわかるか。

(4) 表の物質のうち，水に入れると浮くものはどれか。

物質	密度〔g/cm³〕
アルミニウム	2.7
鉄	7.9
銅	8.9
金	19.3
ポリエチレン	0.94

第6章 気体の性質

一問一答
コンテンツ

1 気体の性質の調べ方と集め方 >>p.65

- [ ] **空気の組成**：体積の割合で，**窒素**が約78％，**酸素**が約21％，**二酸化炭素**が約0.04％である。

酸素は空気の$\frac{1}{5}$しかないんだね。

- [ ] **気体が水に溶けた水溶液の性質**：青色リトマス紙を**赤色**に変える水溶液の性質は**酸性**，赤色リトマス紙を**青色**に変える水溶液の性質は**アルカリ性**である。

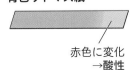
🔻リトマス紙の色の変化
青色リトマス紙　　　　**赤色リトマス紙**

赤色に変化
→酸性

青色に変化
→アルカリ性

- [ ] **気体の集め方**：水に溶けにくい気体は**水上置換法**で，水に溶けやすく，**空気より密度が大きい気体は下方置換法**で，水に溶けやすく，**空気より密度が小さい気体は上方置換法**で集められる。

🔻気体の集め方

水上置換法　　　下方置換法　　　上方置換法

気体　　　　　　　気体

気体

2 気体の発生と性質 >>p.67

- [ ] **酸素の性質**：水に溶けにくい。**ものを燃やす**はたらきがある。

- [ ] **二酸化炭素の性質**：空気より密度が大きい。**石灰水を白くにごらせる**。水に少し溶け，水溶液は**酸性**を示す。

- [ ] **アンモニアの性質**：空気より密度が小さい。水に非常によく溶け，水溶液は**アルカリ性**を示す。

- [ ] **水素の性質**：水に溶けにくい。空気中で**燃えて水ができる**。

🔻気体の発生方法

酸素

うすい
過酸化水素水
(オキシドール)

二酸化
マンガン

酸素

水

二酸化炭素

うすい
塩酸

石灰石

二酸化炭素

1　気体の性質の調べ方と集め方

① 空気の組成と気体の性質の調べ方

(1) 空気の組成

　私たちは空気の中で，呼吸しながら生活している。その空気に最も多く含まれているのは窒素，次に多いのは酸素で，二酸化炭素は約0.04％含まれている（図1）。

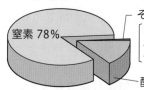

その他の気体 1％
　アルゴン　　0.93％
　二酸化炭素　0.04％
　その他

窒素 78％

酸素 21％

◀ 図1　空気の組成
各気体の体積の割合を百分率（全体を100としたときの割合）で示している。

(2) 気体の性質の調べ方

　気体にはそれぞれ特有の性質があり，性質を調べることによって，気体を区別することができる。» 基本操作 ❼

● 小学校の復習

●酸素をからだに取り入れて二酸化炭素を出すことを呼吸という。
●空気には窒素が最も多く，次に酸素が多く含まれている。二酸化炭素やその他の気体も含まれているが，窒素や酸素に比べればわずかである。

❶空気には水蒸気も含まれる
空気には水蒸気が1〜3％ほど含まれているが，水蒸気の割合は季節や場所によって異なるため，空気の組成はふつう，水蒸気を含まない乾燥した空気で表す。

基本操作 ❼　気体の性質の調べ方

色

気体

白い紙

におい

手であおぐようにしてかぐ。

有毒な気体もあるので深く吸いこまない。

石灰水の変化

気体
石灰水

よく振る。

ものを燃やすはたらきがあるか

線香

気体

火のついた線香を入れる。

燃えるか

マッチの火を近づける。

水への溶けやすさ

ペットボトル

よく振る。

気体
水

気体が水に溶けると，ペットボトルがへこむ。

水に溶けたときの性質

気体

水でぬらしたリトマス紙

青色リトマス紙
　赤色に変化→酸性

赤色リトマス紙
　青色に変化→アルカリ性

スポイト
BTB溶液（緑色）

気体

緑色のまま→中性
黄色に変化→酸性
青色に変化→アルカリ性

●気体を集めるときは，水で満た

●気体を集めるときは，水で満た
した集気びんを，水中で逆さに
して集めた。

② 気体の集め方

　気体はそれぞれ，水への溶けやすさに違いがあり，空気と
異なる固有の密度をもつため，気体を集めるときは，その気
体の性質に適した集め方を選ぶ。気体の集め方には**水上置換
法，下方置換法，上方置換法**がある。>> 基本操作 ❽

（1）水上置換法

　水に溶けない，または**溶けにくい気体**は，**水上置換法**で
集める。水と置きかえて集めるので，空気が混じらない，
純粋な気体が集められる。

（2）下方置換法

　水に溶けやすい気体のうち，**空気より密度が大きい（空
気より重い）**気体は，**下方置換法**で集める。

（3）上方置換法

　水に溶けやすい気体のうち，**空気より密度が小さい（空
気より軽い）**気体は，**上方置換法**で集める。

基本操作 ❽ 気体の集め方

気体
❶ 水に溶けやすいかどうか
水に溶けやすい気体は
水上置換法で集められ
ない。

気体
水に溶けにくい気体
水上置換法
最初に集
めた気体
は捨てる。
初めは水で
満たしておく。
びんに気体が
入って水が押
し出される。

水に溶けやすい気体
❷ 空気より密度が
大きいかどうか

空気より密度が
大きい気体
下方置換法
← 気体
初めにあった
空気が出てい
く。

空気より密度が
小さい気体
上方置換法
初めにあった
空気が出てい
く。
気体 →

❓ なぜ？
**初めに出てくる気体は，装置の中にあった
空気を多く含むため。**

くわしく　初めに出てくる気体は，気体発生装置やガラ
ス管の中に入っていた空気を多く含んでいる。気体を
集めるときは，しばらく気体を出してから集める。

2 気体の発生と性質

① 空気に含まれる気体の発生と性質

(1) 酸素の発生と性質（図2）

　酸素は，空気の体積の約2割を占める。自然界では植物のはたらきによってつくられ，生物の呼吸に必要な気体である。

①酸素の発生方法

　酸素は，**二酸化マンガンにうすい過酸化水素水**（**オキシドール**）を加えると発生する。

②酸素の性質

- ・水に溶けにくいので，**水上置換法**で集められる。
- ・**ものを燃やすはたらき**（助燃性）があるが，酸素そのものは燃えない。
- ・色，においはない（無色，無臭）。

◆図2 酸素の発生と性質

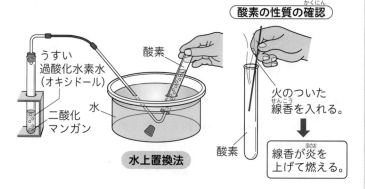

酸素の性質の確認

うすい過酸化水素水（オキシドール）

酸素

二酸化マンガン

水

水上置換法

火のついた線香を入れる。

酸素

線香が炎を上げて燃える。

ここで学習する気体はこれから何度も出てくるから，性質をしっかり頭に入れておこう！

小学校の復習

- ●酸素には，ものを燃やすはたらきがある。
- ●ろうそくや木が燃えるときは，空気中の酸素の一部が使われ，二酸化炭素ができる。

発展 ❷光合成

植物が光を利用して，二酸化炭素と水から酸素やデンプンなどをつくるはたらきを，光合成という。

❸二酸化マンガンのはたらき

二酸化マンガンは，うすい過酸化水素水から酸素が発生するのを速くするために用いられる。

発展 うすい過酸化水素水が酸素と水に分かれる（分解する）が，このとき二酸化マンガン自体は変化しない。二酸化マンガンのように，それ自体は変化せず，反応の速さを変えるはたらきをする物質を，触媒という。

❹オキシドール

店で売られているオキシドールは，過酸化水素水を水でうすめて約3％の濃さにしたものである。

❺酸素の発生方法

酸素は，次のような方法でも発生する。

- ・ジャガイモ（レバー，ダイコンおろし）にうすい過酸化水素水を加える。
- ・過炭酸ナトリウムに湯を加える。

発展 酸素は，2年生で学習する次の方法でも発生する。

- ・酸素と銀が結びついてできた酸化銀を加熱すると，酸素と銀に分解する。
- ・水に電気を通すと，酸素と水素に分解する。

❻二酸化炭素の発生方法
二酸化炭素は，次のような方法でも発生する。
・炭酸水を加熱する。
・発泡入浴剤に湯を加える。
・炭酸水素ナトリウム（重そう，ベーキングパウダー）に酢酸（食酢）を加える。
・有機物を燃やす。

(2) 二酸化炭素の発生と性質（図3）

二酸化炭素は，生物の呼吸によって生じる気体である。

①二酸化炭素の発生方法

二酸化炭素は，**石灰石**（または貝殻や卵の殻）に**うすい塩酸**を加えると発生する。❻

②二酸化炭素の性質

・空気より密度が大きいので，**下方置換法**で集められる。また，水に少し溶けるだけなので，**水上置換法**でも集められる。

・**石灰水を白くにごらせる。**

・水に少し溶け，水溶液（炭酸水）は**酸性**を示す。

・ものを燃やすはたらきはなく，無色，無臭である。❼

▼図3　二酸化炭素の発生と性質

下方置換法　　　水上置換法

二酸化炭素の性質の確認

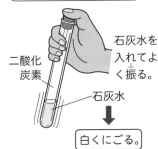

石灰水を入れてよく振る。

白くにごる。

❼二酸化炭素の利用
二酸化炭素は，消化剤に使用されている。また，固体の二酸化炭素であるドライアイスは，食品などの冷却に使われる。

❽窒素の利用
ふつうの温度では反応しにくい性質を利用して，窒素は，食品の変質を防ぐために袋や缶，びんなどに詰められている。また，液体の窒素は冷却剤として使われる。

❾高温の状態では
窒素は，高温の状態では酸素と結びついて有毒な二酸化窒素になり，空気を汚す原因の1つとなる。

(3) 窒素

窒素は，空気の体積の約8割を占める。

①窒素の性質

・空気よりわずかに密度が小さい。

・水に溶けにくく，無色，無臭である。

・ものを燃やすはたらきはなく，空気中（窒素を多く含む）では酸素中に比べて，ものは穏やかに燃える。

・ふつうの温度では他の物質と結びつかず，変化しにくい。❾

② いろいろな気体の発生と性質

(1) アンモニアの発生と性質（図4）

①アンモニアの発生方法

アンモニアは，塩化アンモニウムと水酸化カルシウムの混合物を加熱すると発生する。

②アンモニアの性質

- 空気より密度が小さいので，**上方置換法**で集められる。
- 水に非常によく溶け，水溶液（アンモニア水）は**アルカリ性**を示す。 >> 重要実験 ❶
- 特有の刺激臭があり，有毒である。

⑩アンモニアの発生方法
アンモニアは，次のような方法でも発生する。
・塩化アンモニウムと水酸化カルシウムの混合物に少量の水を加える。
・硫酸アンモニウムと水酸化カルシウムの混合物を加熱する。
・アンモニア水を加熱する。
⑪アンモニアの利用
アンモニアは，肥料の原料や虫刺されの薬に使われる。

❤ 図4 アンモニアの発生と性質

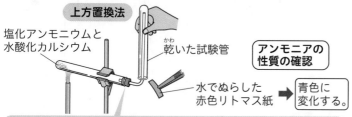

上方置換法

塩化アンモニウムと水酸化カルシウム

乾いた試験管

アンモニアの性質の確認

水でぬらした赤色リトマス紙 ➡ 青色に変化する。

❓ なぜ試験管の口を底よりも少し下げる？
発生した水が試験管の底のほうに流れると，試験管が割れることがあるため。

重要実験 ❶ アンモニアの噴水

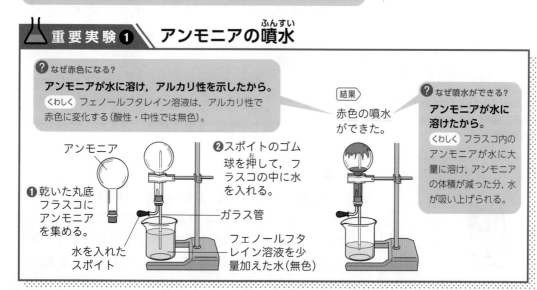

❓ なぜ赤色になる？
アンモニアが水に溶け，アルカリ性を示したから。
くわしく フェノールフタレイン溶液は，アルカリ性で赤色に変化する（酸性・中性では無色）。

結果 赤色の噴水ができた。

❓ なぜ噴水ができる？
アンモニアが水に溶けたから。
くわしく フラスコ内のアンモニアが水に大量に溶け，アンモニアの体積が減った分，水が吸い上げられる。

アンモニア

❷ スポイトのゴム球を押して，フラスコの中に水を入れる。

❶ 乾いた丸底フラスコにアンモニアを集める。

ガラス管

水を入れたスポイト

フェノールフタレイン溶液を少量加えた水（無色）

⑫水素の利用
水素は，燃料電池自動車やロケットの燃料などとして使われる。

⑬水素に火をつけるときの注意
酸素（空気）と水素の混合気体に火を近づけると爆発するので，注意する。水素に点火するときは，必ず試験管にとり，発生装置から離れた場所で行う。

(2) 水素の発生と性質（図5）

①水素の発生方法

　　水素は**亜鉛や鉄などの金属**にうすい**塩酸**や硫酸を加えると発生する。

②水素の性質

・水に溶けにくいので，**水上置換法**で集められる。
・空気中で火をつけると，**爆発して燃え，水ができる**。⑫⑬
・無色，無臭で，**物質の中で最も密度が小さい**。

🔻図5 水素の発生と性質

水素

うすい塩酸

亜鉛

水上置換法

水

水素の性質の確認

マッチの火を近づける。

↓

音を出して燃え，水ができる。

水滴で内側がくもる。

⑭塩素の利用
塩素は，漂白作用，殺菌作用があるので，衣類の漂白剤，水道水やプールの水の殺菌剤に利用される。

⑮「まぜるな危険」
「塩素系」と書かれた漂白剤と，「酸性タイプ」と書かれた洗浄剤を混ぜ合わせると，有毒な塩素が発生して危険であるため，これらの容器には「まぜるな危険」と書いてある。掃除をするときには注意が必要である。

(3) 塩素

　　塩素は，**黄緑色**で，特有の刺激臭があり，有毒である。空気より密度が大きい。漂白（脱色）作用，殺菌作用がある。⑭⑮水に溶けやすく，水溶液は酸性を示す。

(4) 塩化水素

　　塩化水素は，無色で，刺激臭があり，空気より密度が大きい。水によく溶け，水溶液は強い酸性を示す。塩化水素の水溶液を**塩酸**といい，塩酸は胃液に含まれ，食物の消化に役立っている。

(5) 硫化水素

　　硫化水素は，無色で，温泉のような特有のにおい（腐卵臭）をもち，有毒である。空気より密度が大きい。水に溶けやすく，水溶液は酸性を示す。火山ガスに含まれ，火山地帯などでは，自然に地面から発生していることがある。

火山ガスは，p.153で学習するよ。

気体の性質による集め方の違い

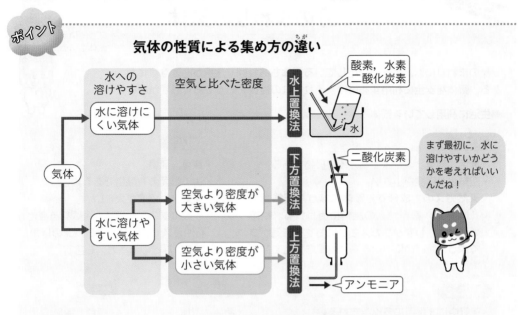

いろいろな気体の性質

	色	におい	密度(空気の密度の何倍か)	水への溶けやすさ	気体の集め方	その他の性質
酸素	ない	ない	1.11倍	溶けにくい	水上置換法	・ものを燃やすはたらきがある。
二酸化炭素	ない	ない	1.53倍	少し溶ける	下方置換法 水上置換法	・石灰水を白くにごらせる。 ・水溶液(炭酸水)は酸性。
窒素	ない	ない	0.97倍	溶けにくい	水上置換法	・ふつうの温度では，他の物質と結びつかない。
アンモニア	ない	刺激臭	0.60倍	非常に溶けやすい	上方置換法	・有毒。 ・水溶液(アンモニア水)はアルカリ性。
水素	ない	ない	0.07倍 (気体の中で最小)	溶けにくい	水上置換法	・空気中で火をつけると，爆発して燃え，水ができる。
塩素	黄緑色	刺激臭	2.49倍	溶けやすい	下方置換法	・有毒。 ・漂白作用，殺菌作用がある。 ・水溶液は酸性。
塩化水素	ない	刺激臭	1.27倍	非常に溶けやすい	下方置換法	・有毒。 ・水溶液(塩酸)は酸性。

身のまわりの気体

知っている
気体はある
かな？

　身のまわりには，生活に利用している気体もあれば，注意が必要な気体もある。気体を安全に利用するには，それぞれの性質を知っておく必要がある。

●生活に利用している気体

メタン

・無色，無臭。　・よく燃える有機物である。
・空気より密度が小さい。
・天然ガスの主成分で，液体になった天然ガス（LNG）は，都市ガスの原料に使われる。都市ガスには，わずかなガスもれにもすぐに気がつくよう，特有のにおいをもつ物質を加えてある。

プロパン

・無色，無臭。
・よく燃える有機物である。
・空気より密度が大きい。
・一般にプロパンガスとよばれる液化石油ガス（LPG）は，プロパンのほかブタンなどの天然ガスも含む。

アルゴン

・空気中に3番目に多く含まれる。
・無色，無臭。　・空気より密度が大きい。
・変化しにくいため，ギリシャ語の「怠け者」ということばargosから名づけられた。
・蛍光灯や白熱電球に利用される。

ヘリウム

・無色，無臭。
・水素の次に密度が小さいため，風船に詰めるガスとして使われる。

ネオン

・無色，無臭。
・電流が流れると光を発するため，ネオンサインに利用される。

●注意が必要な気体

p.70の塩素，塩化水素，硫化水素のほかに，次のようなものがある。

一酸化炭素

・酸素が十分にない状態で有機物が燃える（不完全燃焼する）と，二酸化炭素のほかに，一酸化炭素が発生する。
・たいへん有毒であるが，無色，無臭のため，発生しても気がつきにくい。有機物を燃やすときには換気が必要である。

二酸化窒素

・赤褐色で，特有のにおいがあり，有毒である。
・水に溶けると酸性を示す。酸性雨（強い酸性を示す雨）の原因となる物質の1つである。

二酸化硫黄

・硫黄を含む物質が燃えると発生する。
・無色で，花火を燃やしたような刺激臭があり，有毒である。
・火山ガスにも含まれ，亜硫酸ガスとよばれることもある。
・漂白剤に利用されたり，硫酸や肥料の原料に使われたりする。
・酸性雨の原因となる物質の1つである。

「酸性雨」は3年生で学習するよ。

☑️要点チェック

1 気体の性質の調べ方と集め方

□ (1) 空気に，体積の割合で，①約8割含まれている気体は何か。また，②約2割含まれている気体は何か。》p.65

□ (2) 気体が水に溶けた水溶液の性質は，①青色リトマス紙が赤色に変わったときは何性か。また，②赤色リトマス紙が青色に変わったときは何性か。》p.65

□ (3) 水に溶けにくい気体を集めるときの方法を何というか。》p.66

□ (4) 水に溶けやすい気体のうち，①空気より密度が大きい気体を集めるときの方法を何というか。また，②空気より密度が小さい気体を集めるときの方法を何というか。》p.66

2 気体の発生と性質

□ (5) 二酸化マンガンにうすい過酸化水素水（オキシドール）を加えると発生する気体は何か。》p.67

□ (6) 石灰石にうすい塩酸を加えると発生する気体は何か。》p.68

□ (7) 塩化アンモニウムと水酸化カルシウムの混合物を加熱すると発生する気体は何か。》p.69

□ (8) 亜鉛にうすい塩酸を加えると発生する気体は何か。》p.70

□ (9) 酸素，二酸化炭素，アンモニア，水素のうち，①ものを燃やすはたらきがあるものはどれか。また，②空気中で火をつけると燃えて水ができるものはどれか。》p.67〜70

□ (10) 酸素，二酸化炭素，アンモニア，水素のうち，①水に非常によく溶け，水溶液がアルカリ性を示すものはどれか。また，②水に少し溶け，水溶液が酸性を示すものはどれか。》p.67〜70

□ (11) 酸素，窒素，水素，塩素のうち，物質の中で最も密度が小さいものはどれか。》p.67〜70

□ (12) 水素，塩素，塩化水素，硫化水素のうち，黄緑色をしているものはどれか。》p.70

解答

(1) ① 窒素
　　② 酸素

(2) ① 酸性
　　② アルカリ性

(3) 水上置換法

(4) ① 下方置換法
　　② 上方置換法

(5) 酸素

(6) 二酸化炭素

(7) アンモニア

(8) 水素

(9) ① 酸素
　　② 水素

(10) ① アンモニア

　　② 二酸化炭素

(11) 水素

(12) 塩素

定期試験対策問題 （解答 ➡ p.208）

1 気体の集め方 ≫p.66

図のA〜Cは，気体の集め方を模式的に表した
ものである。次の問いに答えなさい。

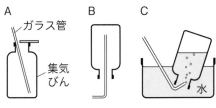

(1) 次の①〜③の性質をもつ気体の集め方として
正しいものは，それぞれ図のA〜Cのどれか。

① 水に溶けにくい気体。

② 水によく溶けて，空気よりも密度が小さい気体。

③ 水によく溶けて，空気よりも密度が大きい気体。

(2) 次の①，②の気体の集め方として最も適切なものは，それぞれ図のA〜Cのどれか。

① 酸素　　② アンモニア

(3) 二酸化炭素の集め方として適切でないものは，図のA〜Cのどれか。

2 酸素と二酸化炭素 ≫p.67, 68

図のような装置を用意し，酸素と二酸化炭素を発生さ
せて集気びんに集めた。次の問いに答えなさい。

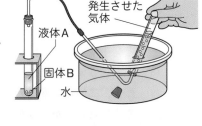

(1) 酸素を発生させるときに用いる，液体A，固体Bは，
それぞれ次のア〜キのどれか。

ア 石灰石（せっかいせき）　　イ 塩化アンモニウム

ウ 水酸化カルシウム　　エ 亜鉛（あえん）

オ 二酸化マンガン　　カ うすい塩酸

キ うすい過酸化水素水（オキシドール）

(2) 二酸化炭素を発生させるときに用いる，液体A，固
体Bは，それぞれ(1)のア〜キのどれか。

(3) 集気びんに気体を集めるとき，最初に出てくる気体は集めずに捨てる。この理由を，簡単
に答えなさい。

(4) 酸素を集めた集気びんに，火のついた線香（せんこう）を入れるとどうなるか。簡単に答えなさい。

(5) 二酸化炭素を集めた集気びんに，石灰水を入れてよく振（ふ）るとどうなるか。簡単に答えなさ
い。

ヒント
(3) 純粋（じゅんすい）な気体を集めるために必要な操作である。

74

3 水素とアンモニア >>p.69, 70

図1のような装置で水素を，図2のような装置でア
ンモニアを発生させた。次の問いに答えなさい。

(1) 図1で，水素を発生させるときに用いる固体Aと
して適切なものを，次のア～オからすべて選びなさ
い。

　ア　石灰石　　イ　塩化アンモニウム
　ウ　鉄　　　　エ　二酸化マンガン　　オ　亜鉛

(2) 図2で，アンモニアを発生させるとき，加熱する試験管の口を少し下げるのはなぜか。
簡単に答えなさい。

図1　**図2**

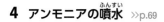

2種類の
固体の物質

うすい
塩酸

固体A

4 アンモニアの噴水 >>p.69

アンモニアで満たした丸底フラスコを用いて，図のよう
な装置をつくり，水を入れたスポイトのゴム球を押すと，
フェノールフタレイン溶液を加えた水が吸い上げられ，赤
色の噴水ができた。次の問いに答えなさい。

(1) フェノールフタレイン溶液を加えた水が吸い上げられ
たことからわかるアンモニアの性質を，簡単に答えなさい。

(2) 噴水の色が赤色になったことからわかるアンモニアの
性質を，簡単に答えなさい。

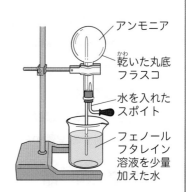

アンモニア

乾いた丸底
フラスコ

水を入れた
スポイト

フェノール
フタレイン
溶液を少量
加えた水

5 気体の区別 >>p.65～71

表は，5種類の
気体A～Eの性質
についてまとめた
もので，気体A～
Eはそれぞれ，ア
ンモニア，窒素，

気体	A	B	C	D	E
におい	ない	ない	刺激臭	ない	ない
密度(空気の密度の何倍か)	0.07倍	1.53倍	0.60倍	1.11倍	0.97倍
水への溶け方	溶けにくい	少し溶ける	非常に溶けやすい	溶けにくい	溶けにくい

酸素，水素，二酸化炭素のいずれかである。次の問いに答えなさい。

(1) 気体のにおいを調べるときには，どのようにするか。簡単に答えなさい。

(2) 空気中に体積の割合で約78％含まれる気体は，A～Eのどれか。

(3) 水でぬらした青色リトマス紙を赤色に変える気体は，A～Eのどれか。

(4) 気体Aに空気中で火をつけたところ，爆発して燃えた。このときできる物質は何か。

第**7**章 水溶液の性質

一問一答
コンテンツ →

1 物質が水に溶けるようす >>p.77

- [ ] **溶質**と**溶媒**：砂糖水の場合，砂糖のように，**溶けている物質**を **溶質**，水のように，**溶質を溶かしている液体**を **溶媒** という。

- [ ] **溶液**と**水溶液**：**溶質** が **溶媒** に溶けた**液全体**を **溶液** といい，砂糖水のように，**溶媒 が水である 溶液** を **水溶液** という。

- [ ] **水溶液の性質**：色がついていてもついていなくても**透明**で，どの部分も**濃さが同じ**（均一）で，時間がたっても溶けた物質は出てこない。

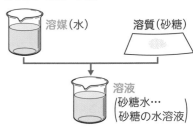

◉ 溶質・溶媒・溶液

溶媒（水）　溶質（砂糖）

溶液
(砂糖水…
砂糖の水溶液)

◉ 濃度を求める式

$$質量パーセント濃度〔\%〕 = \frac{溶質の質量〔g〕}{溶液の質量〔g〕} \times 100$$

$$= \frac{溶質の質量〔g〕}{溶媒の質量〔g〕 + 溶質の質量〔g〕} \times 100$$

- [ ] **質量パーセント濃度**：**溶液**の**質量**に対する**溶質**の**質量の割合**を百分率（%）で表したもの。

2 溶解度と再結晶 >>p.80

- [ ] **飽和**：ある **溶質** が **溶媒** に**限度まで溶けている**状態。
- [ ] **飽和水溶液**：**飽和**している水溶液。
- [ ] **溶解度**：一定量（100g）の水に溶ける物質の最大の量。物質の**溶解度と温度の関係**をグラフに表したものを**溶解度曲線**という。
- [ ] **結晶**：規則正しい形をした固体。
- [ ] **再結晶**：いったん **溶媒** に溶かした固体の物質を**再び結晶として取り出す**こと。
- [ ] **混合物と純粋な物質**：複数の物質が混ざり合ったものを**混合物**といい，1種類の物質でできているものを**純粋な物質**（純物質）という。

◉ 溶解度曲線（硝酸カリウム）

(80℃の飽和水溶液の温度を
20℃まで下げたとき)

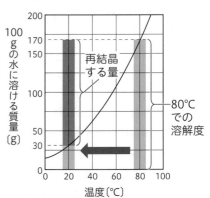

再結晶
する量

80℃
での
溶解度

温度〔℃〕

100gの水に溶ける質量〔g〕

1 物質が水に溶けるようす

① 物質の溶け方

(1) 水溶液

図1のように，水に砂糖を溶かすと砂糖水ができる。この砂糖水のように，水に物質が溶けた液体を**水溶液**という。

①溶質

砂糖水の砂糖のように，**溶けている物質**を**溶質**という。[1]

②溶媒

砂糖水の水のように，**溶質を溶かしている液体**を**溶媒**という。[2]

③溶液

溶質が溶媒に溶けた液全体を**溶液**といい，砂糖水のように，**溶媒が水である溶液**を**水溶液**という。[3]

▼図1 溶質・溶媒・溶液

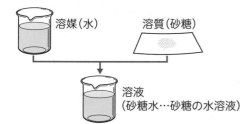

溶媒(水)　　溶質(砂糖)

溶液
(砂糖水…砂糖の水溶液)

溶媒が水，溶質が食塩(塩化ナトリウム)の場合の水溶液は，食塩水(塩化ナトリウム水溶液)である。

(2) 水溶液の性質

水溶液には，次のような共通の性質がある。

- 色がついていても，ついていなくても，透明である。[4]
- どの部分も，濃さが同じ(均一)である。
- 時間がたっても，液の下のほうが濃くなったり，溶けた物質が出てきたりすることはない。

小学校の復習

- 水の中でものが全体に広がり，透き通った液になるとき，「ものが水に溶けた」という。
- ものが水に溶けても，水とものとを合わせた重さは変わらない。

❶溶質が気体や液体の場合

溶質が気体や液体の場合もある。

【溶質が気体の水溶液】

水溶液	溶質
炭酸水	二酸化炭素
アンモニア水	アンモニア
塩酸	塩化水素

【溶質が液体の水溶液】

水溶液	溶質
過酸化水素水	過酸化水素
エタノール水溶液	エタノール

❷溶媒が水以外の場合

溶媒が水以外の場合もある。例えば，エタノール溶液は，溶質がエタノール(溶媒)に溶けたものである。

❸溶解

溶質が溶媒に溶ける現象を溶解という。例えば，砂糖水は，水(溶媒)に砂糖(溶質)が溶解してできた水溶液だといえる。

❹透明

色に関係なく，透き通っていて，向こう側が見える状態を透明という。食塩水のように，色のない透明なものは，無色透明という。また，色のついた(有色透明の)水溶液には，コーヒーシュガーの水溶液(茶色)や，硫酸銅水溶液(青色)などがある。

❺モデル
実際には目に見えないものや複雑な現象を，図や模型などを用いてわかりやすく単純に表したものをモデルという。ここでは，目に見えない小さな粒子を，目に見えるように大きく表している。

物質の粒子については，2年生で学習するよ。

❻溶かすときにかき混ぜる理由
水に溶ける物質を水の中に入れると，かき混ぜなくても物質はやがて水の中に均一に広がる。溶かすときにかき混ぜるのは，より短い時間で，物質を水の中に広げるためである。

❼水溶液の全体の質量
溶質の1つ1つの粒子は，物質の種類によって決まった質量をもっているので，溶質が溶けて見えなくなっても，全体の質量は変化しない。

🔁 小学校の算数の復習

割合と百分率
「もとにする量」を1としたときの「比べる量」の表し方を割合という。また，もとにする量を100としたときの割合の表し方を百分率という。

例　もとにする量が10，比べる量が2の場合の割合

$$\frac{(比べる量)\ 2}{(もとにする量)\ 10} = 0.2$$

これを百分率では，20%と表す。

❽濃度の表示の例
例えば，塩素の試薬びんに36%と表示がある場合，この塩酸100gには36gの塩化水素が含まれることがわかる。

（3）物質が水に溶けるようす

　すべての物質は，たいへん小さな粒（粒子という）でできており，その粒子がたくさん集まって，目に見える大きさになっている。

　図2は，角砂糖（コーヒーシュガー）が水に溶けていくようすを**粒子のモデル**で表したものである。❺

▼図2 角砂糖が水に溶けるようす

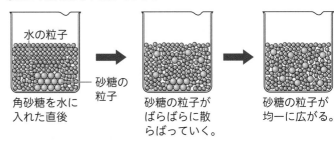

水の粒子

砂糖の粒子

角砂糖を水に入れた直後　　砂糖の粒子がばらばらに散らばっていく。　　砂糖の粒子が均一に広がる。

　図2のように，角砂糖を水の中に入れると，水の粒子が砂糖の粒子間に入りこみ，砂糖の粒子がばらばらになって水の中に均一に広がるので，水溶液の濃さは均一になる。❻また，粒子の1つ1つは目に見えないので，水溶液は透明になる。❼

---

② 溶液の濃度

（1）質量パーセント濃度

　溶液の濃さ（**濃度**）は，**溶液の質量に対する溶質の質量の割合**で表すことができる。この割合を百分率（%）で表したもの，つまり，**溶質の質量が溶液全体の質量の何%に当たるか**を，**質量パーセント濃度**といい，次の式で表される。

$$質量パーセント濃度〔\%〕 = \frac{溶質の質量〔g〕}{溶液の質量〔g〕} \times 100$$

$$= \frac{溶質の質量〔g〕}{溶媒の質量〔g〕 + 溶質の質量〔g〕} \times 100$$

例題 ❸ 〔計算〕 質量パーセント濃度

(1) 砂糖25gを水に溶かして，砂糖水100gをつくった。この砂糖水の質量パーセント濃度を求めなさい。

(2) 水80gに砂糖20gが溶けている。この砂糖水の質量パーセント濃度を求めなさい。

解き方 --

(1) 質量パーセント濃度〔%〕$= \dfrac{\text{溶質の質量〔g〕}}{\text{溶液の質量〔g〕}} \times 100$ だから，$\dfrac{25\text{〔g〕}}{100\text{〔g〕}} \times 100 = 25\text{〔%〕}$

解答 25%

(2) 質量パーセント濃度〔%〕$= \dfrac{\text{溶質の質量〔g〕}}{\text{溶媒の質量〔g〕}+\text{溶質の質量〔g〕}} \times 100$ だから，

$$\dfrac{20\text{〔g〕}}{(80+20)\text{〔g〕}} \times 100 = 20\text{〔%〕}$$

解答 20%

(2) 濃度の公式の利用

　濃度の公式を利用すれば，溶質や溶液の質量も求めることができる。右のように，濃度の公式を変形して利用してもよいし，例題❹ の 解き方 のように，求めたい量を x として濃度の式に表し，x の値を求めてもよい。

➡溶質の質量を求めるには…

溶質の質量〔g〕

$= \text{溶液の質量〔g〕} \times \dfrac{\text{濃度〔%〕}}{100}$

➡溶液の質量を求めるには…

溶液の質量〔g〕

$= \text{溶質の質量〔g〕} \times \dfrac{100}{\text{濃度〔%〕}}$

例題 ❹ 〔計算〕 濃度の公式の利用

(1) 質量パーセント濃度が 5 ％の砂糖水200gには，何 g の砂糖が溶けているか。

(2) 質量パーセント濃度が10％の砂糖水を300gつくるには，砂糖と水は何 g ずつ必要か。

数学で学習する
一次方程式だね！

解き方 --

(1) 溶けている砂糖の質量を x g とすると， 5 ％のときの濃度を求める式は，

$\dfrac{x\text{〔g〕}}{200\text{〔g〕}} \times 100 = 5\text{〔%〕}$ と表される。これより，$x = 200\text{〔g〕} \times \dfrac{5}{100} = 10\text{〔g〕}$

解答 10g

(2) 溶かす砂糖の質量を x g とすると，10％のときの濃度を求める式は，

$\dfrac{x\text{〔g〕}}{300\text{〔g〕}} \times 100 = 10\text{〔%〕}$ と表される。これより，$x = 300\text{〔g〕} \times \dfrac{10}{100} = 30\text{〔g〕}$

よって，溶かす砂糖の質量は30gである。砂糖水300gのうち，溶かす砂糖が30gだから，砂糖を溶かす水の質量は，$300-30 = 270\text{〔g〕}$

解答 砂糖…30g　水…270g

2 溶解度と再結晶

① 溶解度

(1) 飽和と飽和水溶液

図3のように，ある量の水に固体の物質を少しずつ溶かしていったとき，ある程度溶かすとそれ以上溶けなくなり，溶けなかった物質は固体のまま残る。このように，一定量の水に溶ける溶質の量には，限度がある。**ある溶質が溶媒に限度まで溶けている状態を飽和**（している）といい，**飽和している水溶液を飽和水溶液**という。

◆図3 飽和と飽和水溶液

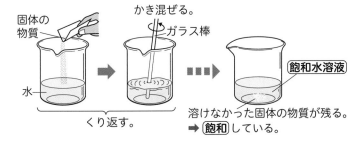

固体の物質

かき混ぜる。

ガラス棒

水

くり返す。

飽和水溶液

溶けなかった固体の物質が残る。
➡ 飽和している。

小学校の復習

● ものが水に溶ける量には限度があり，その限度の量は，水の温度や量，溶けるものの種類によって違う。

● 食塩（塩化ナトリウム）のように，温度が上がっても溶ける量があまり変わらないものや，ミョウバンのように，温度が上がると溶ける量が増えるものがある。

(2) 溶解度と溶解度曲線

ある物質を100gの水に溶かして**飽和水溶液にしたとき，溶けた溶質の質量**をその物質の**溶解度**という。溶解度は，物質の種類によって決まっていて，温度によって変化する。図4は，いろいろな物質の**溶解度と温度の関係をグラフに表した**もので，このようなグラフを**溶解度曲線**という。

①溶解度が温度によって大きく変化する物質

硝酸カリウムやミョウバンは，温度によって溶解度が大きく変化する。多くの固体の物質では，温度が高くなるほど溶解度は大きくなる。

②溶解度が温度によって大きく変化しない物質

塩化ナトリウム（食塩の主成分）は，温度が変わっても溶解度があまり変化しない。

◆図4 溶解度曲線

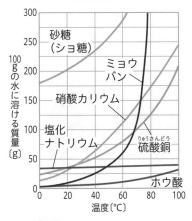

砂糖（ショ糖）
ミョウバン
硝酸カリウム
塩化ナトリウム
硫酸銅
ホウ酸

100gの水に溶ける質量〔g〕

温度〔℃〕

発展 ❾気体の溶解度
多くの固体の場合とは違い，気体の場合は，温度が高くなるほど溶解度は小さくなる。

② 再結晶
さいけっしょう

(1) 水に溶けている物質を取り出す

固体の物質を溶かした水溶液から，溶けている物質を再び固体として取り出すには，水溶液を冷やすか，水溶液を加熱して水を蒸発させる。 >> 重要実験②

重要実験② 水に溶けている物質を取り出す

① 3つのビーカーA，B，Cにそれぞれ60℃の水を25g（25cm³）とり，Aには硝酸カリウムを，Bにはミョウバンを，Cには塩化ナトリウムをそれぞれ5g入れて溶かす。

★それぞれの物質5gはすべて水に溶けるか？

水25gに物質を5g溶かす とは，

水100g（25gの4倍）に物質を20g（5gの4倍）溶かす のと同じこと。

→p.80の図4より，温度が60℃のとき，どの物質も20g以上溶けることがわかるので，水25gに物質5gはすべて溶ける。

① 溶かす物質5g
60℃の水 25g

② それぞれの水溶液を冷やし，溶質が現れるかどうかを観察する。

結果 A（硝酸カリウム水溶液）：**溶質が現れた。**
　　　B（ミョウバン水溶液）：**溶質が現れた。**
　　　C（塩化ナトリウム水溶液）：**溶質が現れなかった。**

② 水溶液　水　バット

③-1 ②で溶質が現れたAとBは，ろ過する。 >> p.82 基本操作⑨

結果 **ろ紙の上に，それぞれ固体が残った。**

③-2 ②で溶質が現れなかったCは，水溶液を一滴スライドガラスにとり，水を蒸発させる。

結果 **スライドガラスの上に，固体が現れた。**

③-2 ガラス棒　Cの水溶液　スライドガラス

結果のまとめ

溶質の取り出し方

●硝酸カリウム，ミョウバン

温度によって溶解度が**大きく変化する。**

➡ 水溶液を 冷やす

●塩化ナトリウム

温度が変わっても溶解度が**あまり変化しない。**

➡ 水溶液の 水を蒸発させる

(2) 水溶液の温度を下げて出てくる物質の量

p.81の 重要実験❷ から，温度によって溶解度が大きく変化する物質の場合，水溶液の温度を下げれば溶けていた物質が出てくることがわかった。このとき出てくる物質の量は，それぞれの温度での溶解度から求めることができる。

例題❺ ◀計算▶ 水溶液の温度を下げて出てくる物質の量

図は，硝酸カリウムの溶解度曲線を表したものである。硝酸カリウムを80℃の水100gに溶かして飽和水溶液をつくり，温度を20℃まで下げると，何gの硝酸カリウムが出てくるか。図の80℃と20℃のところに示した棒グラフを参考に求めなさい。

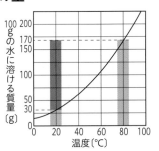

💡ヒント 図から，80℃のとき，170gの硝酸カリウムが溶けていることがわかる。

解き方

図から，80℃での溶解度は170g，20℃での溶解度は30gである。つまり，80℃では170g溶けていたが，20℃まで温度を下げると，30gしか溶けなくなる。80℃と20℃での溶解度の差が，溶けきれなくなった分として出てくる量なので，170－30＝140〔g〕が出てくる。

解答 140g

基本操作❾ ろ過のしかた

ろ紙などを使って固体と液体を分けることを，**ろ過**という。

❶ ろ紙を折り，水でろうとにつける。

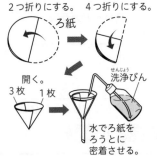

❷ ろうとのあしのとがったほうをビーカーの内壁につけ，ガラス棒を伝わらせて液を入れる。

【ろ過のしくみ】

ろ紙の穴よりも小さい粒子だけ，ろ紙を通り抜ける。

(3) 結晶と再結晶

p.81の 重要実験❷ で，水溶液から現れた固体をルーペや顕微鏡で観察すると，いくつかの平面に囲まれた規則正しい形をしていることがわかる。このような**規則正しい形をした固体**を**結晶**という。**図5**のように，結晶の形は物質の種類によって決まっている。

また， 重要実験❷ のように，固体の物質をいったん水などの溶媒に溶かし，温度を下げたり溶媒を蒸発させたりして**再び結晶として取り出すこと**を**再結晶**という。

🔻図5 いろいろな結晶

硝酸カリウム

ミョウバン

塩化ナトリウム

硫酸銅

(4) 混合物・純粋な物質と再結晶

図6のように，塩化ナトリウム水溶液や空気など，**複数の物質が混ざり合ったもの**を**混合物**といい，塩化ナトリウムや酸素など，**1種類の物質でできているもの**を**純粋な物質**（**純物質**）という。

再結晶を利用すると，混合物から，結晶となった純粋な物質を得ることができる。

🔻図6 混合物と純粋な物質

物質 ┬ 混合物 ── 塩化ナトリウム水溶液，炭酸水，海水，石油，空気，ろう⑩，10円硬貨⑪
　　　└ 純粋な物質 ── 塩化ナトリウム，エタノール，酸素，二酸化炭素，窒素，銅，1円硬貨

水溶液は混合物なんだね。

⑩ろう
ろうは，いろいろな有機物の混合物である。

⑪10円硬貨
10円硬貨は，銅に少量のスズと亜鉛を含む混合物である。

知識を広げよう

応用 溶解度曲線の利用

① 溶解度曲線の見方

図7のような溶解度曲線で，ある水溶液の温度を下げたり上げたりした場合を考えるときは，溶解度曲線に棒グラフを重ね，棒グラフを動かしてみるとわかりやすい。

例1 Ⓐの液の温度を下げていく

Ⓐの液：40℃の水100g＋ミョウバン20g

❶のとき：飽和していない。まだ溶ける。
→❷のとき：飽和する。これ以上溶けない。
→❸のとき：飽和したまま。結晶が出てくる。

例2 Ⓑの液の温度を上げていく

Ⓑの液：50℃の水100g＋ミョウバン60g

❹のとき：飽和している。溶け残りがある。
→❺のとき：飽和したまま。これ以上溶けない。
→❻のとき：飽和していない。まだ溶ける。

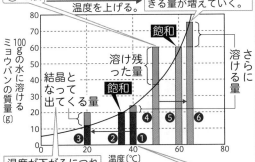

▼図7 溶解度曲線の見方

② 複数の溶解度曲線の読み取り方

図8のような複数の溶解度曲線から，ある温度での溶解度の大小関係や，温度を同じだけ下げて出てくる結晶の量の大小関係を読み取ることができる。

例1 40℃での溶解度の大小関係

横軸の40℃のところを縦に見ていくと（──線），グラフとぶつかった点の縦軸の値が40℃での溶解度である。
溶解度が最も大きいのは硝酸カリウム，最も小さいのはミョウバンであることがわかる。

例2 40℃から20℃に下げて出てくる結晶の量の大小関係

横軸の20℃のところを縦に見ていくと（──線），グラフとぶつかった点の縦軸の値が溶解度である。
例1の40℃での溶解度との差が最も大きい硝酸カリウムが，最も多くの結晶が出てくる。

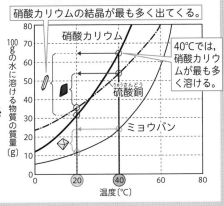

▼図8 複数の溶解度曲線の読み取り方

☑ 要点チェック

1 物質が水に溶けるようす

□ (1) ①砂糖水の砂糖のように，溶けている物質を何というか。また，②砂糖水の水のように，溶質を溶かしている液体を何というか。>>p.77

□ (2) ①溶質が溶媒に溶けた液全体を何というか。また，②溶液のうち，溶媒が水であるものを何というか。>>p.77

□ (3) 水溶液に，色がついているものはあるか，ないか。>>p.77

□ (4) 物質をつくっている目に見えない粒子を，目に見えるように表したものを何というか。>>p.78

□ (5) 次の式の①〜③に当てはまることばは何か。>>p.78

$$質量パーセント濃度〔\%〕 = \frac{〔\ ①\ 〕の質量〔g〕}{〔\ ②\ 〕の質量〔g〕} \times 100$$

$$= \frac{〔\ ①\ 〕の質量〔g〕}{〔\ ③\ 〕の質量〔g〕+〔\ ①\ 〕の質量〔g〕} \times 100$$

2 溶解度と再結晶

□ (6) ①溶質が溶媒に限度まで溶けている状態を何というか。また，②溶質が溶媒に限度まで溶けている水溶液を何というか。>>p.80

□ (7) 100gの水に溶ける物質の最大の量を何というか。>>p.80

□ (8) 物質の溶解度と温度の関係をグラフに表したものを何というか。>>p.80

□ (9) 温度によって溶解度があまり変化しない固体の物質を溶かした水溶液から，溶質を再び固体として取り出すには，水溶液を冷やすか，水溶液の水を蒸発させるか。>>p.81

□ (10) 規則正しい形をした固体を何というか。>>p.83

□ (11) いったん溶媒に溶かした固体の物質を，再び結晶として取り出すことを何というか。>>p.83

□ (12) 物質のうち，①複数の物質が混ざり合ったものを何というか。また，②1種類の物質でできているものを何というか。>>p.83

解 答

(1) ① 溶質
    ② 溶媒

(2) ① 溶液
    ② 水溶液

(3) ある。

(4) （粒子の）モデル

(5) ① 溶質
    ② 溶液
    ③ 溶媒

(6) ① 飽和
    ② 飽和水溶液

(7) 溶解度

(8) 溶解度曲線

(9) 水溶液の水を蒸発させる。

(10) 結晶

(11) 再結晶

(12) ① 混合物
     ② 純粋な物質（純物質）

定期試験対策問題 （解答 ➡ p.210）

1 水溶液とその性質 ≫p.77, 78

図のように，水に塩化ナトリウムを溶かして水溶液をつくった。次の問いに答えなさい。

(1) 次の文の ◻ に当てはまる物質はそれぞれ何か。
　　この水溶液で，溶質は ① で，溶媒は ② である。

(2) 水溶液の特徴として適切なものは，次の**ア〜オ**のどれか。すべて選びなさい。

　ア 透明で，色はついていない。　　**イ** 透明で，色がついているものもある。

　ウ においはない。　　**エ** どの部分も濃さは同じである。

　オ 時間がたつと，溶けていた物質が出てくる。

(3) 塩化ナトリウム水溶液を数時間放置した。このときの，水溶液中の粒子のようすを表したモデルとして適切なものは，右の**ア〜エ**のどれか。

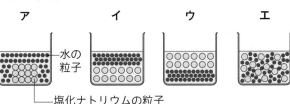

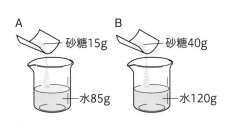

2 水溶液の濃度 ≫p.78, 79

図のように，水に砂糖を加えてすべて溶かし，砂糖水A，Bをつくった。次の問いに答えなさい。

(1) 砂糖水Aの質量は何gか。

(2) 砂糖水Aの質量パーセント濃度は何％か。

(3) 砂糖水Bの質量パーセント濃度は何％か。

(4) 砂糖水A，Bでは，どちらのほうが濃いか。

(5) 質量パーセント濃度が30％の砂糖水Cを200gつくった。

　① 砂糖水Cには，何gの砂糖が溶けているか。

　② 砂糖水Cの質量パーセント濃度を，砂糖水Aと同じにするためには，砂糖，水のどちらを何g加えればよいか。

💡ヒント
(5) 質量パーセント濃度を大きくするときは物質を加え，小さくするときは水を加える。

3 水に溶けている物質を取り出す >>p.80〜83

ビーカーA，Bに60℃の水50gを入れ，一方には塩化ナトリウムを，もう一方には硝酸カリウムを，それぞれ15gずつ溶かした。これらの水溶液を冷やして水溶液の温度を10℃にしたところ，ビーカーAには溶質が現れたが，ビーカーBには溶質が現れなかった。次の問いに答えなさい。ただし，図は，塩化ナトリウムと硝酸カリウムの溶解度曲線を表したものである。

(1) ビーカーAに溶かした物質は，図のどちらか。

(2) ビーカーAに現れた溶質を取り除くためのろ過のしかたとして適切なものは，次の**ア〜エ**のどれか。

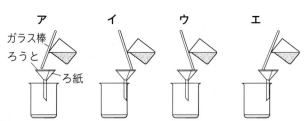

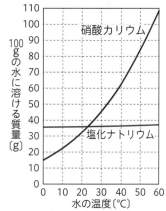

(3) ビーカーBには溶質が現れなかったのはなぜか。「ビーカーBに溶かした物質は，」に続くように，簡単に答えなさい。

(4) ビーカーBの水溶液を1滴スライドガラスにとり，水を蒸発させてからルーペで観察したところ，規則正しい形をした固体が観察された。

① 観察された固体の形として正しいものは，右の**ア〜エ**のどれか。

② 下線部のような固体を一般に何というか。

(5) 水溶液のように，複数の物質が混ざり合ったものを何というか。

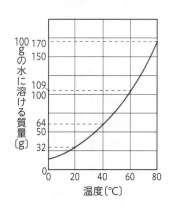

応用 4 水溶液の温度を下げて出てくる物質の量 >>p.82，84

60℃の水50gに，硝酸カリウム40gを溶かして水溶液Aをつくった。図の硝酸カリウムの溶解度曲線を参考に，次の問いに答えなさい。

(1) 水溶液Aには，あと何gの硝酸カリウムを溶かすことができるか。

(2) 水溶液Aを20℃に冷やすと，何gの硝酸カリウムが出てくるか。

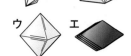

第8章 物質の状態変化

要点のまとめ

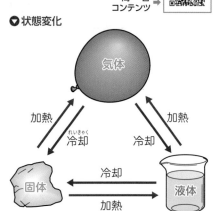

1 状態変化と体積・質量 »p.89

◆ 状態変化

- ☐ **物質の状態**：物質には，**固体**，**液体**，**気体**の３つの状態がある。

- ☐ **状態変化**：温度によって，**固体⇔液体⇔気体**と物質の状態が変わること。

- ☐ **状態変化と体積**：物質の状態が**液体**から**気体**に変化すると，体積は非常に大きくなる。また，**液体**から**固体**に変化すると，水以外の物質では体積が小さくなる。

- ☐ **状態変化と質量**：状態変化によって物質の体積が変化しても，**質量は変化しない**。

- ☐ **状態変化と粒子のモデル**：**固体**のとき，粒子は規則正しく並び，粒子間の距離は小さい。加熱して**液体**になると，粒子は自由に運動し，粒子間の距離も大きくなる。さらに加熱して**気体**になると，粒子はさらに激しく運動し，粒子間の距離は非常に大きくなる。

2 状態変化と温度 »p.92

◆ 水の状態変化と温度

- ☐ **水の状態変化と温度**：氷を加熱すると，**0℃で液体の水になり始め**，液体の水を加熱すると，**100℃で沸騰が始まる**。

- ☐ **沸点**：**液体が沸騰して気体に変化**するときの温度。

- ☐ **融点**：**固体がとけて液体に変化**するときの温度。

- ☐ **蒸留**：液体を沸騰させて気体にし，それを冷やして**再び液体にして取り出す**方法。

- ☐ **水とエタノールの混合物の蒸留**：水とエタノールの混合物を加熱すると，水よりも沸点の低いエタノールを多く含む気体が先に出てくる。

1 状態変化と体積・質量

① 状態変化

(1) 物質の状態

物質には，**固体・液体・気体**の３つの状態があり，身のまわりの物質はすべて，そのいずれかの状態で存在している。

①固体の性質

形や体積は変わらない。

固体の例 スチールウール(鉄)，食塩

②液体の性質

容器によって形は変わるが，体積は変わらない。

液体の例 水道の水

③気体の性質

容器によって形も体積も変わる。

気体の例 空気に含まれる窒素，酸素，二酸化炭素

(2) 状態変化

液体の水は，温度によって固体の氷や気体の水蒸気❶に変わる。また，他の物質も，加熱したり冷やしたりすると，**図１**のように，固体⇔液体⇔気体と状態が変わる❷。このように，**温度によって物質の状態が変わる**ことを，物質の**状態変化**という❸。状態変化では，物質の状態が変わるだけで，別の物質になるわけではない。

図１ 物質の状態変化

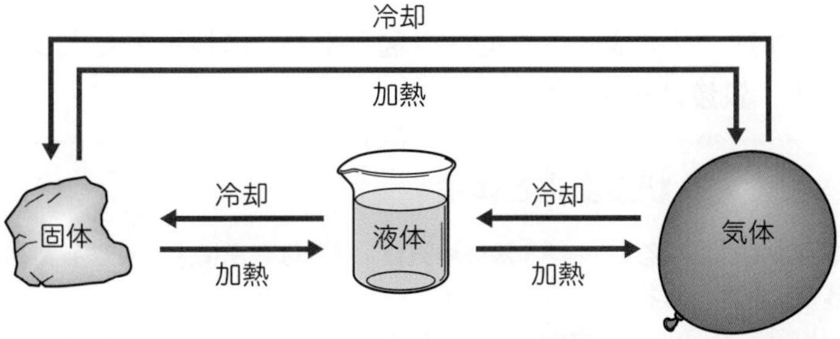

小学校の復習

●水(液体)を冷やすと氷(固体)になり，氷をあたためると水になる。また，水をあたためると水蒸気(気体)になり，水蒸気を冷やすと水になる。

❶水蒸気は目に見えない

水蒸気(気体)は目に見えない。それに対して，湯をわかしたときに出る湯気は液体なので，目に見える。湯気は，湯をわかしてできた水蒸気が，空気に触れて冷やされ，小さな水滴(つまり液体)になったものである。

❷固体⇔気体の変化

気体の二酸化炭素を冷やすと，液体にならず直接固体のドライアイスになり，ドライアイスは，液体にならず直接気体の二酸化炭素になる。このように，固体⇔気体の変化もある。

発展 ❸状態変化の名称

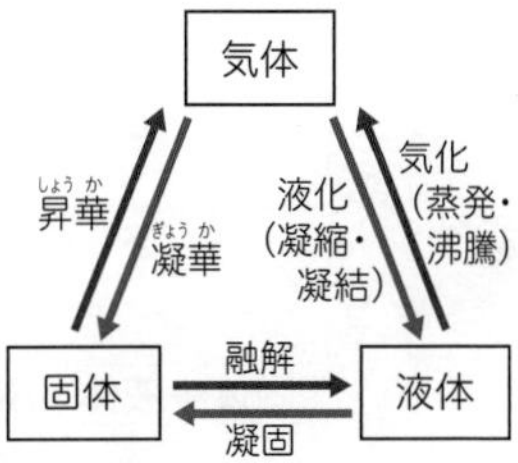

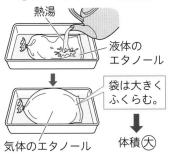

◆図2 エタノールの状態変化

熱湯

液体の
エタノール

袋は大きく
ふくらむ。

気体のエタノール

体積大

❹エタノールの状態変化と体積
液体のエタノールが気体になると,
体積はおよそ490倍になる。

❺水の状態変化と体積
液体の水が気体になると,体積は
およそ1700倍にもなる。

小学校の復習
●水が氷になると,体積がふえる。

❻水の状態変化と体積
水が氷になると,体積はおよそ
1.1倍になる。

② 状態変化と体積・質量

(1) 状態変化と体積

①液体⇨気体と変化するとき

　図2のように,液体のエタノールを入れたポリエチレンの袋に熱湯をかけると,エタノールが気体に変化して袋が大きくふくらむ❹。このように,**液体が気体に変化すると,体積は非常に大きくなる❺。**

②液体⇨固体と変化するとき

　図3の@のように,液体にしたろうを放置すると,ろうは固体に変化する。このとき固体のろうの中央がくぼんだことから,体積が減ったことがわかる。このように,**液体が固体に変化すると,ふつう体積は小さくなる。**

　水は例外　図3の⑥のように,液体の水を冷やすと,水は氷に変化する。このとき氷が盛り上がったことから,体積がふえたことがわかる。このように,**水が液体から固体に変化すると,体積は大きくなる❻。**

◆図3 ろうと水の状態変化

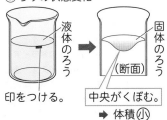

@ろうの状態変化

液体のろう／固体のろう（断面）／印をつける。／中央がくぼむ。／➡ 体積小

⑥水の状態変化

液体の水／氷水／氷／印をつける。／冷やす。／盛り上がる。／➡ 体積大

(2) 状態変化と質量

　状態変化によって,図2や図3のように体積が変化しても,**質量は変化しない。**

ポイント

状態変化と体積

固体➡液体　ふつう体積は大きくなる。　　　液体➡気体　体積は非常に大きくなる。
水は例外で,小さくなる。

(3) 状態変化を粒子のモデルで考える

　固体，液体，気体の状態によって，物質の粒子(>>p.78)の
並び方や運動のようすは異なっている(図4)。

◆図4 状態変化するときの粒子の運動のモデル

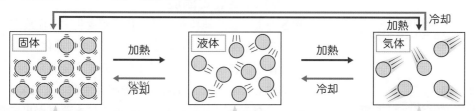

・粒子は規則正しく並び，
　その場で穏やかに運動する。
・粒子間の距離は小さい。

・粒子は固体のときのように規則正
　しく並ばず，自由に運動できる。
・粒子間の距離は固体より大きい。

・粒子は液体のときより激しく
　運動し，自由に飛びまわる。
・粒子間の距離は非常に大きい。

①粒子の運動のようすと体積

　物質の体積は，粒子の運動のようすによって変わる。
粒子が規則正しく並んでいれば体積は小さく，粒子が激
しく運動していて粒子間が広ければ体積は大きい。

②粒子の数と質量

　物質をつくる粒子には，物質ごとに決まった質量があ
る。物質の状態が変化して体積が変化しても，物質をつ
くる粒子の数は変わらないので，質量は変わらない。

(4) 状態変化と密度

　物質が状態変化するとき，質量は変化しないが体積は変
化するので，密度も変化する。体積が大きくなれば密度は
小さくなり，体積が小さくなれば密度は大きくなる。❼

❼水の状態変化と密度
p.90の図3の⑥のように，液体の
水が氷になると，質量が変わらず
体積が大きくなるので，密度は小
さくなる。氷が水に浮くのは，こ
のためである。

密度と浮き沈み
の関係は，p.60
で学習したね！

密度の変化を公式で考える

例1 水が氷になるとき

$$密度 = \frac{質量 \cdots 一定}{体積 \cdots 大きくなる}$$

分子は変わらず分母が大きくなるので，
密度は小さくなる。➡氷は水に浮く。

例2 液体のろうが固体になるとき

$$密度 = \frac{質量 \cdots 一定}{体積 \cdots 小さくなる}$$

分子は変わらず分母が小さくなるので，
密度は大きくなる。➡固体のろうは液体に沈む。

2 状態変化と温度

1 物質が状態変化するときの温度

(1) 水の状態変化と温度

図5のように，純粋な水は，状態が変化する温度が決まっている。氷を加熱していくと，0℃で水（液体）になり始め，全体が水になるまで温度は0℃のまま変わらない。さらに加熱していくと，水面からの**蒸発**が激しくなる。100℃近くになると，水面や水中から盛んに水蒸気が出て**沸騰**が始まり，全体が水蒸気になるまで温度は100℃のまま変わらない。

▼図5 水の状態変化と温度

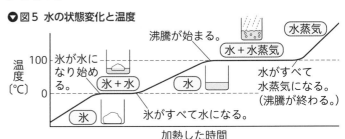

(2) 沸点と融点

①沸点

図6のようにして，エタノールが沸騰する温度を調べると，約80℃になったときに沸騰が始まり，沸騰している間は温度が一定であることがわかる。このように，**液体が沸騰して気体に変化するときの温度**を**沸点**という。

▼図6 エタノールが沸騰する温度

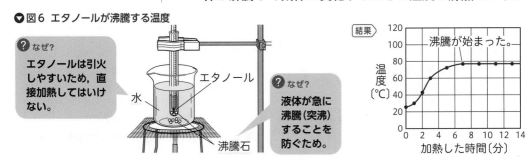

小学校の復習
- 水は0℃で凍り，100℃で沸騰する。
- 水が沸騰しているときに出てくる泡は，水が気体になった水蒸気である。

❽蒸発と沸騰
水の表面では，温度に関係なく常に，水の粒子が水蒸気となって空中に飛び出している。このような液体→気体の状態変化を**蒸発**という。
それに対し，沸騰している100℃の水では，すべての水の粒子が気体になろうとするため，水面だけでなく水中からも水蒸気に変わり，激しく泡立つ。

②融点

図7のようにして，パルミチン酸[9]を加熱したときの温度変化を調べると，約60℃になったときに液体になり始め，全体が液体になるまで温度が一定であることがわかる。このように，**固体がとけて液体に変化するときの温度**を**融点**という。

⑨パルミチン酸
パルミチン酸は有機物で，バターやラードなどに含まれるほか，クリーム状のせっけんや化粧品の原料に使われる。

▼図7　パルミチン酸を加熱したときの温度変化

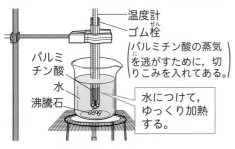

温度計
ゴム栓
パルミチン酸の蒸気を逃がすために，切りこみを入れてある。
パルミチン酸
水
沸騰石
水につけて，ゆっくり加熱する。

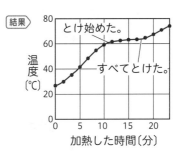

結果
とけ始めた。
すべてとけた。
温度〔℃〕
加熱した時間〔分〕

③純粋な物質の沸点と融点

表1のように，**純粋な物質（純物質）の沸点や融点は，物質の種類によって決まっている**[10]。したがって，沸点や融点は，物質を区別するときの手がかりとなる。

⑩物質の量と沸点・融点
物質の沸点や融点は，物質の量には関係ない。

▼表1　いろいろな物質の融点・沸点

物質	融点〔℃〕	沸点〔℃〕
鉄	1535	2750
銅	1083	2567
アルミニウム	660	2467
水銀	−39	357
塩化ナトリウム	801	1413
パルミチン酸	63	360
水	0	100
エタノール	−115	78
窒素	−210	−196
酸素	−218	−183

▼図8　融点・沸点と状態

固体		液体		気体	
−200　0	200　400	600　800	1000	2000　3000〔℃〕	

（鉄）1535　2750
（銅）1083　2567
（アルミニウム）660　2467
（水銀）−39　357
（塩化ナトリウム）801　1413
（パルミチン酸）63　360
（水）0　100
（エタノール）−115　78
（窒素）−210　−196
（酸素）−218　−183

また，**図8**は，**表1**の物質について，融点，沸点を境に状態が変化するようすを表したものである。ある物質の融点や沸点がわかれば，ある温度での状態がわかる[11]。

⑪温度と状態
例えば，−100℃のとき，鉄や水銀は固体，エタノールは液体，窒素や酸素は気体である。

② 混合物の分け方

(1) 固体と液体の混合物から液体を取り出す

　塩化ナトリウム水溶液を加熱すると，水が水蒸気になる。この水蒸気を冷やして集めれば，純粋な水を取り出すことができる。このように，固体の物質と液体の物質の混合物では，液体の物質を蒸発させて，その蒸気を冷やすことによって，液体の物質を取り出すことができる。

(2) 液体どうしの混合物を分ける

①水とエタノールの混合物を加熱したときの温度変化

　水とエタノールの混合物を加熱すると，図9のように，沸騰が始まっても，少しずつ温度が上がり続ける。つまり，**混合物の沸点は，決まった温度にはならない**。また，温度変化のしかたも，混合する割合によって変わってくる。

▼図9　水とエタノールの混合物を加熱したときの温度変化

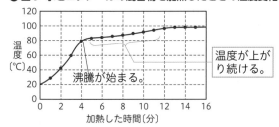

②水とエタノールの混合物を分ける

　エタノールの沸点は78℃，水の沸点は100℃である。そのため，水とエタノールの混合物を加熱すると，水よりも沸点の低いエタノールを多く含んだ気体が先に出てくる。この気体を冷やすと，エタノールを多く含む液体が得られる。このように，**液体を沸騰させて気体にし，それを冷やして再び液体にして取り出す方法を蒸留**という。≫ 重要実験 ③

　蒸留を利用すると，混合物中の物質の沸点の違いにより，それぞれの物質を分けて取り出すことができる。

---

⑫蒸留水
水を加熱して沸騰させ，出てきた水蒸気を冷やして水にもどしたものを蒸留水という。

⑬混合物の融点
ろうのような混合物の融点も，沸点と同様に決まった温度にはならず，温度変化のしかたも，混合する割合によって変わってくる。

温度変化のグラフを見れば，純粋な物質か混合物かがわかるんだね！

重要実験 ❸ 　水とエタノールの混合物の蒸留

❶ 図のような装置を組み立て，水とエタ
　ノールの混合物を加熱する。

❷ ガラス管の先から出てきた液体を約
　3 cm³ずつ，順に3本の試験管A～C
　に集める。

❸ ガラス管の先が，試験管に集まった液
　体の中に入っていないことを確認して
　から，ガスバーナーの火を消す。

❹ 試験管に集まった液体が冷えてから，
　それぞれの性質を比べる。
　▶においを調べる。
　▶蒸発皿に移し，マッチの火を近づけ
　　る。

? なぜ　**液体が逆流するのを防ぐため。**

　くわしく　ガラス管の先を液体に入れたまま火を消す
　と，液体がフラスコ内に逆流してしまう。

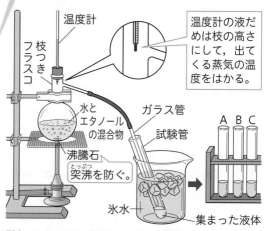

温度計

枝つきフラスコ

温度計の液だ
めは枝の高さ
にして，出て
くる蒸気の温
度をはかる。

水とエタノールの混合物

ガラス管

試験管

A B C

沸騰石
突沸を防ぐ。

氷水

集まった液体

注意！　エタノールは引火しやすいので，加熱中は集まった液体に火を近づけない。

結果

調べたこと	試験管A	試験管B	試験管C
におい	エタノールのにおいがした。	少しエタノールのにおいがした。	ほとんどにおいはしなかった。
火を近づける	長く燃えた。	少し燃えるが，すぐに消えた。	燃えなかった。

　　　　　↓　　　　　　　　　　　　　　　　　　　　　↓
エタノールを多く含んだ液体　　　　　　　　水を多く含んだ液体
（少量の水を含む。）　　　　　　　　　　　（少量のエタノールを含む。）

★初めに出てくる気体の中には水蒸気も含まれるため，
　集まった液体にも少量の水が含まれる。

結果のまとめ

水とエタノールの混合物の蒸留

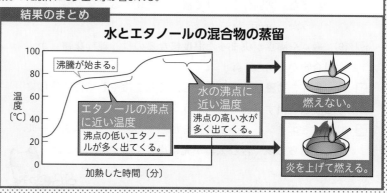

温度（℃）

沸騰が始まる。

エタノールの沸点
に近い温度
沸点の低いエタノー
ルが多く出てくる。

水の沸点に
近い温度
沸点の高い水が
多く出てくる。

燃えない。

炎を上げて燃える。

加熱した時間〔分〕

✅ 要点チェック

1 状態変化と体積・質量

解答

☐ (1) 温度によって，物質の状態が 固体⇔液体⇔気体 と変わることを何というか。≫p.89

(1) 状態変化

☐ (2) 物質の状態が，①液体から気体に変化すると，体積は大きくなるか，小さくなるか。また，②液体から固体に変化すると，水以外の物質では体積は大きくなるか，小さくなるか。≫p.90

(2) ① 大きくなる。
② 小さくなる。

☐ (3) 状態変化によって物質の体積が大きくなったとき，質量は大きくなるか，小さくなるか，変化しないか。≫p.90

(3) 変化しない。

☐ (4) 物質の粒子が規則正しく並んでいるのは，物質の状態が固体，液体，気体のどのときか。≫p.91

(4) 固体

☐ (5) 物質の粒子が最も激しく運動しているのは，物質の状態が固体，液体，気体のどのときか。≫p.91

(5) 気体

☐ (6) ①液体の水が氷になると，密度は大きくなるか，小さくなるか。また，②氷を水に入れると，氷は水に浮くか，沈むか。≫p.91

(6) ① 小さくなる。
② 浮く。

2 状態変化と温度

☐ (7) 氷を加熱したとき，①液体の水になり始める温度は何℃か。また，②液体の水が沸騰して気体になり始める温度は何℃か。≫p.92

(7) ① 0℃
② 100℃

☐ (8) ①液体が沸騰して気体に変化するときの温度を何というか。また，②固体がとけて液体に変化するときの温度を何というか。≫p.92, 93

(8) ① 沸点
② 融点

☐ (9) 融点や沸点が決まった温度になるのは，純粋な物質か，混合物か。≫p.93, 94

(9) 純粋な物質

☐ (10) 液体を沸騰させて気体にし，それを冷やして再び液体にして取り出す方法を何というか。≫p.94

(10) 蒸留

☐ (11) 水とエタノールの混合物を加熱すると，水，エタノールのどちらを多く含む気体が先に出てくるか。≫p.94, 95

(11) エタノール

定期試験対策問題　解答➡p.211

1 状態変化と粒子のモデル　≫p.89, 91

図は，物質の３つの状態とその変化を表したもので，矢印は加熱，または冷却を表している。次の問いに答えなさい。

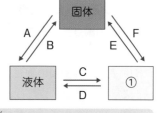

(1) 図の①に当てはまる状態を答えなさい。

(2) 図の①のときの，粒子の運動のようすを表したモデルとして適切なものは，次の**ア～ウ**のどれか。

ア 　　イ 　　ウ

> 💡ヒント
> (2) 物質をつくる粒子は，加熱すると活発に運動するようになり，粒子間のすき間が大きくなる。

(3) 図のA～Fのうち，冷却を表す矢印はどれか。すべて選びなさい。

2 状態変化と体積・質量　≫p.90, 91

物質の状態変化について，次の問いに答えなさい。

(1) 液体のろうをビーカーに入れ，冷やして固体にした。

　① 固体のろうの体積と質量は，液体のときと比べてそれぞれどうなるか。

　② 液体のろうの中に，**図1**のように固体のろうを入れた。固体のろうはどうなるか。

図1

(2) 液体のエタノールをポリエチレンの袋に入れ，**図2**のように袋に熱湯をかけた。

　① 熱湯をかけたポリエチレンの袋はどうなるか。

　② ①のようになった理由を，簡単に答えなさい。

図2
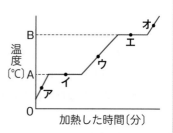

3 状態変化と温度　≫p.92, 93

図は，ある純粋な固体の物質を加熱したときの，加熱した時間と温度との関係を表したものである。次の問いに答えなさい。

(1) 図のA，Bに示した温度を，それぞれ何というか。

(2) 次の①，②の状態に当てはまるのは，図の**ア〜オ**のどのときか。

① 固体と液体が混ざっている。 ② すべて気体である。

(3) この固体の物質の質量を２倍にして同じ実験をしたとき，A，Bの温度はどうなるか。

4 いろいろな物質の融点・沸点 ≫p.93

物質の融点，沸点と物質の状態について，次の問いに答えなさい。

(1) 表は，５種類の物質A〜Eの融点と沸点を示したものである。

① 20℃のとき，気体である物質は，A〜Eのどれか。

② 20℃のとき，液体である物質は，A〜Eのどれか。すべて選びなさい。

物質	融点(℃)	沸点(℃)
A	−39	357
B	54	174
C	−115	78
D	−218	−183
E	63	351

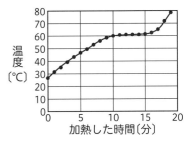

(2) 図は，(1)の物質Eを加熱して１分ごとに温度を調べたときの，加熱した時間と温度との関係を表したものである。加熱を始めてから物質Eがすべて液体になるまでにかかった時間は，次の**ア〜ウ**のどれか。

ア 11分 **イ** 15分 **ウ** 17分

5 混合物を分ける ≫p.94, 95

水とエタノールの混合物を**図1**のようにして加熱し，水とエタノールを分ける実験を行った。**図2**は，このときの加熱した時間と温度計が示した温度との関係を表している。次の問いに答えなさい。

(1) **図2**のAの間に試験管に集まった液体には，エタノールが多く含まれている。

① これは，水とエタノールの何が違うからか。

② Aの間に試験管に集まった液体に，エタノールが多く含まれていることを確かめる方法とその結果を，２つ簡単に答えなさい。

(2) この実験で加熱をやめるとき，ガスバーナーの火を消す前にしなければならない操作を，簡単に答えなさい。

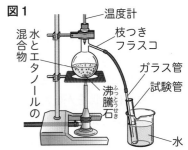

図1

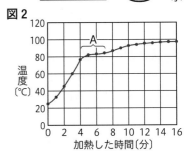

図2

第**3**編

身のまわりの現象

第9章
光の反射と屈折 ……… **100**
1 光の進み方と反射
2 光の屈折

●定期試験対策問題 ……………… 112

第10章
凸レンズのはたらき **114**
1 凸レンズを通る光の進み方
2 凸レンズによってできる像

●定期試験対策問題 ……………… 124

第11章
音の性質 ……… **126**
1 音の伝わり方と速さ
2 音の大きさと高さ

●定期試験対策問題 ……………… 136

第12章
力のはたらき **138**
1 物体にはたらく力
2 力の表し方と2力のつりあい

●定期試験対策問題 ……………… 149

第9章 光の反射と屈折

一問一答
コンテンツ →

1 光の進み方と反射 ≫p.101

- [ ] **光源**：みずから光を発するもの。
- [ ] **光の直進**：光がまっすぐに進むこと。
- [ ] **光の反射**：光が物体の表面では**ね返る**こと。
- [ ] **入射光**：物体の面に当たった光。
- [ ] **反射光**：物体の面で反射した光。
- [ ] **入射角**：物体の面に垂直な直線と入射光の間の角。
- [ ] **反射角**：物体の面に垂直な直線と反射光の間の角。
- [ ] **反射の法則**：光の**入射角**と**反射角**は常に等しい。
- [ ] **像**：鏡などに映って見える，**物体はないのにあるように見える**もの。
- [ ] **乱反射**：物体のでこぼこした表面で，光がいろいろな方向に反射すること。

◆ 光の反射

鏡の面

入射光　入射角　反射角　反射光

鏡の面に垂直な直線

入射角 = 反射角

光はまっすぐに進むから，光の道すじは直線で表せるよ。

2 光の屈折 ≫p.106

- [ ] **光の屈折**：光が異なる物質に進むとき，境界面で光の道すじが**曲がる**こと。
- [ ] **屈折光**：屈折して進む光。
- [ ] **屈折角**：境界面に垂直な直線と屈折光の間の角。
- [ ] **全反射**：光が水やガラスから空気へ進むとき，境界面で屈折せず，**すべて反射**すること。

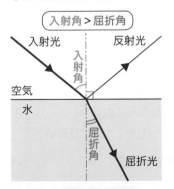

◆ 光の屈折（空気⇒水）

入射角 > 屈折角

入射光　反射光
入射角

空気
水

屈折角　屈折光

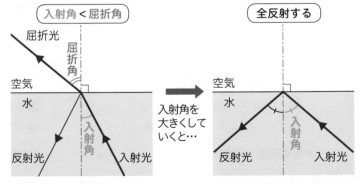

◆ 光の屈折（水⇒空気）と全反射

入射角 < 屈折角

屈折光
屈折角

空気
水

入射角
反射光　入射光

入射角を大きくしていくと…

全反射する

空気
水

入射角
反射光　入射光

1 光の進み方と反射

① 光の進み方

(1) 光源

太陽や電球のように，みずから光を発するものを，**光源**という。 　例 太陽，電球，蛍光灯（けいこうとう），ろうそくの炎（ほのお）

(2) 光の直進

光は，空気，水，ガラスなどの物質中をまっすぐに進む。光がまっすぐに進むことを**光の直進**という。❶❷光源から出た光は，四方八方に広がりながら直進する。

①光の道すじ

空気中を進む光の道すじは，目には見えない。❸しかし，図1のように，光が物体に当たって影（かげ）ができると，光の道すじがわかるようになる。

◀図1 太陽の光による
　　ブラインドの影

②太陽の光は平行？

図1では，ブラインドの影が平行にできているため，太陽の光は平行に進んでいるように見える。このように見えるのは，太陽が地球のはるか遠くにあるため，広がりながら進む太陽の光のごく一部しか見ていないからである。

したがって，教室などで実験を行うときには，**太陽からの光はすべて平行に進んでいると考えてよい。**

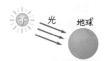

😊 小学校の復習

●日光はまっすぐに進む。

●日光が当たったところはあたたかく，明るくなり，日光が当たらないところは影になる。

❶光の直進と影
光が当たった物体の後ろに同じ形の影ができるのは，光が直進しているからである。

❷光源装置
光の進み方を調べる実験を行うときには，下図のような光源装置が使われる。この装置では，電球から出た光をレンズで集めてスリット（細いすき間）に通し，直進する光をつくる。

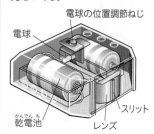

電球の位置調節ねじ

電球

スリット

乾電池（かんでんち）

レンズ

❸直進する光を見るには
せっけんや墨汁（ぼくじゅう）を混ぜてにごらせた水に，光源装置の光を当てると，光が直進するようすを見ることができる。また，空気中なら，線香（せんこう）の煙（けむり）の中に光を通すと，直進する光を見ることができる。

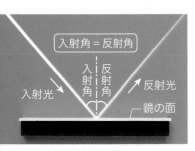

入射光　入射角　反射角　反射光　鏡の面

◯図2　光の反射
光の入射角と反射角は，面からの角度ではなく，面に立てた垂線からの角度である。

小学校の復習
●日光を鏡に当てるとはね返り，はね返った後も光はまっすぐに進む。

「垂線」は数学の『平面図形』で学習するよ。

② 光の反射

図2のように，空気中を進んだ光が鏡などの面に当たると，光ははね返る。物体の表面で光がはね返ることを，**光の反射**という。

(1) 入射光・反射光と入射角・反射角

図2のように光を鏡などの面に当てたとき，面に当たった光を**入射光**，面で反射した光を**反射光**という。また，光が当たった点に立てた垂直な直線（**垂線**）と入射光の間の角を**入射角**，垂線と反射光の間の角を**反射角**という。

(2) 反射の法則

光をどのような角度で鏡に当てても，入射角と反射角はいつも等しくなる。これを**反射の法則**という。

ポイント　　　**入射角と反射角の関係**　　**入射角＝反射角**
反射の法則

例題 ⑥　◀作図▶ 鏡で反射する光

図は，水平な面に置いた方眼紙の上に，鏡を垂直に立てたときのようすを真上から見たものである。図の矢印は，光源装置の光が鏡に当たるまでの道すじを表している。鏡に当たった光が進む道すじを，実線でかきなさい。

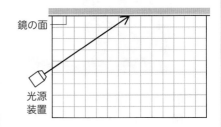

鏡の面

光源装置

💡ヒント　反射の法則が成りたつことに着目し，方眼のマス目を利用して反射光をかこう。

解き方

入射光は，右図に示したように，方眼　3×2マスの長方形の対角線になっている。「入射角＝反射角」となるように反射光をかけばよいので，反射光も方眼3×2マスの長方形の対角線になるように線をかく。（光が進む向きは示さなくてもよい。）

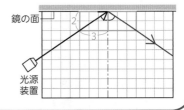

鏡の面

光源装置

解答　右図

（3）物体が見えるしくみ

　私たちが物体を見ることができるのは，光源から出た光や物体で反射した光が目に届くからである。

　図3で，ⓐのように，光源から出た光がそのまま目に届くと，光源が見える。ⓑのように，光源から出た光が本で反射して目に届くと，本が見える。ⓒのように，光源から出てコップで反射した光が本でさえぎられると，その光は目に届かないのでコップは見えない。

◆図3　物体が見えるしくみ

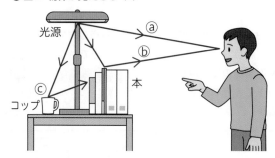

（4）鏡で反射する光と像

　図4のように，物体を鏡に映すと，鏡のおくに物体があり，そこから光が直進してくるように見える。これは，図5のように，物体からの光が，鏡で反射して目に届くからである。

　鏡のおくに物体があるように見えるとき，これを物体の**像**という。物体と像とは，鏡に対して対称の位置にある。

● 小学校の復習

● 太陽は，みずから強い光を放っている。月は，みずから光を出さないが，太陽の光を反射して，明るく光って見える。

「物体」については，p.53で学習したね！

❹対称
2つの図形が，点・線・面などについて互いに向きあう位置関係にあることを，対称という。

◆図4　実物の消しゴムと鏡のおくの消しゴムの像

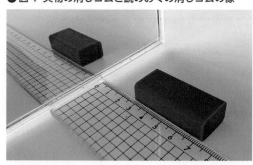

◆図5　消しゴムの像の見かけの位置

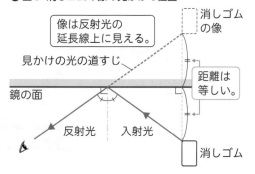

像は反射光の延長線上に見える。

見かけの光の道すじ

鏡の面

反射光　入射光

消しゴムの像

距離は等しい。

消しゴム

例題

103

例題 7 ◀作図▶ 像の位置と光の道すじ

図のように，点Aに物体を置き，鏡に映った物体の像を点Bから見た。点Aの物体から出た光が鏡で反射して点Bに届くまでの道すじを，実線でかきなさい。

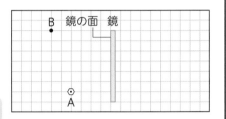

💡ヒント　まず，点Aに置いた物体の像の位置を求めよう。
次に，像の位置から点Bまで，光が直進してくると考えよう。

解き方

次の①〜③の手順で作図する。

①点Aの像の位置を点でかく（点A′とする）。点A′の位置は，光が反射する鏡の面をはさんで点Aと対称の位置になる。

②点A′と点Bを結ぶ直線と鏡の面との交点（点Oとする）で光が反射するので，点Bから点Oまでの光の道すじを直線でかく。

③点Aから点Oまでの光の道すじを直線でかく。

作図に使った線は，消さずに残しておこう。

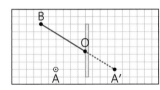

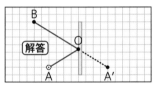

（5）乱反射

図6のように，でこぼこした面では，**光はさまざまな方向に反射**する。これを**乱反射**という。光がどの方向に反射する場合でも，反射の法則が成りたっている。ほとんどの物体の表面はでこぼこしているため，光は物体の表面で乱反射し，どの方向からでも物体を見ることができる。❺

❺乱反射の例
p.101の❸のようにすると直進する光が見えるのは，せっけんや煙の小さな粒子に当たった光が，乱反射していろいろな方向に広がり，目にも届くからである。

◆図6 物体の表面で光が乱反射するようす

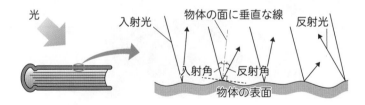

知識を広げよう 応用 **鏡に映る像の見え方**

1 鏡に映って見える範囲（はんい）

鏡に映って見える範囲は，光の反射の法則を利用して求めることができる。

例 **図7の鏡に映って見える範囲**

求め方

❶ 鏡で反射して目に届く光のうち，鏡の両端（りょうたん）で
それぞれ反射する光の道すじは，──→のように
なる。

❷ ❶の──→が，鏡に映って見える限界を示すの
で，この線で囲まれた ▨ の範囲が鏡に映っ
て見える。

⬇

a～cの位置に物体がある場合，aとbの物体は鏡に映っ
て見えるが，cの物体は鏡に映らないことがわかる。

◆図7 鏡に映って見える範囲

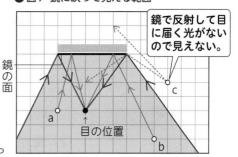

> 鏡で反射して目
> に届く光がない
> ので見えない。

鏡の面

a
目の位置
b
c

2 全身を映す鏡の大きさ

1枚の鏡の前に立って全身を映すには，**身長の半分の大きさ（長さ）の鏡があればよい。**

例 **図8の人の全身を映す鏡の大きさ**

考え方

❶ 人の頭のてっぺんをP，足の先をQとすると，鏡
に全身が映っている状態とは，像のP′からQ′ま
でが見えている状態である。

❷ P，Qから出た光がそれぞれ鏡で反射して目に届
く道すじは赤線のようになり，これらの光は鏡の
p，qで反射している。

❸ ❷のpからqまでの鏡があれば，全身を映すこと
ができる。pからqまでの長さは，身長の半分で
ある。

> 身長が150cmなら，
> 鏡の長さは75cm
> あればいいんだね！

◆図8 全身を映す鏡の大きさ

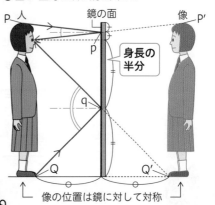

人 鏡の面 像
P P′
p
身長の
半分
q
Q Q′
像の位置は鏡に対して対称

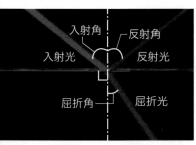

2 光の屈折

1 光の屈折

図9のように、空気と水の境界面に斜めに光を当てると、境界面で反射する光と、水中に進む光が観察できる。このとき、水中に進む光は、境界面で少し折れ曲がって進む。

このように、**異なる物質の境界面で光が折れ曲がって進む**ことを、**光の屈折**という。

(1) 屈折光と屈折角

図9のとき、屈折して進む光を**屈折光**といい、物質の境界面に光が入射した点に立てた垂直な直線（**垂線**）と屈折光の間の角を**屈折角**という。

(2) 光が屈折するときの規則性

①光が空気から水（ガラス）へ進むとき

図10のように、空気から水やガラスへ、光が境界面に対して斜めに進むとき、屈折角は入射角より小さくなる。

②光が水（ガラス）から空気へ進むとき

図11のように、水やガラスから空気へ、光が境界面に対して斜めに進むとき、屈折角は入射角より大きくなる。

➡図10、図11のどちらの場合も、境界面に対して垂直に進む光は直進する。また、図10と図11のように、光を入射させる向きを逆にすると、光の進む向きは逆だが道すじは重なる（光は同じ経路を逆向きに進む）ことがわかる。

「屈」には「曲がる」という意味があるんだって。

光は逆向きに進ませても同じ経路を通るんだね！

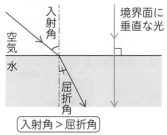

▼図10 空気から水へ進む光

入射角＞屈折角

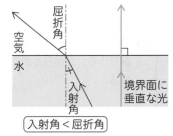

▼図11 水から空気へ進む光

入射角＜屈折角

(3) 光の屈折による見え方

　身のまわりには，光の屈折によって，不思議な見え方が
起こることがある。

①浮き上がって見えるコイン

　図12の⒜のように，おわんの底に
コインを置き，コインが見えなくな
るぎりぎりの位置に目の位置を固定
し，おわんに水を注ぐと，⒝のよう
にコインが浮き上がって見えるよう
になる。これは，コインから出た光
が，⒜ではおわんで反射して目に届
かないが，⒝では水と空気の境界面
で屈折して目に届くからで，見えて
いるのはコインの像である。

②折れ曲がって見えるストロー

　図13のように，水の入ったコップ
にストローを斜めに入れて上から見
ると，ストローが曲がって見える。
これは，水中のストローから出た光
が，水と空気の境界面で屈折して目
に届くからで，曲がって見えている
のはストローの像である。

③ずれて見える鉛筆

　図14のように，厚いガラスを通し
て鉛筆を見ると，ガラスを通して見
える鉛筆の下の部分が，直接見える
鉛筆の上の部分とはずれて見える。
これは，鉛筆から出た光が，ガラス
に入るときとガラスから出るときに
屈折して目に届くからで，ずれて見
えているのは鉛筆の像である。

▼図12 浮き上がって見えるコイン

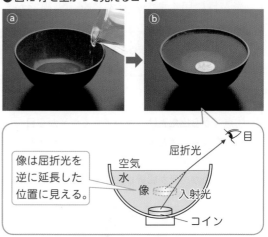

像は屈折光を
逆に延長した
位置に見える。

屈折光

空気
水
像　　　入射光

コイン

目

▼図13 折れ曲がって見えるストロー

屈折光

空気

ストロー

水　　像

入射光

▼図14 ずれて見える鉛筆

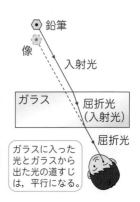

鉛筆

像　　入射光

ガラス　　屈折光
（入射光）

屈折光

ガラスに入った
光とガラスから
出た光の道すじ
は，平行になる。

例題 ❽ ◀作図▶ 屈折する光の道すじ

図のように，直方体のガラスを通して鉛筆を見ると，鉛筆の点Xが点Yにあるように見えた。点Xから出た光が目に届くまでの道すじを，実線でかきなさい。

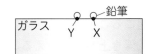

💡ヒント 目から出てガラスを通った光が，ガラスと空気の境界面のどの点で屈折したかをまず求めよう。

目

解き方

次の①，②の手順で作図する。

①点Xから出た光は，像ができる点Yから目に直進してきたように見えるので，点Yと目を結んだ直線とガラスと空気の境界面との交点が，光が屈折した点である。

光が屈折した点

②①で求めた交点で屈折した光は，実際には点Xから出ているので，点Xから①の交点までの直線をかく。さらに，①の交点から目までの直線をかく。

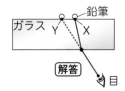

解答

（4）全反射

光が水やガラスから空気へ進むとき，屈折角は常に入射角より大きい。したがって，**図15**のように入射角を大きくしていくと，屈折角はやがて90°に達し，これより入射角を大きくすると，**光は境界面ですべて反射**する。これを**全反射**という。

発展 ❻臨界角
屈折角が90°になるときの入射角を**臨界角**という。臨界角は物質によって決まっていて，水の場合は約49°，ガラスの場合は約42°である

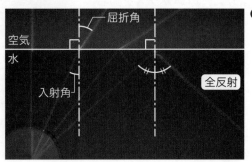

◀図15 全反射

①全反射の例

図16のように，金魚が入っている水槽の水面を斜め下から見ると，金魚が逆さまに映って見える。これは，金魚から出た光が水面で全反射したからで，水面に映って見えているのは金魚の像である。

②全反射を利用した光ファイバー

図17のように，**光ファイバー**は細いガラスの繊維で，曲がっていても，入射した光は2種類のガラスの境界面で全反射をくり返しながら遠くまで伝わる。自由に曲げられるので，光通信や内視鏡に使われている。

◉図16 水面に映る金魚

❼光ファイバーと情報通信
インターネットで世界中のウェブページを見ることができるのは，世界中の海底に光ファイバーケーブルが張りめぐらされているからである。

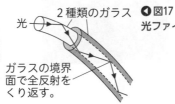

2種類のガラス ◀図17 光ファイバー

光

ガラスの境界面で全反射をくり返す。

ポイント

光の屈折と全反射

●空気から水（ガラス）へ進む光 ➡ **入射角＞屈折角** — 全反射は起こらない。

●水（ガラス）から空気へ進む光 ➡ **入射角＜屈折角** — 入射角がある角度より大きくなると，全反射が起こる。

---

(5) ガラスの形と光の進み方

図18のように，ガラスの形によって，光の進み方に特徴がみられる。

- 半円形ガラスでは，ガラスの中心に光を入射させると，曲面側では屈折せずに直進する。
- 台形ガラスでは，ガラスに入射した光と，ガラスから出た光の道すじは平行になる。
- 直角プリズムでは，ガラスに入射した光は，全反射する。

◉図18 ガラスの形と光の進み方

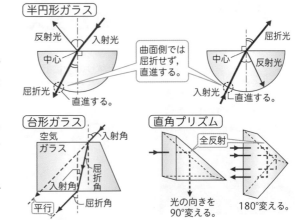

半円形ガラス
反射光　入射光
中心
屈折光　直進する。
曲面側では屈折せず，直進する。
屈折光
中心　反射光
入射光　直進する。

台形ガラス
空気　入射角
ガラス
屈折角
入射角
平行　屈折角

直角プリズム
全反射
光の向きを90°変える。　180°変える。

(6) 光の色

　太陽や白熱電灯の光のように，色合いを感じない光を**白色光**という。白色光には，いろいろな色の光が含まれている。図19のように，白色光をプリズム❽に通すと，いろいろな色の光に分けることができる❾⓾。これは，光の色によって屈折角が異なるからである。

◀図19 プリズムで分かれた光

白色光　　プリズム

わぁ！ きれい！
不思議だね。

(7) 物体の色

　物体に白色光が当たると，ある色の光が反射して，物体に色がついて見える。例えば，リンゴが赤く見えるのは，リンゴに当たった白色光の中で，赤色の光が多く反射されて目に届き，赤色以外の光の多くはリンゴの表面で吸収されるからである⓫。

虹が見えるしくみ

　雨上がりの空に虹が見えることがある。このとき，空気中の水滴が，図19のようなプリズムの役割をしている。

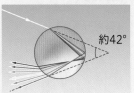

約42°

　太陽光 (白色光) が空気中の水滴に入ると，図のように屈折→反射→屈折をして，いろいろな色の光に分かれて空気中に出ていく。虹は，このようにしてたくさんの水滴からいろいろな色の光が分かれて出るときに見える。

☑ 要点チェック

1 光の進み方と反射

		解答
☐ (1)	太陽や電球のように，みずから光を発するものを何という か。>> p.101	(1) 光源
☐ (2)	光がまっすぐに進むことを光の何というか。>> p.101	(2) (光の)直進
☐ (3)	物体の表面で光がはね返ることを光の何というか。>> p.102	(3) (光の)反射
☐ (4)	光を鏡などの面に当てたとき，①面に当たった光，②面 ではね返った光をそれぞれ何というか。>> p.102	(4) ① 入射光 ② 反射光
☐ (5)	光を鏡などの面に当てたとき，①鏡の面に垂直な線と入 射光の間の角，②鏡の面に垂直な線と反射光の間の角をそ れぞれ何というか。>> p.102	(5) ① 入射角 ② 反射角
☐ (6)	光が反射するとき，入射角と反射角はいつも等しくなる ことを何というか。>> p.102	(6) 反射の法則
☐ (7)	物体を鏡などに映したとき，鏡のおくに物体があるよう に見えるものを，物体の何というか。>> p.103	(7) (物体の)像
☐ (8)	表面がでこぼこした物体に当たった光が，いろいろな方 向に反射することを何というか。>> p.104	(8) 乱反射

2 光の屈折

☐ (9)	光が空気から水に斜めに入るときのように，物質の境界 面で光が折れ曲がることを光の何というか。>> p.106	(9) (光の)屈折
☐ (10)	光が物質の境界面で折れ曲がるとき，①折れ曲がって進 む光を何というか。また，②境界面に垂直な線と折れ曲が って進む光の間の角を何というか。>> p.106	(10) ① 屈折光 ② 屈折角
☐ (11)	光が水やガラスから空気へ進むとき，光が境界面で屈折 せず，すべて反射することを何というか。>> p.109	(11) 全反射
☐ (12)	太陽や白熱電灯の光のように，色合いを感じない光を何 というか。>> p.110	(12) 白色光

定期試験対策問題 （解答➡p.213）

1 光の反射 >> p.102

図は，A，B点に印をつけた方眼紙の上に鏡を垂直に立てたようすを，上から見たものである。破線は，ライトの光がスリットを通り，A点を通った後，鏡で反射したときの光の道すじを表している。次の問いに答えなさい。

(1) a～dの角のうち，入射角はどれか。

(2) aの角度が38°のとき，cの角度は何度か。

(3) スリットとライトの位置を変えて，A点を通った光が鏡で反射してB点を通るようにした。このときの光の道すじを，図にかきなさい。

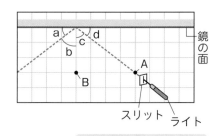

ヒント
(2) bの角度を求め，bとcの角度の関係から考える。
(3) まず光が鏡で反射する点を求める。

2 鏡で反射する光と像 >> p.103～105

図は，方眼紙の上に鏡を垂直に立てたようすを，上から見たもので，鏡の前のA，B点にはそれぞれ人が立っている。次の問いに答えなさい。

(1) A点にいる人が鏡を見ると，B点にいる人の像は，図の⑦～⑨のどの位置に見えるか。

(2) (1)のとき，B点にいる人から出た光は，どのような道すじでA点にいる人に届くか。図にかきなさい。

応用 (3) さらに図のa～c点にそれぞれ人が立ち，A点にいる人が鏡を見たとき，1人だけ鏡に映っていなかった。それはa～cのどの点にいる人か。

応用 (4) 身長が158cmのCさんが，1枚の鏡の前に立った。Cさんの全身を鏡に映すには，鏡の縦の長さは最低何cm必要か。

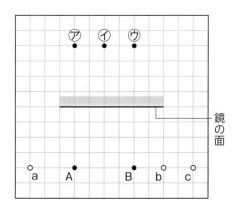

ヒント
(3) 鏡に映って見える範囲を作図して考える。

3 光の屈折 ≫p.106〜108

図1は，空気中から水中に入射した光の進むようすを表している。次の問いに答えなさい。

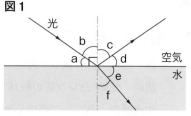

図1

(1) 図1で，入射角はa〜fのどれか。

(2) 図1で，屈折角はa〜fのどれか。

(3) 図1での入射角，反射角，屈折角の大きさの関係として正しいものは，次のア〜エのどれか。

　ア　入射角＞反射角＝屈折角

　イ　入射角＜反射角＝屈折角

　ウ　入射角＝反射角＞屈折角

　エ　入射角＝反射角＜屈折角

(4) 図2は，水中に入れた棒を見ているようすを表している。このとき，棒は空気と水の境界面（Pの位置）で折れ曲がって見えた。棒の先端Qがあるように見える位置として最も適切なものは，図2の⑦〜⑦のどれか。ただし，図の矢印は，棒の先端Qから出た光が目まで届いた道すじを表している。

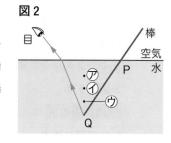

図2

4 光の屈折と全反射 ≫p.106〜109

図は，水中に置かれた光源から出た光が水面のA点に達した後，屈折して空気中に進む光と，反射して水中を進む光に分かれたようすを表している。次の問いに答えなさい。

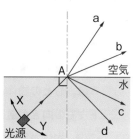

(1) 光がA点に達した後，屈折した光は，図のa〜dのどれか。

(2) 光がA点に達した後，反射した光は，図のa〜dのどれか。

(3) 水中で光源を動かして水面のA点に光を当てると，光は屈折しないですべて反射した。このような現象を何というか。

(4) (3)で，光源は図のX，Yのどちらに動かしたか。

(5) (3)の現象が起こることがあるのは，次のア〜エのどのときか。すべて選びなさい。

　ア　光が空気中からガラス中に進むとき。　　イ　光が空気中から水中に進むとき。

　ウ　光がガラス中から空気中に進むとき。　　エ　光が水中から空気中に進むとき。

(6) (3)の現象を利用して光通信や内視鏡に使われている，細いガラスの繊維を何というか。

第 10 章 凸レンズのはたらき

一問一答
コンテンツ→

1 凸レンズを通る光の進み方 >>p.115

- □ **像**：凸レンズを通して見えるものや，スクリーンなどに映ったもの。
- □ **焦点**：光軸（凸レンズの軸）に平行な光が，**凸レンズで屈折して集まる点**。
- □ **焦点距離**：凸レンズの**中心から焦点まで**の距離。凸レンズのふくらみが大きいほど短い。
- □ **凸レンズを通る光の進み方**：
  - ① **光軸に平行な光**は，屈折した後，**焦点を通る**。
  - ② **凸レンズの中心を通る光**は，そのまま**直進する**。
  - ③ **焦点を通る光**は，屈折した後，**光軸に平行に進む**。

▼凸レンズを通る光の進み方

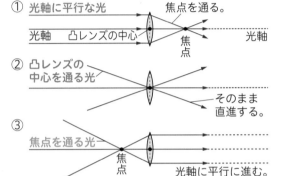

① 光軸に平行な光　　　　焦点を通る。
光軸　凸レンズの中心　　焦点　　光軸

② 凸レンズの中心を通る光　　　そのまま直進する。

③ 焦点を通る光　　焦点　　光軸に平行に進む。

2 凸レンズによってできる像 >>p.118

- □ **実像**：物体が**焦点の外側に**あるとき，凸レンズを通った**光が実際に集まってできる像**。もとの物体とは，上下左右の**向きが逆**になる。
- □ **虚像**：物体が**焦点の内側に**あるとき，凸レンズをのぞくと見える像。もとの物体と，上下左右の**向きが同じ**になる。

▼いろいろな位置に物体があるときの像のでき方

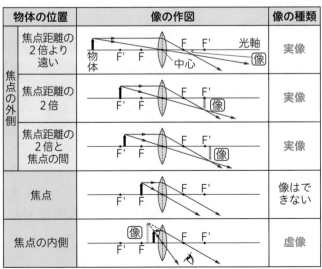

物体の位置		像の作図	像の種類
焦点の外側	焦点距離の2倍より遠い		実像
	焦点距離の2倍		実像
	焦点距離の2倍と焦点の間		実像
焦点			像はできない
焦点の内側			虚像

※ F …焦点　F′…焦点距離の2倍の位置

1 凸レンズを通る光の進み方

① 凸レンズの性質

(1) 凸レンズ

　植物や昆虫などを拡大して観察するときに用いる虫めがねやルーペには，**中央部がふくらんだ凸レンズ**が使われている。凸レンズは，**光の屈折を利用**する道具で，カメラや顕微鏡，望遠鏡などにも使われている。

(2) 像

　凸レンズを通して物体を見ると，**図1**の@のように近くの物体は大きく見え，ⓑのように遠くの物体は逆さまに小さく見える。また，**図2**のように，凸レンズを使って紙やスクリーンなどに物体の姿を映すこともできる。このように，鏡に映ったものだけでなく，**凸レンズを通して見えるものやスクリーンなどに映ったものも像**という。

▼図1 凸レンズを通して見える像❷

@近くの物体を見たとき

ⓑ遠くの物体を見たとき

▼図2 凸レンズで紙に映した像❷

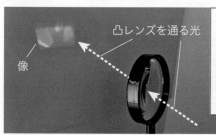

像
凸レンズを通る光

像のもととなる風景

光は異なる物質の境界面で屈折することを学習したね！

❶スクリーン
映画やスライドなどを映して見るための白い幕を，スクリーンという。

❷実像と虚像
図1のⓑや図2の像は，凸レンズを通った光が集まってできるもので，**実像**という。また，図1の@の像は，凸レンズを通った光が集まらないときに凸レンズを通して見えるもので，**虚像**という。

≫p.119

(3) 凸レンズの焦点と焦点距離

図3で，凸レンズの中心を通り，凸レンズの表面に垂直な線（‐‐‐‐‐‐‐ 線）を，光軸（凸レンズの軸）という。

▼図3 焦点と焦点距離

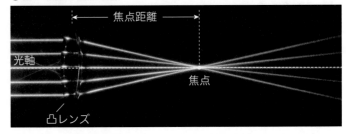

①焦点と焦点距離

図3のように，光軸に平行な光を凸レンズに当てると，光は屈折して1点に集まる。この点を凸レンズの焦点という。焦点は，凸レンズの両側に1つずつある。

また，凸レンズの中心から焦点までの距離を焦点距離という。焦点距離は，凸レンズの両側で同じである。

②凸レンズのふくらみと焦点距離

図4のように，ふくらみの大きさが異なる凸レンズに光を当てると，凸レンズのふくらみが大きいほど焦点距離が短いことがわかる。これは，凸レンズのふくらみが大きいほど，光の屈折のしかたが大きくなるからである。

▼図4 凸レンズのふくらみと焦点距離

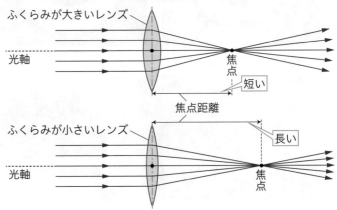

❸焦点
焦点の「焦」には，「こがす」という意味がある。また，焦点は，焦点という意味の英語focusやfocal pointの頭文字を使って，記号Fで表されることがある。

❹太陽の光と凸レンズ
太陽の光は平行に進むので，凸レンズを通った太陽の光は焦点の位置に集まる。

❺焦点の位置に光源があるとき
図3とは逆に，焦点の位置に光源があると，凸レンズを通ることで光軸に平行な光になる。懐中電灯やスポットライトでは，この性質が利用されている。

❻凸レンズで屈折する光の作図
図3からわかるように，凸レンズに当てた光は，レンズに入るときと，レンズから出るときの2回屈折する。しかし，作図するときは簡略化して，レンズの中心線（図4の‐‐‐‐線）上で1回屈折するようにかけばよい。

② 凸レンズを通る光の進み方

(1) 3つの代表的な光の進み方

物体のある点から出て凸レンズを通る光の道すじのうち，代表的なものは次の3つ(図5の①〜③)である。

①光軸に平行な光

図5の①のように，光軸に平行に凸レンズに入った光は，**屈折した後，焦点を通る**。

②凸レンズの中心を通る光

図5の②のように，凸レンズの中心を通った光は，**屈折せず，そのまま直進する**。

③焦点を通る光

図5の③のように，焦点を通って凸レンズに入った光は，**屈折した後，光軸に平行に進む**。

▼図5　凸レンズを通る光の進み方

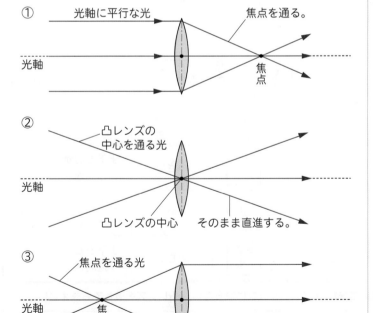

この3つの光の進み方は，像の作図をするときによく使うよ。
しっかり頭に入れよう！

2 凸レンズによってできる像

① 凸レンズによる像のでき方

(1) 凸レンズによる像のでき方を調べる

凸レンズによる像のでき方を，**図6**のようにして調べると，物体の位置によって，**スクリーンに映る実像**と，**凸レンズを通して見える虚像**があることがわかる。

▼図6 凸レンズによる像のでき方を調べる実験

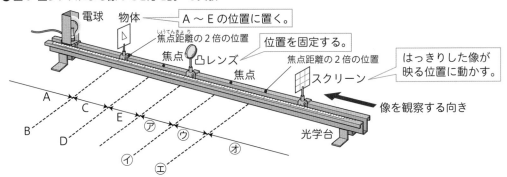

結果

物体が焦点の外側にあるとき

凸レンズに近づけていくと…

物体の位置	像が映る スクリーンの位置	像の 見え方	物体と比べた 像の大きさ	物体と比べた 像の向き	像の種類
A（焦点距離の2倍 より遠い位置）	⑦		小さい	上下左右が 逆向き	
B（焦点距離の2倍 の位置）	⑧ （焦点距離の2倍の位置）		同じ	上下左右が 逆向き	実像
C（焦点距離の2倍 の位置と焦点の間）	⑨		大きい	上下左右が 逆向き	
D（焦点の位置）	**像はできない。**（スクリーンに映らない。凸レンズを通しても見えない。）				
E（焦点より近い 位置）	スクリーンには映らない。 **凸レンズを通して見える。**		大きい	上下左右が 同じ向き	**虚像**

118

(2) 実像と虚像

①実像

　図6で，物体が**焦点の外側**（A，B，Cの位置）にあるとき，凸レンズを通った光は集まってスクリーン上に像をつくる。このような，**光が実際に集まってできる像を実像**という[7]。実像は，もとの物体とは上下左右が逆向きになる[8]。

②虚像

　図6で，物体が**焦点の内側**（Eの位置）にあるとき，凸レンズを通った光は広がってしまい，実像はできない。このとき，**物体の反対側から凸レンズをのぞくと，物体より大きな像が見える。このような像を虚像**という[9][10]。虚像は，もとの物体と上下左右が同じ向きになる[8]。

② 凸レンズによってできる像の作図

(1) 実像の作図のしかた

　図7のように，物体の先端から出た代表的な光の道すじ①〜③のうちの2つをかくと，その交点が実像の先端になり，実像の位置と大きさが決まる。

(2) 虚像の作図のしかた

　図8のように，物体の先端から出た代表的な光の道すじ①，②をかき，それぞれを**逆方向に延長**すると，その交点が虚像の先端になり，虚像の位置と大きさが決まる。

❤️図7 実像の作図のしかた[11]

物体
凸レンズの中心
①**光軸に平行な光**
凸レンズで屈折した後，焦点を通る。
焦点
実像
光軸
焦点
交点
②**凸レンズの中心を通る光**
そのまま直進する。
③**焦点を通る光**
凸レンズで屈折した後，光軸に平行に進む。

❤️図8 虚像の作図のしかた

交点
逆方向に延長する。
虚像
①
焦点
光軸
焦点
物体
②

---

❼実際の例
・カメラのフィルム（撮像素子）に映る像
・映画のスクリーンに映る映像

❽倒立と正立
上下左右の向きが逆になっていることを倒立といい，そのような実像を倒立実像ということがある。また，上下左右の向きが同じになっていることを正立といい，そのような虚像を正立虚像ということがある。

❾虚像は見かけの像
虚像は，凸レンズを通った光が目に入って見える見かけの像で，実際に光が集まってできた像ではない。「虚」には「事実でないこと」「うそ」などの意味がある。

❿虚像の例
・ルーペや顕微鏡，望遠鏡で拡大した像 ≫p.115
・鏡に映った像 ≫p.103
・ガラスを通してずれて見える鉛筆 ≫p.107

⓫作図に使う光は代表
図7では，物体の先端から出た光を代表してかいているが，実際には物体のあらゆる点から光が出ている。それらすべての光がそれぞれ1点に集まることによって，物体とそっくりの像ができる。

（3）いろいろな位置に物体があるときの像のでき方

　　p.118の**図6**でできたいろいろな像のでき方を，作図してまとめると，**図9**のようになる。

🔻**図9** いろいろな位置に物体があるときの像のでき方

物体の位置		像の作図	物体と比べた像の大きさと向き	距離 a と b の比較
焦点の外側	焦点距離の2倍より遠い	物体／中心／光軸／F F'／実像／a／b	小さい 上下左右が逆向き	a > b
	焦点距離の2倍	F' F／F'／実像／a／b	同じ 上下左右が逆向き	a = b
	焦点距離の2倍と焦点の間	F' F／F'／実像／a／b	大きい 上下左右が逆向き	a < b
焦点		F' F／F F'	像はできない	
焦点の内側		虚像／F' F／F F'	大きい 上下左右が同じ向き	

　　　　　　　　　　　　　　　　　　　　　　　※ F …焦点　F'…焦点距離の2倍の位置

物体の位置と像の位置・大きさ

【物体の位置】		【像の位置】		【像の大きさ】
焦点距離の2倍の位置より外	➡	焦点距離の2倍の位置〜焦点	—	物体より 小
焦点距離の**2倍の位置**	➡	焦点距離の**2倍の位置**	—	物体と 同じ
焦点距離の2倍の位置〜焦点	➡	焦点距離の2倍の位置より外	—	物体より 大

ここに注目！

例題 ❾ 〈作図〉 凸レンズを通る光の道すじと実像

　図の位置に物体を置いたとき，物体の点Aから出た次の①〜③の光のうち，2つの道すじを実線でかきなさい。また，このときできる実像を矢印でかきなさい。

　①光軸に平行な光　　②凸レンズの中心を通る光
　③焦点を通って凸レンズに入る光

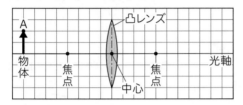

①〜③のうちのどの
2つをかいても結果
は同じになるよ！

解き方

①光軸に平行に進み，凸レンズの中心線で屈折して焦点を通る直線，②凸レンズの中心を通る直線，③焦点を通って進み，凸レンズの中心線で屈折して光軸に平行に進む直線，のうちの2つをかく。この2つの直線の交点が，点Aの実像の位置になるので，光軸から垂直に，この点までの矢印をかく。

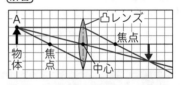
解答

例題 ❿ 〈作図〉 凸レンズを通る光の道すじと虚像

　図の位置に物体を置いたとき，物体の点Aから出た次の①，②の光の道すじを，実線でかきなさい。また，このときできる虚像を矢印でかきなさい。

　①光軸に平行な光
　②凸レンズの中心を通る光

解き方

①光軸に平行に進み，凸レンズの中心線で屈折して焦点を通る直線，②凸レンズの中心を通る直線をかく。
①，②の直線を光の進行方向とは逆向きに延長したときの交点が，点Aの虚像の位置になるので，光軸から垂直に，この点までの矢印をかく。

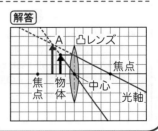
解答

応用 凸レンズと像

① 凸レンズを通った光の道すじの作図

凸レンズを通る光の道すじのうち，代表的な3つを利用すると，他の光の道すじを作図することができる。

例 **図10の点Qまで進んだ光の道すじの作図**

[作図のしかた]

❶ 物体の点Pから出て凸レンズを通る3つの代表的な光の道すじのうち，2つを作図すると，物体の点Pの像の位置（点P´）が決まる。

❷ 物体の点Pから出て凸レンズを通る光は，すべて点P´に集まるので，点Pから点Qまで進んだ光も，点P´に集まる。

▼図10 凸レンズを通った光の道すじの作図

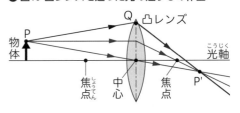

② 凸レンズの下半分をおおったときの像のようす

凸レンズの下半分をおおったときの像は，明るさが暗くなる。

例 **図11のときにできる像のようす**

[考え方]

❶ 凸レンズにおおいをしないとき，物体の先端から出た光の道すじは，図の❶のようになる。

❷ 次に，凸レンズの下半分をおおったとき，物体の先端から出た光の道すじは，図の❷のようになる。

↓

❶，❷より，凸レンズの下半分をおおうと，像の大きさ，位置，明るさ，形は次のようになる。

・像の大きさ，位置，形：変わらない。

・像の明るさ：像に集まる光の量が減るので，暗くなる。

▼図11 凸レンズの下半分をおおったときの像

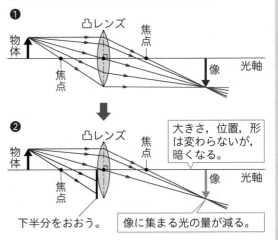

大きさ，位置，形は変わらないが，暗くなる。

下半分をおおう。

像に集まる光の量が減る。

☑️要点チェック

1 凸レンズを通る光の進み方

□ (1) 虫めがねやルーペに使われている，中央部がふくらんだ
レンズを何というか。>>p.115

□ (2) 凸レンズを通して見えるものや，スクリーンなどに映っ
たものを何というか。>>p.115

□ (3) 光軸に平行な光が，凸レンズを通るときに屈折して集ま
る点を何というか。>>p.116

□ (4) 凸レンズの中心から焦点までの距離を何というか。
>>p.116

□ (5) 凸レンズの中心から焦点までの距離は，凸レンズのふく
らみが大きいほど長くなるか，短くなるか。>>p.116

□ (6) 物体のある点から出て凸レンズを通る光のうち，①光軸
に平行な光は，凸レンズで屈折した後，何という点を通る
か。また，②凸レンズで屈折せずに直進するのは，凸レン
ズの中心を通る光か，焦点を通る光か。>>p.117

2 凸レンズによってできる像

□ (7) 物体が焦点の外側にあるとき，物体から出て凸レンズを
通った光が実際に集まってできる像を何というか。>>p.119

□ (8) 物体が焦点の内側にあるとき，凸レンズをのぞくと見え
る像を何というか。>>p.119

□ (9) もとの物体と比べて，上下左右の向きが逆になるのは，
実像か，虚像か。>>p.119

□ (10) 物体が焦点距離の2倍の位置にあるとき，①凸レンズに
よる像はどのような位置にできるか。また，②像の大きさ
は，物体と比べて大きいか，小さいか，同じか。
>>p.118，120

□ (11) 物体が凸レンズの焦点にあるとき，像はできるか，でき
ないか。>>p.118，120

解　答

(1) 凸レンズ

(2) 像

(3) 焦点

(4) 焦点距離

(5) 短くなる。

(6) ① 焦点

② 凸レンズの中心を
通る光

(7) 実像

(8) 虚像

(9) 実像

(10) ① 焦点距離の2倍の
位置
② 同じ

(11) できない。

第10章 凸レンズのはたらき

定期試験対策問題 解答➡p.214

1 凸レンズを通る光の進み方 >>p.115〜117

図1は，光軸に平行な光を凸レンズに当てたときのようすを表している。次の問いに答えなさい。

(1) 図1のように，凸レンズに光を当てると，光の進む方向が変わった。この現象を光の何というか。

(2) 凸レンズを通った光が集まる点Aを何というか。

(3) 凸レンズの中心から点Aまでの距離Bを何というか。

(4) 凸レンズをふくらみの大きいものにかえると，(3)の距離Bの長さはどのようになるか。

(5) 図2のように，凸レンズの中心まで進んだ光は，その後どのように進むか。図2に実線でかきなさい。

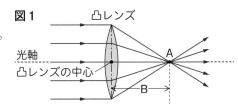

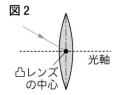

2 物体の位置と凸レンズによる像のようす >>p.118〜120

凸レンズを用いて，矢印の形をした物体（↑）の実像を，スクリーン上に結ばせる実験をした。図は，物体を点Aに置いて，実像をスクリーン上に結ばせたときのようすを表している。点Bはこの凸レンズの焦点で，あ，いは光の道すじである。次の問いに答えなさい。

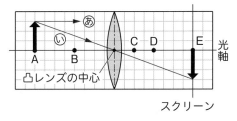

(1) 図で，あの光は凸レンズを通過後，C〜Eのどの点を通るか。

(2) 次の①，②の文の｛ ｝内のア，イから，それぞれ正しいものを選びなさい。

① 物体を点Bに近づけて，像をスクリーン上に結ばせると，凸レンズとスクリーンの間の距離はⓐ｛ア 短く　イ 長く｝なり，像の大きさはⓑ｛ア 大きく　イ 小さく｝なる。

② 物体を点Bと凸レンズの間に置くと，スクリーンに像はできなかった。このとき，スクリーン側から凸レンズをのぞいたところ，物体よりもⓐ｛ア 大きく　イ 小さく｝，物体の向きとⓑ｛ア 同じ向き　イ 逆の向き｝の像が見えた。

3 スクリーンに映る像と凸レンズを通して見える像 >>p.118〜121

　図のように，ろうそくを凸レンズの左6目盛りのところ，スクリーンを凸レンズの右12目盛りのところに置くと，ろうそくのはっきりした像がスクリーン上にできた。図のa，bは，ろうそくの先端（せんたん）から出た光の道すじを途中（とちゅう）まで表したもので，方眼の1目盛りは2cmである。次の問いに答えなさい。

(1)　a，bの光が凸レンズを通った後，スクリーンに達するまでの道すじと，スクリーン上にできた像をかきなさい。

(2)　この凸レンズの焦点距離は何cmか。

(3)　凸レンズをろうそくに近づけていくとき，凸レンズとろうそくの間の距離が何cmよりも短くなると，虚像（きょぞう）が見えるか。

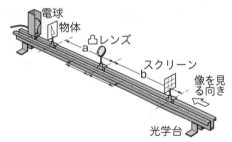

凸レンズ　スクリーン
a
b
光軸
凸レンズの中心
ろうそく

💡ヒント
(1)　凸レンズの中心を通った光が直進することを利用する。
(3)　物体が焦点に対してどのような位置にあるとき，虚像が見えるかを考える。

4 凸レンズによる像のでき方 >>p.118〜120

　図のような装置を組みたて，物体から凸レンズの中心までの距離aを変え，物体の像が映るようにスクリーンを動かしたときの，凸レンズの中心からスクリーンまでの距離bを測定した。表は，その結果で，×は像ができなかったことを表している。次の問いに答えなさい。

(1)　物体と同じ大きさの像がスクリーンに映ったのは，表の①〜④のどのときか。

(2)　この凸レンズの焦点距離は何cmか。

(3)　物体よりも大きい像がスクリーンに映ったのは，表の①〜④のどのときか。

(4)　スクリーンに映った像を，図の⇨の向きに見たようすとして最も近いものは，右のア〜エのどれか。ただし，像の大きさは考えない。

(5)　虚像が見られたのは，表の①〜⑥のどのときか。

電球
物体
凸レンズ
a
スクリーン
像を見る向き
b
光学台

	①	②	③	④	⑤	⑥
a〔cm〕	60	50	40	30	20	10
b〔cm〕	30	33	40	60	×	×

物体　ア　イ　ウ　エ

💡ヒント
(4)　像の上下左右の向きが，物体と比べてどうなるかを考える。

第 11 章 音の性質

一問一答
コンテンツ →

1 音の伝わり方と速さ >>p.127

- □ **音源(発音体)**：振動して音を発生している物体。
- □ **波**：振動が次々と伝わる現象。
- □ **音の伝わり方**：音源の振動が，空気や水，金属などの物体の中を**波**として伝わる。
- □ **音の伝わる速さ**：空気中を伝わる音の速さは，約**340メートル毎秒**（340m/s）で，光の速さと比べてはるかに遅い。

● 音の速さを求める式

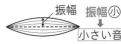

$$音の速さ〔m/s〕＝\frac{音が伝わった距離〔m〕}{かかった時間〔s〕}$$

2 音の大きさと高さ >>p.132

- □ **振幅**：音源の**振動**の**振れ幅**。振幅が大きいほど，音が大きい。
- □ **振動数(周波数)**：音源が**1秒間に振動する回数**。振動数が多い（大きい）ほど，音が高い。単位には**ヘルツ**（記号**Hz**）を使う。
- □ **弦の振幅**：弦をはじく強さを強くするほど，振幅が大きくなり，音が大きくなる。
- □ **弦の振動数**：弦の長さが短いほど，弦の太さが細いほど，弦を張る強さが強いほど，振動数が多く（大きく）なり，音が高くなる。
- □ **音の波形**：オシロスコープやコンピュータを使うと，音源の振動のようすを波形で表示することができる。

● 弦の振動と音の大きさ・高さ

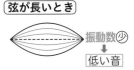

強くはじいたとき

弱くはじいたとき

弦　振幅　振幅大 → 大きい音

振幅　振幅小 → 小さい音

弦が短いとき　振動数多 → 高い音

弦が長いとき　振動数少 → 低い音

● 音の大きさ・高さによる波形の違い

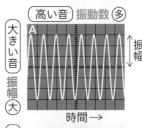
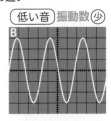
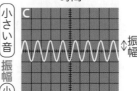
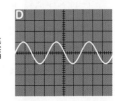

高い音　振動数多　　低い音　振動数少

大きい音・振幅大

A　振幅　時間→　B

小さい音・振幅小

C　振幅　D

1 音の伝わり方と速さ

① 音の伝わり方

(1) 音が出ている物体のようす

図1の@のように，音が出ているギターの弦に軽く触れると，弦の震え（振動）を感じることができる。また，⑥のように，たいこの表面に紙片をのせてたいこをたたくと，紙片が動くことから，たいこの表面が振動していることがわかる。このように，**音が出ている物体は振動している**。

振動して音を発生している物体を**音源**（または**発音体**）という。音は，音源となる物体が振動することによって発生するので，音源の振動を止めると，音は出なくなる。

私たちが音を聞くことができるのは，音源の振動が耳に伝わるからである。

(2) 音の伝わり方と空気

①おんさの振動が別のおんさに伝わることを調べる

図2の@のように，同じ高さの音が出る2つのおんさ（共鳴おんさ）A，Bを並べ，おんさAをたたいて鳴らすと，おんさBが鳴り始める。このとき，おんさAの振動を止めても，おんさBは鳴り続ける。また，⑥のように，おんさA，Bの間に板を置いて同様にすると，おんさBの音は@のときと比べて小さくなる。

この実験から，**空気が音（振動）を伝えている**ことがわかる。

小学校の復習

● ものから音が出たり伝わったりするとき，ものは震えている。

◯図1 物体の振動と音

@

弦

⑥

たいこをたたく。

紙片が動く。

表面が振動している。

手で振動を止める。

音がやむ。

◯図2 おんさの振動が別のおんさに伝わることを調べる実験

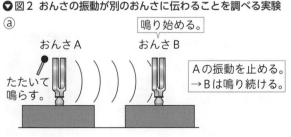

@

鳴り始める。

おんさA   おんさB

たたいて鳴らす。

Aの振動を止める。
→Bは鳴り続ける。

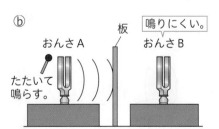

⑥

板

鳴りにくい。

おんさA   おんさB

たたいて鳴らす。

②真空中では音は伝わらないことを調べる

図3のように，鳴っているブザーを容器の中に入れ，容器の中の空気を抜いていくと，発泡ポリスチレン球は変わらず動いているのにブザーの音はしだいに小さくなり，やがて聞こえなくなる。次に，ピンチコックをゆるめて容器の中に空気を入れていくと，ブザーの音が聞こえるようになる。

この実験からも，**空気が音（振動）を伝えている**ことがわかる。

▼図3 真空中では音は伝わらないことを調べる実験

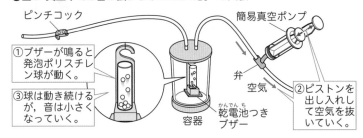

③波

音が空気中を伝わるとき，空気そのものは移動せず，空気の振動が次々と伝わる。このように，**振動が次々と伝わる現象を波**という。音は波として，あらゆる方向に伝わっていく。

④音が聞こえるしくみ

音が聞こえるのは，図4のように，空気の振動が耳の中にある鼓膜といううすい膜を振動させ，その振動を私たちが感じているからである。

▼図4 空気中で音が聞こえるしくみ

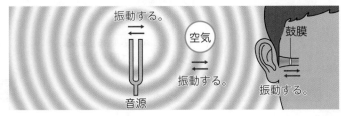

❶音の波
物体が振動すると，そのまわりの空気は，押し縮められて濃くなったり，引かれてうすくなったりすることをくり返す。この空気の濃い層とうすい層が交互にできて，まわりに伝わっていく現象が音の波である。

耳の中のつくりは，2年生で学習するよ。

(3) 音を伝える物質

　図5のようにすると，空気などの気体だけでなく，水などの液体，金属や糸などの固体も振動して音を伝えることが確かめられる。このとき音は，液体や固体の中を波として広がりながら伝わる。

▼図5　液体や固体も音を伝えることを確かめる

| 水が音を伝えている。 | 糸が音を伝えている。 |
| 時計の音が聞こえる。 | ぶつかった音が聞こえる。 |

①スプーンにつけた糸の両端を耳に入れ，両手でおおう。

筒

水

ポリエチレンの袋に入れた時計

ラップフィルムでふさぐ。

糸

②スプーンを机にぶつける。

② 音の伝わる速さ

　花火や雷では，光と音が同時に発生している。しかし，花火を見ているときや雷が鳴っているとき，花火の光や稲妻（稲光）が見えてから音が聞こえるまでに，少し時間がかかる。これは，光が瞬間的に伝わるのに対して，音が伝わるのに時間がかかるからである。

(1) 空気中を伝わる音の速さ

　空気中を伝わる音の速さは，約**340メートル毎秒（340m/s）**❹❺で，光の速さ（約30万km/s）❻に比べて，はるかに遅い❼。

❷**水が音を伝える例**
アーティスティックスイミングでは，プールの中に水中スピーカーが置いてあり，そこから出た音が水中を伝わって演技者に聞こえている。

❸**真空中では**
音が伝わるには振動を伝える物質が必要なので，真空中のように，振動を伝える物質がないところでは，音は伝わらない。図3の実験で，容器の中の空気を抜いていくとブザーの音が聞こえなくなるのは，容器の中が真空になるからである。

❹**速さの単位**
m/sは，1秒間当たりに進む距離を表す速さの単位であり，sは，秒を表す英語のsecondの1文字目である。

❺**音の速さと温度**
音の速さは温度によって異なり，340m/sは気温が約15℃のときの音の速さである。

❻**空気中を伝わる光の速さ**
光の速さ（約30万km/s）は，音の速さの約100万倍で，1秒間に地球を約7周半する速さである。

❼**液体や固体中を伝わる音の速さ**
音の速さは，音を伝える物質によって異なる。液体中や固体中では，音は空気中より速く伝わる。例えば，水中を伝わる音の速さは約1500m/s，ガラスの中を伝わる音の速さは約5440m/s，鉄の中を伝わる音の速さは約5950m/sである。

●速さは一定時間（1秒間や1時間など）に進む道のりで表される。

速さ＝道のり÷時間

(2) 音の速さの求め方

　速さは，一定時間（1秒間や1時間など）に進む道のり（距離）で表されるので，音の速さは，次の式で表される。

　図6のようにすると，音の速さを調べることができる。

$$音の速さ〔m/s〕= \frac{音が伝わった距離〔m〕}{音が伝わるのにかかった時間〔s〕}$$

🔻図6 音の速さを調べる方法

号砲の煙を利用する方法

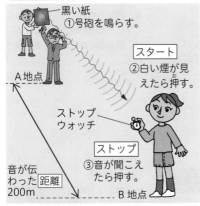

黒い紙
①号砲を鳴らす。

A地点

スタート
②白い煙が見えたら押す。

煙が見えてから音が聞こえるまでの 時間 0.59秒

ストップウォッチ

ストップ
③音が聞こえたら押す。

音が伝わった 距離 200m

B地点

音の速さの計算
$$\frac{200〔m〕}{0.59〔s〕} = 338.9\cdots〔m/s〕$$

花火を利用する方法

①打ち上げ花火をビデオカメラで撮影する。
②再生して，花火が見えてから音が聞こえるまでの 時間 をはかる。
③打ち上げ場所から撮影場所までの 距離 を地図で調べる。

例題⑪ 〔計算〕 音の速さ

(1)　花火が上空で開くのが見えてから，2.5秒後に花火の音が聞こえた。花火を見た場所から花火が開いた位置までの距離が850mのとき，音の速さは何m/sか。

(2)　雷の稲妻が見えてから音が聞こえるまでに，6.2秒かかった。稲妻を見た場所から稲妻までの距離が2.1kmのとき，音の速さは何m/sか。整数で答えなさい。

💡ヒント　(2)「音の速さは何m/sか。」と問われているので，距離2.1kmの単位をmに直す必要がある。また，「整数で答えなさい。」という指示に注意する。

解き方

(1)　速さを求める公式 速さ＝$\frac{距離}{時間}$ より，$\frac{850〔m〕}{2.5〔s〕}=340〔m/s〕$　解答 340m/s

(2)　距離2.1kmの単位をmに直すと，1km＝1000m より，2.1km＝2.1×1000m＝2100m

　　速さを求める公式より，$\frac{2100〔m〕}{6.2〔s〕}=338.7\cdots〔m/s〕$

　　整数で答えるので，小数第1位を四捨五入する。　解答 339m/s

(3) 速さの公式の変形

　速さの公式で，速さと時間がわかれば距離を求めることができ，速さと距離がわかれば時間を求めることができる。

　速さの公式は，右のように変形することができる。

➡距離を求めるには…
$$距離〔m〕＝速さ〔m/s〕×時間〔s〕$$

➡時間を求めるには…
$$時間〔s〕＝\frac{距離〔m〕}{速さ〔m/s〕}$$

例題⑫　◀計算▶ 速さの公式から距離・時間を求める

(1)　花火が光るのを見た1.5秒後に，花火の音が聞こえた。花火を見た場所から花火までの距離は何mか。ただし，空気中を伝わる音の速さは340m/sとする。

(2)　空気中を伝わる音の速さを340m/sとすると，音が1700m伝わるのにかかる時間は何秒か。

解き方

(1)　距離＝速さ×時間 より，340〔m/s〕×1.5〔s〕＝510〔m〕　　　解答　510m

(2)　時間＝$\frac{距離}{速さ}$ より，$\frac{1700〔m〕}{340〔m/s〕}=5〔s〕$　　　解答　5秒

音も反射や屈折をするの？

　音も，光と同じように反射や屈折をする。音の反射や屈折によって，次のような現象が起こる。

●音の反射によって起こる現象

　山に登ったとき，前方に見える山に向かって大きな声を出すと，山びこ（こだま）が返ってくる。これは，声が山で反射するからである。また，このとき，耳の後ろに手を当てると，山びこがよく聞こえるようになる。これは，山びこが手のひらで反射し，耳に集まるからである。

●音の屈折によって起こる現象 発展

　ふだんは聞こえない遠くの音が，夜になると聞こえることがある。これは，音が，温度の異なる空気に進むときに屈折することが関係している。右図のように，晴れた日の夜は上空の気温が高く，地上で出た音は下方に屈折して進むため，遠くまで伝わるのである。

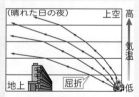

2 音の大きさと高さ

① 音の大きさと高さ

　多くの楽器では，音の大きさや高さを変えることができる
ようになっている。例えば，弦楽器では，弦をはじく強さを
変えると音の大きさが変わり，弦の長さや太さ，弦の張りの
強さを変えると音の高さが変わる。

(1) 振幅と振動数

　音の大きさや高さは，音源の振動のようすによって決ま
り，音源の振動のようすは，**振幅**と**振動数**によって決まる。

①振幅

　図7のように，**音源の振動の振れ幅**（もとの位置から
の振れ幅）を**振幅**という。

②振動数（周波数）

　音源が一定時間（１秒間）に振動する回数を振動数（周
波数）という。図7のように，１往復の動きが１回の振
動である。**振動数の単位**には，**ヘルツ**（記号**Hz**）を使う。

(2) 弦をはじいたときの音の大きさと高さを調べる

　図8のように，モノコード❽を用いて調べると，弦をはじ
く強さによって音の大きさが変わり，弦の長さ，弦の太さ，
弦を張る強さによって音の高さが変わることがわかる。

� 図7 振幅と振動数
振幅は，振動の端から端までで
はないことに注意する。

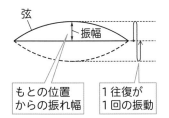

❽モノコード
モノコードとは，共鳴箱の上に弦
を張ったもので，弦の振動のよう
すと音の違いの関係を調べるのに
使われる。

◆図8 モノコードを用いた実験

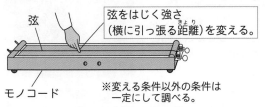
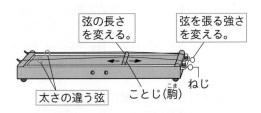

結果

	弦をはじく強さ		弦の長さ		弦の太さ		弦を張る強さ	
	強い	弱い	短い	長い	細い	太い	強い	弱い
音の大きさ	大きい	小さい	変化なし		変化なし		変化なし	
音の高さ	変化なし		高い	低い	高い	低い	高い	低い

①音源の振幅と音の大きさ

音の大きさは，音源の振幅によって決まる。図8の実験で，モノコードの弦をはじく強さを変えたとき，図9のように，弦を強くはじくほど振幅が大きくなり，音が大きくなる。

▼図9 弦の振幅と音の大きさ

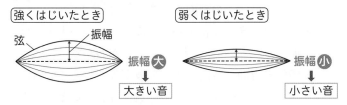

振幅と振動数にはそれぞれ弦の何が関係しているかな。

②音源の振動数と音の高さ

音の高さは，音源の振動数によって決まる。図8の実験で，モノコードの弦の長さ，弦の太さ，弦を張る強さを変えたとき，図10のように，弦の長さが短いほど，弦の太さが細いほど，弦を張る強さが強いほど振動数が多く（大きく）なり，音が高くなる。

▼図10 弦の振動数と音の高さ

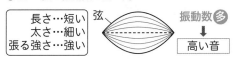

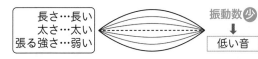

コラム

超音波って何？

私たち人間が聞くことのできる音の振動数は，だいたい20〜20000Hzの範囲である。この20000Hzをこえる音を超音波という。超音波は，ふつう人間には聞こえないが，イヌやコウモリ，イルカなど，ホニュウ類の多くは聞くことができる。

コウモリは超音波を出すこともできる。自分で出した超音波がものに当たって反射してくる音を聞いて，ものまでの距離やものの大きさをはかっている。

◯ 図11 オシロスコープ
音をマイクロホンで拾うと，
振動のようすが画面に波形と
して表示される。

② 音の波形

(1) 音の波形を調べる

　図11のオシロスコープという装置や，コンピュータを使うと，音源の振動のようすを波の形(波形)として表示することができる。

①オシロスコープの画面の見方(図12)

・**縦軸の方向**：振幅を表し，波の山や谷が大きいほど，振幅が大きい(音が大きい)ことがわかる。

・**横軸の方向**：時間を表し，波が多く見えているほど，同じ時間での振動数が多い(音が高い)ことがわかる。

◯ 図12 オシロスコープの画面の見方

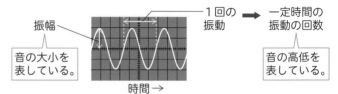

(2) 音の大きさ・高さによる波形の違い

　いろいろな大きさと高さの音の波形を比べると，図13のようになる。

◯ 図13 音の大きさ・高さによる波形の違い

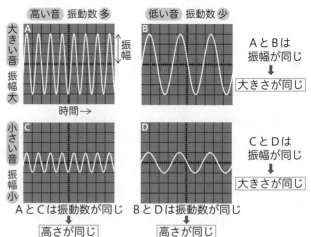

波形の違いから，音の大きさや高さの違いがわかるんだね。

☑ 要点チェック

1 音の伝わり方と速さ

- ☐ (1) 振動して音を発生している物体を何というか。>>p.127
- ☐ (2) 振動が次々と伝わる現象を何というか。>>p.128
- ☐ (3) 音は水などの液体中や金属などの固体中を，伝わるか，伝わらないか。>>p.129
- ☐ (4) 速さの単位であるm/sは何と読むか。>>p.129
- ☐ (5) 空気中を伝わる音の速さは，光の速さと比べて，はるかに速いか，遅いか。>>p.129
- ☐ (6) 次の式の①，②に当てはまることばは何か。>>p.130

$$音の速さ〔m/s〕 = \frac{音が伝わった〔①〕〔m〕}{音が伝わるのにかかった〔②〕〔s〕}$$

2 音の大きさと高さ

- ☐ (7) 音源の振動の振れ幅を何というか。>>p.132
- ☐ (8) ①音源が1秒間に振動する回数を何というか。また，②その単位には何が使われるか。>>p.132
- ☐ (9) 振幅が大きいほど，音は大きいか，小さいか。>>p.133
- ☐ (10) 振動数が多い（大きい）ほど，音は高いか，低いか。>>p.133
- ☐ (11) 弦を強くはじくほど大きくなるのは，弦の振幅か，振動数か。>>p.133
- ☐ (12) はじく弦が短いほど，音は高くなるか，低くなるか。>>p.133
- ☐ (13) はじく弦が太いほど，音は高くなるか，低くなるか。>>p.133
- ☐ (14) はじく弦を強く張るほど，音は高くなるか，低くなるか。>>p.133
- ☐ (15) オシロスコープの画面で，時間を表しているのは，縦軸か，横軸か。>>p.134
- ☐ (16) オシロスコープの画面で，波が多く見えているほど，振動数は多いか，少ないか。>>p.134

解答

- (1) 音源（発音体）
- (2) 波
- (3) 伝わる。
- (4) メートル毎秒
- (5) 遅い。
- (6) ① 距離
     ② 時間
- (7) 振幅
- (8) ① 振動数
     ② ヘルツ（Hz）
- (9) 大きい。
- (10) 高い。
- (11) 振幅
- (12) 高くなる。
- (13) 低くなる。
- (14) 高くなる。
- (15) 横軸
- (16) 多い。

第11章 音の性質

定期試験対策問題 （解答➡p.216）

1 音を伝えるもの >>p.127, 128

音の伝わり方を調べるために，次の実験１，２を行った。あとの問いに答えなさい。

【実験１】

① 図１のように，同じ高さの音が出るおんさＡ，Ｂを並べ
る。おんさＡをたたいて鳴らし，しばらくしてからおんさ
Ａの振動を止め，Ｂが鳴っているか調べる。

② おんさＡ，Ｂの間にしきり板を入れ，①と同様に調べる。

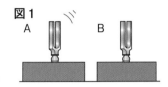

図１

【実験２】

図２のような，密閉した容器に入ったブザーを鳴らしながら，
容器の空気を抜いていき，音の聞こえ方を調べる。

(1) 実験１の①では，おんさＢは鳴っているか。

(2) 実験１の②では，おんさＢは鳴っているか。また，その理
由も簡単に答えなさい。

(3) 実験２では，しだいに音が聞こえなくなった。このことから，音を伝えるものは何であ
ることがわかるか。

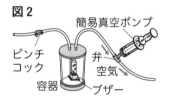

図２

2 音の伝わる速さ >>p.129〜131

音の伝わる速さについて，次の問いに答えなさい。

(1) 図１のように，校庭に立ち，84m離れた校舎に向かっ
てさけんだところ，0.50秒後にそのこだまが聞こえた。

① このとき音が伝わった距離は何mか。

② このときの音の速さは何m/sか。

(2) 図２は，打ち上げられた花火が開いた位置と，太郎さ
んと花子さんの位置が同一直線上にあるようすを模式的
に表したものである。このとき，花火が見えてから音が
聞こえるまでの時間は，太郎さんは2.7秒，花子さんは4.5
秒であった。なお，音の速さは340m/sとする。

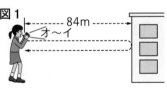

図１

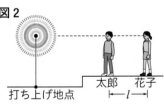

図２

① 花火が開いた位置から太郎さんの位置までの距離は何mか。

② 太郎さんと花子さんの間の距離 ℓ は何mか。

③ 花火が見えてから音が聞こえるまでに時間がかかるのはなぜか。簡単に答えなさい。

💡ヒント

(2)② （花火から花子さんまでの距離）−（花火から太郎さんまでの距離）で求められる。

3 モノコードを用いた実験 ≫p.132, 133

図のA〜Cのようなモノコードを使って，弦をはじいたときの音を調べた。次の問いに答えなさい。

(1) 弦を同じ強さではじいたとき，最も高い音が出るのはA〜Cのどれか。

(2) 弦を同じ強さではじいたとき，最も低い音が出るのはA〜Cのどれか。

(3) 弦を同じ強さではじいたとき，最も振動数が多くなるのはどれか。

(4) Aのモノコードを使って，より大きい音を出すためには，どのようにするとよいか。簡単に答えなさい。

(5) Aのモノコードを使って，弦の太さや長さを変えずに音を低くするためには，どのようにするとよいか。簡単に答えなさい。

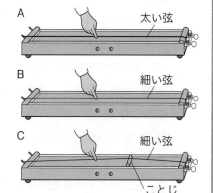

💡ヒント

(1), (2) 弦の太さ，長さと音の高さの関係を考える。

4 音の波形 ≫p.134

図は，あるおんさAをたたいたときの音の波形を，コンピュータを使って調べたものである。次の問いに答えなさい。

(1) 図の波の高さは，何を表しているか。

(2) 図の波の，一定時間における数を何というか。

(3) おんさAを，より強くたたいたときの音の波形を表しているのは，右の**ア〜エ**のどれか。

ア	イ	ウ	エ

(4) 図の音より高い音の波形を表しているのは，(3)の**ア〜エ**のどれか。

(5) 図の音より低い音の波形を表しているのは，(3)の**ア〜エ**のどれか。

第 12 章 力のはたらき

一問一答
コンテンツ ▶

1 物体にはたらく力 ≫p.139

- □ **弾性力(弾性の力)**：変形したものがもとにもどろうとする性質(弾性)によって生じる力。
- □ **垂直抗力**：物体を面に置いたとき，面が物体を垂直に押す力。
- □ **摩擦力(摩擦の力)**：物体が接している面の間で，物体の動きを妨げるようにはたらく力。
- □ **重力**：地球が物体を，地球の中心に向かって引く力。
- □ **磁石の力(磁力)**：磁石の極と極の間にはたらく力や，磁石の極と鉄が引きあう力。
- □ **電気の力(電気力)**：物体どうしをこすりあわせたとき，電気がたまることではたらく力。
- □ **ニュートン(記号N)**：力の大きさを表す単位。
- □ **フックの法則**：ばねの伸びはばねを引く力の大きさに**比例**する，という関係。

2 力の表し方と 2 力のつりあい ≫p.144

- □ **力の三要素**：**力がはたらく点(作用点)**，**力の大きさ**，**力の向き**のこと。力を表すときは，力の三要素を矢印で表す。
- □ **質量**：**物質そのものの量**。場所が変わっても変化しない。
- □ **力のつりあい**：1つの物体に2つ以上の力がはたらいていて，その物体が動かないとき，物体にはたらく力は**つりあっている**という。

▼物体にはたらく力

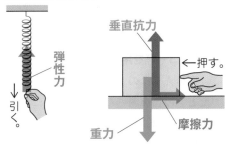

弾性力
引く。

垂直抗力
←押す。
摩擦力
重力

▼力の大きさとばねの伸びの関係

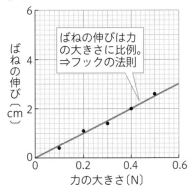

ばねの伸びは力の大きさに比例。
⇒フックの法則

ばねの伸び〔cm〕
力の大きさ〔N〕

▼力を表す矢印

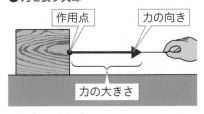

作用点
力の向き
力の大きさ

▼力のつりあい

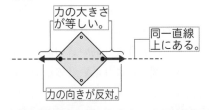

力の大きさが等しい。
同一直線上にある。
力の向きが反対。

1 物体にはたらく力

① 力のはたらきと種類

(1) 力のはたらき

図1からわかるように，力は次のようなはたらきをする。

①物体の形を変える。

②物体を持ち上げたり，支えたりする。

③物体の動き（速さや向き）を変える。

(2) 物体どうしが接しているときにはたらく力

①弾性力（弾性の力）

図2の@のように，ばねを手で伸ばすと，ばねはもとにもどろうとして，ばねが手を引く力が生じる。このように，変形した物体がもとにもどろうとする性質を**弾性**といい，弾性によって生じる力を**弾性力**（または**弾性の力**）という。

②垂直抗力

図2の⑥のように，物体を机の上に置くと，机が物体を支える力が生じる。このように，面に接している物体に，面から垂直にはたらく力を**垂直抗力**という。[1]

③摩擦力（摩擦の力）

図2の©のように，机の上の物体を横から押すと，物体と机の間に，物体の動きを止める向きに力がはたらく。このように，物体が接している面の間で，物体の動きを妨げるようにはたらく力を**摩擦力**（または摩擦の力）という。[2]

▼図2 接しているときにはたらく力[3]

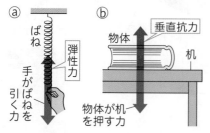

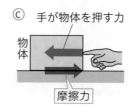

▼図1 力のはたらき

①

②

③

❶垂直抗力は弾性力

垂直抗力は，わずかに変形した物体（この場合は机）がもとにもどろうとしてはたらくので，弾性力である。

❷摩擦力の大きさ

摩擦力の大きさは，接している物体の材質や，物体の表面の状態によって変わる。なめらかですべりやすい面ほど，はたらく摩擦力は小さい。

❸張力

下図のように物体を糸でつるすと，糸は物体を支えるために，物体を上向きに引く。このように，ぴんと張った糸やひもなどからはたらく力を張力という。

(3) 物体どうしが離れていてもはたらく力

①重力

　図3の@のように，持ち上げた物体から手をはなすと，物体は地面に向かって落ちていく。これは，地球が物体を引っ張る力がはたらいているからである。このように，地球が物体を，地球の中心に向かって引く力を**重力**という。重力は，地球上のどの場所でも，すべての物体にはたらいている。[4]

②磁石の力(磁力)

　図3の⑥のように，磁石のN極どうし，S極どうしの間にはしりぞけあう力がはたらき，N極とS極の間には引きあう力がはたらく。また，どちらの極でも，鉄を近づけると引きあう力がはたらく。このような力を**磁石の力**(または**磁力**)という。

③電気の力

　図3の©のように，セーターなどでこすったプラスチックの定規を，蛇口から流れ落ちる水に近づけると，水が定規に引き寄せられる。これは，こすった定規に電気がたまり，水を引きつけたからである。このように，物体どうしをこすりあわせると電気がたまることではたらく，互いに引きあったり，しりぞけあったりする力を**電気の力**(または**電気力**)という。

④鉛直方向
物体にはたらく重力の方向(物体を糸でつるしたときの糸の方向)を，鉛直方向ということがある。鉛直方向は，水平面に対して垂直の方向である。

小学校の復習
●磁石の異なる極どうしを近づけると引きあい，同じ極どうしを近づけるとしりぞけあう。

髪の毛をこすった下敷きを持ち上げると髪の毛が立つのも，電気の力によるんだね。

▼図3 離れていてもはたらく力

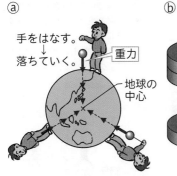

@　手をはなす。　落ちていく。　重力　地球の中心

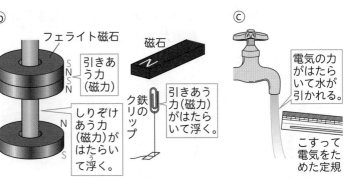

⑥　フェライト磁石　引きあう力(磁力)　しりぞけあう力(磁力)がはたらいて浮く。　磁石　鉄のクリップ　引きあう力(磁力)がはたらいて浮く。

©　電気の力がはたらいて水が引かれる。　こすって電気をためた定規

② 力の大きさとはかり方

(1) 力の大きさと単位

①力の大きさ

図4のように，おもりをつるしたばねと，手で引いたばねの伸びが同じとき，手がばねを引く力の大きさは，おもりにはたらく重力の大きさに等しいといえる。このように，重力を基準にして比べると，力の大きさを知ることができる。

②力の大きさの単位

力の大きさを表す単位には，**ニュートン**❺(記号**N**)が使われる。1Nは，約100gの物体にはたらく重力の大きさに等しい。

例 250gの物体にはたらく重力の大きさは2.5N，1kg(1000g)の物体にはたらく重力の大きさは10Nである。❻

(2) 力のはかり方

①力の大きさとばねの伸びの関係

力の大きさとばねの伸びの関係がわかれば，このばねを使って，物体にはたらく力の大きさをはかることができる。強さが異なる2種類のばねを使って，力の大きさとばねの伸びの関係を調べると，図5のようになる。

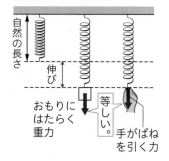

▼図4 ばねの伸びと力

❺1ニュートン

100gの物体にはたらく重力は，正確には約0.98Nである。本書では，100gの物体にはたらく重力の大きさを1Nと考えることにする。

❻力の大きさの求め方

100gの物体にはたらく重力を1Nとすると，250g，1000gの物体にはたらく重力はそれぞれ，次のように求められる。

$$1 (N) \times \frac{250}{100} = 2.5 (N)$$

$$1 (N) \times \frac{1000}{100} = 10 (N)$$

▼図5 力の大きさとばねの伸びの関係

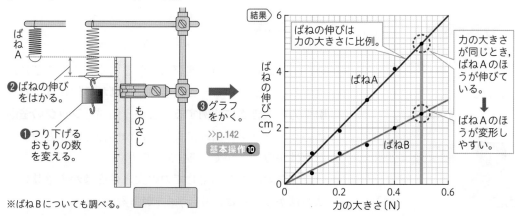

※ばねBについても調べる。

① 横軸に変化させた量，縦軸に変化した量をとり，軸の名称と単位をかく。

② 測定値がすべておさまるように，それぞれの軸に等間隔に目盛りをつける。

③ 測定値を・や▪などの印ではっきりと正確に記入する。

④ 測定値の印の並び方から，直線かなめらかな曲線かを判断し，グラフの線をかく。

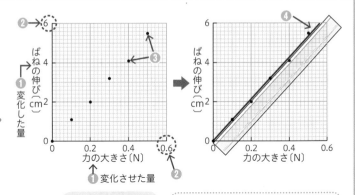

おもりの数を変えるから，力の大きさを横軸にとるんだね！

ポイント グラフの線を引くときには，測定値の印が線をはさんで均等にばらつくようにする。

★測定値は，測定方法や測定器具の影響で，真の値からずれてしまう。このときの，真の値と測定値の差を誤差という。
誤差を小さくするには，
・測定器具の置き方や調整のしかたが正しいかを確認する。
・くり返し測定し，大きく外れた値を除いて平均をとる。

注意！ 測定値には誤差が含まれているので，折れ線で引いてはいけない。

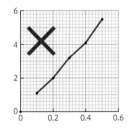

グラフの利点
・変化のようすや規則性がよくわかる。
・測定値以外についても，その値を推測することができる。

小学校の算数の復習

● △の値が2倍，3倍，…になると，それに伴って□の値も2倍，3倍，…になるとき，□は△に比例するという。

数学でも，比例のグラフは原点を通る直線になることを学習するよ！

②フックの法則

前ページの**図5**で，グラフが原点を通る直線になっていることから，ばねの伸びはばねを引く力の大きさに比例することがわかる。このように，**ばねの伸びはばねを引く力の大きさに比例する**，という関係を**フックの法則**という。フックの法則により，ばねの伸びから力の大きさをはかることができる。

フックの法則を利用して力の大きさをはかる道具には，ばねばかりや台ばかり（>>p.146）がある。

例題⑬ 〖作図〗 力の大きさとばねの伸びのグラフ

表は，あるばねを引く力の大きさとばねの伸びの関係を調べた結果である。この関係を表すグラフを，図にかきなさい。

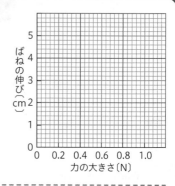

力の大きさ〔N〕	0.2	0.4	0.6	0.8	1.0
ばねの伸び〔cm〕	1.1	1.9	2.9	4.0	5.1

解き方

表の測定値を点（・）などの印ではっきりと正確に記入すると，印の並び方から，直線のグラフになると判断できる。よって，すべての印のなるべく近くを通るように直線を引く。

誤差があるから折れ線グラフにしないんだよね！

〖解答〗

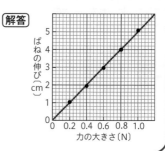

例題⑭ 〖計算〗 フックの法則の利用

あるばねAに40gのおもりをつるすと，ばねAの伸びは10cmであった。

(1) ばねAに100gのおもりをつるすと，ばねAの伸びは何cmになるか。

(2) ばねAの伸びが8cmのとき，ばねAにつるしたおもりは何gか。

💡ヒント (1) 求めるばねの伸びを$x$cmとして，比例式「△g：□cm＝▲g：$x$cm」を立ててみよう。

解き方

(1) 求めるばねAの伸びを$x$cmとすると，40〔g〕：10〔cm〕＝100〔g〕：x〔cm〕という比例式が成りたつ。比例式には，$\boxed{a:b=c:d \text{ のとき，} ad=bc}$ という性質があるから，

40〔g〕×x〔cm〕＝10〔cm〕×100〔g〕より，$x=10〔\text{cm}〕×\dfrac{100〔\text{g}〕}{40〔\text{g}〕}=25$〔cm〕 〖解答〗 25cm

(2) ばねAにつるしたおもりをygとすると，40〔g〕：10〔cm〕＝y〔g〕：8〔cm〕という比例式が成りたつ。比例式の性質より，$y=40〔\text{g}〕×\dfrac{8〔\text{cm}〕}{10〔\text{cm}〕}=32$〔g〕 〖解答〗 32g

2 力の表し方と２力のつりあい

① 力の表し方

(1) 力の三要素

力のはたらきは，**力がはたらく点**（**作用点**という），**力の大きさ**，**力の向き**によって変わってくる。この３つの要素を，**力の三要素**という。

(2) 力の表し方

①力を表す矢印

力を表すには，**図6**のように，**作用点**を矢印の始点にして，**力の向き**を矢印の向きにし，**力の大きさ**を矢印の長さで表す。

❼作用線
力を表す矢印を含む直線を，作用線という。

発展 ❽作用点の移動と作用線
作用線が変わらなければ，作用点の位置を移動させても，力のはたらきは同じである。

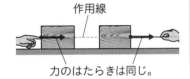

作用線

力のはたらきは同じ。

▼図6 力を表す矢印

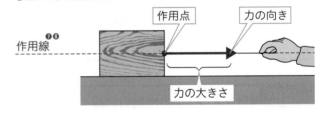

②いろいろな力の表し方

力の矢印では，**図7**のように，矢印の長さを力の大きさに比例した長さにする。また，**図8**のように，手のひら全体で物体を押す力（面で押す力）や重力を表すときは，作用点を面の中心や物体の中心にして，１本の矢印で表す。

▼図7 力の大きさと矢印の長さ

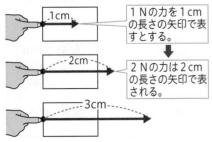

１Nの力を1cmの長さの矢印で表すとする。

↓

２Nの力は2cmの長さの矢印で表される。

▼図8 面で押す力と重力の表し方

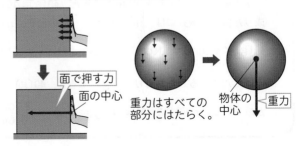

面で押す力
面の中心

重力はすべての部分にはたらく。

物体の中心

重力

(3) 力の見つけ方と表し方

物体にはたらいている力を見つけて矢印で表すには、**どの物体にはたらく力に着目するのか**をはっきりと決めてから、**力とその作用点を見つける**とよい。**図9**の@では、おもりにはたらく力に着目し、⑥では、ばねにはたらく力に着目している。

落ち着いて考えよう。

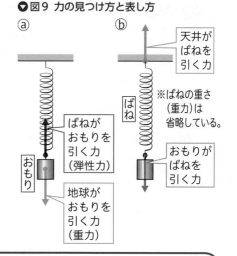
▼図9 力の見つけ方と表し方

@
⑥
天井がばねを引く力
※ばねの重さ（重力）は省略している。
ばね
ばねがおもりを引く力（弾性力）
おもり
おもりがばねを引く力
地球がおもりを引く力（重力）

第12章 力のはたらき

例題⑮ 《作図》いろいろな物体にはたらく力

次の①〜③の物体にはたらく力を、それぞれ力の矢印で表しなさい。ただし、図の・を作用点とし、方眼の1目盛りを1Nとする。

①机の面が物体を支える3Nの力　②手が壁を垂直に押す4Nの力　③2Nの物体にはたらく重力

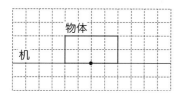
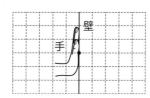
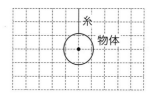

解き方

① 机の面が垂直に物体を押す垂直抗力である。3Nの力なので、3目盛りの矢印で表す。

② 手のひら全体で壁を押しているが、手の面の中心を作用点にして、1本の矢印（4目盛り）で表す。

③ 重力は物体全体にはたらいているが、物体の中心を作用点にして、1本の矢印（2目盛り）で表す。

解答

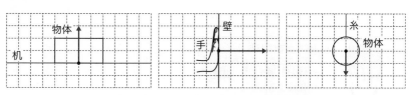

例題

●ものには重さがある。
●置き方を変えても，形を変えても，ものの重さは変わらない。

❾無重力状態での重さ
物体に重力がはたらかない状態を，無重力状態(無重量状態)という。無重力状態では，物体を持っても重さを感じず，また，物体から手をはなしても物体は落下せず浮いたままになる。

❿月面上の重力
月面上の重力は，月の中心に向かってはたらく。

⓫無重力状態での質量
無重力状態では，上皿てんびんを用いても質量をはかることはできない。

（4）重力と質量

①重力

　重さ，つまり**物体にはたらく重力の大きさ**は，ばねばかりや台ばかりではかることができる❾。

　同じ物体でも，その重さは場所によって異なる。例えば，月面上の重力の大きさ❿は地球上の約 $\frac{1}{6}$ なので，図10のように，地球上では6Nの物体の重さを月面上ではかると，地球上の約 $\frac{1}{6}$ の1Nになる。

②質量

　場所が変わっても，その物体をつくっている物質の量が変わるわけではない。場所が変わっても変化しない**物質そのものの量を質量**という。質量の単位には，**グラム**（記号**g**）や**キログラム**（記号**kg**）などが使われる。物体の質量は，上皿てんびんを用いて，基準となる分銅の質量と比べるとはかることができる⓫。

　図10のように，月面上では，物体にはたらく重力も分銅にはたらく重力も地球上の約 $\frac{1}{6}$ になるので，地球上で600gを示す物体を月面上ではかっても600gとなる。

▼**図10 地球上と月面上での重さと質量**

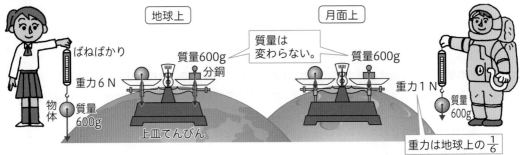

日常生活では「重さ」を「質量」の意味で使うことがあるけど，理科では「重さ」と「質量」は区別して使うんだね。

② 2力のつりあい

(1) 力のつりあい

　綱引きで，両方のチームが綱を引いていても，綱が動かないときがある。このように，**1つの物体に2つ以上の力がはたらいていて，その物体が動かないとき**，物体にはたらく力は**つりあっている**という。

(2) 2つの力（2力）がつりあう条件

　図11のようにして調べると，2力がつりあうためには，次の3つの条件が必要であることがわかる。

> **2力がつりあう条件**
> ①2力の大きさは等しい。
> ②2力の向きは反対である。
> ③2力は同一直線上にある（作用線が一致する）。

(3) いろいろな2力のつりあい

　図12の@〜©のように，ばねやひもにつるした物体や，机の上に置いた物体が動かないのは，重力とつりあう力が物体にはたらいているからである。また，@のように，机の上に置いた物体に横向きに力を加えても動かないとき，加えた力とつりあう力が物体にはたらいている。

▼図12 いろいろな2力のつりあい

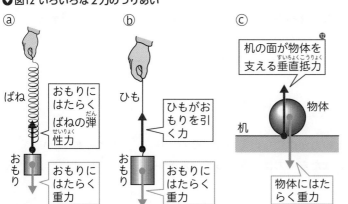

▼図11 2力がつりあう条件

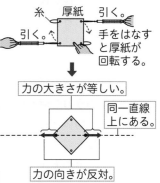

⑫**矢印が重ならないように示す**
重力と垂直抗力のように，一直線上ではたらく力を図示するとき，矢印が重ならないように，少しずらして示すこともある。

☑要点チェック

1 物体にはたらく力

- [ ] (1) ①変形したものがもとにもどろうとする性質を何というか。また，②その性質によって生じる力を何というか。 >>p.139

- [ ] (2) 物体を面に置いたとき，面が物体を垂直に押す力を何というか。>>p.139

- [ ] (3) 物体が接している面の間で，物体の動きを妨げるようにはたらく力を何というか。>>p.139

- [ ] (4) 地球が物体を，地球の中心に向かって引く力を何というか。>>p.140

- [ ] (5) 磁石の極と極の間にはたらく力や，磁石の極と鉄が引きあう力を何というか。>>p.140

- [ ] (6) 物体どうしをこすり合わせたとき，電気がたまることではたらく力を何というか。>>p.140

- [ ] (7) 力の大きさを表す単位は何か。>>p.141

- [ ] (8) 100 gの物体にはたらく重力の大きさを1 Nとすると，300gの物体にはたらく重力の大きさは何Nか。>>p.141

- [ ] (9) ばねの伸びはばねを引く力の大きさに比例する，という関係を何というか。>>p.142

2 力の表し方と2力のつりあい

- [ ] (10) ①力がはたらく点を何というか。また，②力がはたらく点，力の大きさ，力の向きの3つをあわせて何というか。 >>p.144

- [ ] (11) 地球上で9 Nの物体の重さを月面上ではかると約何Nか。>>p.146

- [ ] (12) 場所が変わっても変化しない，物質そのものの量を何というか。>>p.146

- [ ] (13) 1つの物体に2つ以上の力がはたらいていて，その物体が動かないとき，物体にはたらく力はどうなっているというか。>>p.147

解 答

(1) ① 弾性
　　② 弾性力(弾性の力)

(2) 垂直抗力

(3) 摩擦力(摩擦の力)

(4) 重力

(5) 磁石の力(磁力)

(6) 電気の力(電気力)

(7) ニュートン(N)

(8) 3 N

(9) フックの法則

(10) ① 作用点
　　② 力の三要素

(11) 1.5N

(12) 質量

(13) つりあっている。

定期試験対策問題　解答 ➡ p.217

1 力のはたらきと種類 >>p.139, 140

物体にはたらく力と，力のはたらき方について，次の問いに答えなさい。

(1) 図1のA～Cは，物体に力がは
たらいているようすを表してい
る。A～Cでの力のはたらきとし
て正しいものは，それぞれ次のア
～ウのどれか。

ア　物体の形を変える。

イ　物体を支える。

ウ　物体の運動のようすを変える。

図1　A　B　C

箱の上に座った　ラケットでボール　天井から，ひもで
ら箱がつぶれた。　を打ちかえした。　かごをつるした。

(2) 図2のように，ばねを手で引くと，ばねはもと
にもどろうとして手に力㋐を加えた。この力㋐を
何というか。

(3) 図3のように，水平面上で物体を押すと，物体
と水平面の間に，物体の動く向きと反対向きに力
㋑がはたらいた。この力㋑を何というか。

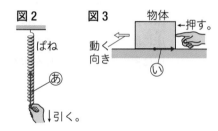

図2　ばね　㋐　↓引く。

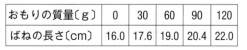

図3　物体　押す。　動く向き　㋑

2 力の大きさとばねののびの関係 >>p.141～143

いろいろな質量のおもりをばねにつるし，そ
のつどばねの長さを測定したところ，表のよう
な結果が得られた。次の問いに答えなさい。

おもりの質量〔g〕	0	30	60	90	120
ばねの長さ〔cm〕	16.0	17.6	19.0	20.4	22.0

(1) おもりの質量とばねの伸びとの関係を，図にグラフで表し
なさい。

(2) (1)のグラフから，ばねを引く力の大きさと，ばねの伸びと
の間にはどのような関係があるといえるか。

(3) このばねに，50gのおもりをつるしたとき，ばねの伸びは
何cmになるか。

(4) このばねにおもりをつるすと，ばねの伸びは12cmになっ
た。ばねにつるしたおもりの質量は何gか。

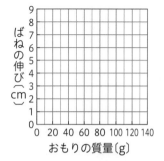

ばねの伸び〔cm〕　おもりの質量〔g〕

💡ヒント

(1) おもりの質量が0gのとき，
ばねの伸びは0cmである。

3 力の表し方 >>p.144, 145

力の表し方について，次の問いに答えなさい。

(1) **図1**は，水平面上のA〜Dの各点にはたらい
ている力を，方眼紙に矢印で記録したもので，
方眼の1目盛りは5Nの力を表している。

① はたらいている力の大きさが最も大きい点
は，A〜Dのどれか。

② 同じ大きさの力がはたらいている点は，A
〜Dのどれか。2つ選びなさい。

③ 点Cにはたらいている力の大きさは何Nか。

図1

(2) 次の①〜④の力を，10Nの力の大きさを1cmとして，**図2**にそれぞれ矢印で表しなさい。
ただし，100gの物体にはたらく重力の大きさを1Nとする。

① 床に置いた物体を糸で水平に引くとき，糸が物体を引く20Nの力。

② 床に置いた1kgの物体にはたらく重力。

③ 床に置いた1kgの物体が床を押す力。

④ 床に置いた1kgの物体を床が支えている力。

> 💡ヒント
> (2) ②と③は，力の大きさは同
> じで，作用点が異なる。

図2 ① 物体 糸 床 ② ③ ④

4 2力のつりあい >>p.147

2力のつりあいについて，次の問いに答えなさい。

(1) **図1**は，正方形の厚紙の端に小さな穴をあけて糸
を通し，水平な机の上に置いて，2つの方向から同
じ大きさの力で厚紙を引いたようすを表している。

① 厚紙にはたらく2力がつりあっているものは，
図のA〜Dのどれか。2つ選びなさい。

② 厚紙が回転するように動いた後に2力がつりあ
うものは，図のA〜Dのどれか。

(2) **図2**のように，机の上に本が置いてあり，本には重力が
はたらいている。

① 重力とつりあう力を何というか。

② ①の力を，図に矢印で表しなさい。

図1

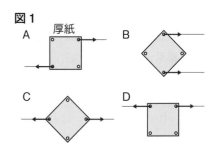

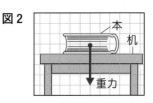

図2

第4編

大地の変化

第13章

火　　山 **152**

1 火山の活動
2 鉱物と火成岩

●定期試験対策問題 162

第14章

地　　震 **164**

1 地震のゆれとその伝わり方
2 地震が起こるしくみと地形の変化

●定期試験対策問題 178

第15章

地　　層 **180**

1 地層のでき方
2 地層からわかる過去のようす

●定期試験対策問題 191

要点のまとめ

> 岩石がとけるほど
> の熱って，何℃く
> らいだろう？

1 火山の活動 ≫p.153

- □ **マグマ**：地球内部の熱によって**地下の岩石がどろどろにとけたもの**。
- □ **火山噴出物**：噴火によってふき出された，**マグマからできたもの**。
- □ **溶岩**：マグマが**地表に流れ出たもの**や，マグマが**地表で冷え固まったもの**。
- □ **火山ガス**：マグマから出てきた気体。**大部分は水蒸気**である。

▼マグマのねばりけと火山の特徴

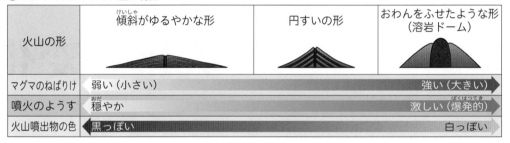

火山の形	傾斜がゆるやかな形	円すいの形	おわんをふせたような形（溶岩ドーム）
マグマのねばりけ	弱い（小さい）		強い（大きい）
噴火のようす	穏やか		激しい（爆発的）
火山噴出物の色	黒っぽい		白っぽい

2 鉱物と火成岩 ≫p.156

- □ **鉱物**：マグマが冷え固まってできた粒のうち，**結晶になったもの**。**無色鉱物**と**有色鉱物**に
  分けられる。

▼おもな鉱物

鉱物	無色鉱物		有色鉱物				
	チョウ石（長石）	セキエイ（石英）	クロウンモ（黒雲母）	カクセン石（角閃石）	キ石（輝石）	カンラン石	磁鉄鉱

- □ **火成岩**：マグマが冷え固まってできた岩石。
  火山岩と**深成岩**に分けられる。

- □ **火山岩**：マグマが**上昇**し，**地表付近や地表で急
  に冷え固まった岩石**。**斑状組織**をしている。

- □ **深成岩**：マグマが**地下深くでゆっくり冷え固ま
  った岩石**。**等粒状組織**をしている。

▼火成岩のつくり

火山岩
（斑状組織）

斑晶

石基

深成岩
（等粒状組織）

1 火山の活動

① マグマと火山噴出物

(1) マグマと噴火・火山

地球内部の熱によって**地下の岩石がどろどろにとけたもの**を**マグマ**といい，マグマが上昇して地表にふき出すことを**噴火**[1]，噴火によってできた山を**火山**という（**図１**）。

(2) 火山噴出物

噴火によってふき出された，マグマがもとになってできたものを**火山噴出物**という。火山噴出物には，**図１**のように，**溶岩**や**火山灰**，**火山れき**，**火山弾**，**軽石**，**火山ガス**などがある。[2]

①**溶岩**

マグマが地表に流れ出たものや，マグマが地表で冷え固まったものを**溶岩**という。マグマから気体成分が抜け出したあとが，穴になって残っている。

②**火山ガス**

マグマから出てきた気体を**火山ガス**という。火山ガスの**大部分は水蒸気**で，二酸化炭素や二酸化硫黄，硫化水素なども含まれる。

▼図１ 火山の噴火と火山噴出物

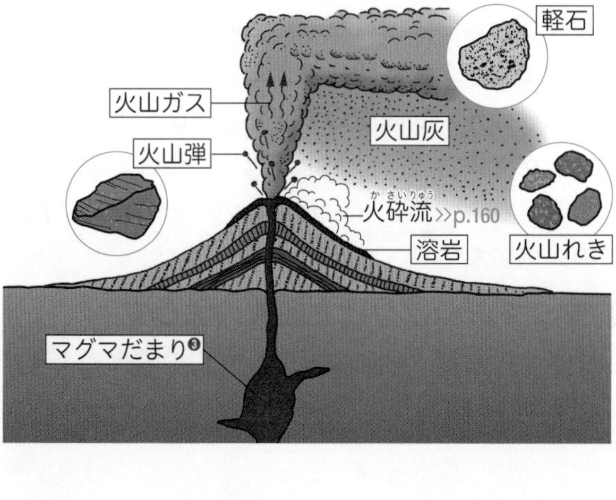

小学校の復習

- 火山が噴火すると，溶岩が流れ出したり，火山灰がふき出したりする。

❶噴火が起こるしくみ
地下のマグマにとけこんでいる水や二酸化炭素が気泡となって現れ始めると，マグマは膨張して密度（>>p.57）が小さくなり，上昇する。マグマが地表付近まで上昇するにつれて，さらに気泡が大きくなって爆発的に膨張し，地表付近の岩石をふき飛ばして噴火が起こる。

❷いろいろな火山噴出物
火山灰と火山れきは，粒の大きさによって区分されており，直径２mm以上のものを火山れきという。また，火山弾や軽石は，見かけの形状の違いを示す名称である。
火山弾：ふき飛ばされたマグマが空中で冷え固まったものである。
軽石：白っぽく，表面に小さな穴（気体成分が抜け出したあと）がたくさんあいていて軽い。表面の特性を利用して，かかとをこする道具としても利用されている。

❸マグマだまり
火山の地下数～10kmの深さのところには，マグマだまりがある。地下深くから上昇してきたマグマは，マグマだまりに一時たくわえられる。

② マグマのねばりけと火山の特徴

(1) マグマのねばりけ(流れにくさ)

マグマには，ねばりけが弱い(小さい)ものや，ねばりけが強い(大きい)ものがある。

①ねばりけが弱いマグマ

ねばりけが弱いマグマは，**流れやすい**。このようなマグマからできた火山噴出物は，**黒っぽい色**になることが多い。

②ねばりけが強いマグマ

ねばりけが強いマグマは，**流れにくい**。このようなマグマからできた火山噴出物は，**白っぽい色**になることが多い。

(2) マグマのねばりけと火山の形

マグマのねばりけによって，火山の形が違ってくる(図2)。

①ねばりけが弱いマグマと火山の形

マグマのねばりけが弱いと，溶岩はうすく広がって流れる。このような溶岩が積み重なると，**傾斜がゆるやかな形**の火山になる。

②ねばりけが強いマグマと火山の形

マグマのねばりけが強いと，溶岩は広がりにくい。そのため，溶岩が火口付近に盛り上がって，**おわんをふせたような形**の火山になる。このとき，火口付近に溶岩のかたまりがドーム状にできたものを，**溶岩ドーム**という。

③ねばりけが中間程度のマグマと火山の形

マグマのねばりけが中間程度の場合，流れ出る溶岩はぶ厚くなってあまり広がらない。そのため，**円すいの形**の火山になる。

(3) マグマのねばりけと噴火のようす

マグマのねばりけによって，火山の噴火のようすが違ってくる(図2)。

発展 ❹**マグマのねばりけを決めるもの**

マグマのねばりけを決めるものは，マグマに含まれる二酸化ケイ素である。二酸化ケイ素を多く含むマグマほど，ねばりけが強い。

❺**溶岩の表面のようす**

ねばりけが弱いマグマでは，溶岩の表面はふつうなめらかで，縄状のもようができていることがある。また，ねばりけが強いマグマでは，溶岩の表面はごつごつしている。

❻**傾斜がゆるやかな形の火山**

日本には，「傾斜がゆるやかな形」に分類される火山は見られないといわれている。

❼**火山の形の名称**

「傾斜がゆるやかな形」の火山を楯状火山，「おわんをふせたような形」の火山を鐘状火山，「円すいの形」の火山を成層火山とよぶことがある。

①ねばりけが弱いマグマと噴火のようす

マグマのねばりけが弱いと，火山ガスがマグマから抜け出しやすいため，激しく噴火することは少なく，**穏やかに溶岩を流し出す**ことが多い。

②ねばりけが強いマグマと噴火のようす

マグマのねばりけが強いと，火山ガスがマグマから抜け出しにくいためにたまり，**激しく爆発的な噴火**になることが多い。

③ねばりけが中間程度のマグマと噴火のようす

マグマのねばりけが中間程度の場合，ねばりけが弱いマグマに比べて，火山ガスがマグマから抜け出しにくいため，**爆発的な噴火と穏やかな噴火を交互にくり返す**ことが多い。⑧

❽**ねばりけが弱いマグマがつくる成層火山**

マグマのねばりけが弱いマグマでも，さまざまな理由で火山ガスが十分に抜け出さず，爆発的な噴火を起こすことがある。このため，円すいの形の成層火山の中には，上の富士山(静岡県・山梨県)や伊豆大島の三原山(東京都)のように，ねばりけが弱いマグマでつくられたものもある。

◆図2　マグマのねばりけと火山の特徴

	マウナロア(アメリカ ハワイ島)	桜島(鹿児島県)	雲仙普賢岳(長崎県)
火山の例	キラウエア(アメリカ ハワイ島) マウナケア(アメリカ ハワイ島)	浅間山(長野県・群馬県)	昭和新山(北海道) 有珠山(北海道)
火山の形	傾斜がゆるやかな形	円すいの形	おわんをふせたような形 (溶岩ドーム)
マグマのねばりけ	弱い(小さい) →		強い(大きい)
噴火のようす	穏やか →		激しい(爆発的)
火山噴出物の色	黒っぽい →		白っぽい

❷ 鉱物と火成岩

① 鉱物

(1) 火山灰の観察

火山噴出物である火山灰を**図3**のようにして観察することで，マグマの成分を調べることができる。

▼図3 火山灰の観察

❶蒸発皿に火山灰と水を入れる。

❷指の腹で軽く押し洗いをする。

❸にごった水を流す。

❹再び水を入れる。

❺水がきれいになるまで，❷～❹をくり返す。

❻残った粒を乾燥させてペトリ皿に移し，ルーペや双眼実体顕微鏡で観察する。

(2) 鉱物と火山灰の色

図3の観察で，火山灰は色や形の違う何種類かの粒に分けることができる。これらの粒はマグマが冷え固まってできたものなので，粒の種類や量の違いはマグマの成分の違いによるものである。この粒のうち，**結晶になったもの**❿を**鉱物**という。鉱物は，**図4**のように，**無色鉱物**（白色鉱物）と**有色鉱物**に分けられる。

無色鉱物を多く含む火山灰は白っぽく，有色鉱物を多く含む火山灰は黒っぽい。❶

小学校の復習

●火山灰の粒は，角ばったものが多く，黒色や茶色，白色，透明なものなどがある。

「結晶」はp83で学習したね！

❾結晶
いくつかの平面で囲まれた，規則正しい形をした物質を結晶という。

❿結晶になっていない粒
火山灰には，鉱物以外に，マグマが急に冷やされて結晶になっていないガラス質の粒（火山ガラス）が含まれることがある。

❶マグマのねばりけと火山灰
キラウエアなどマグマのねばりけが弱い火山では，火山灰はほとんど出ない。

▼図4 おもな鉱物の特徴

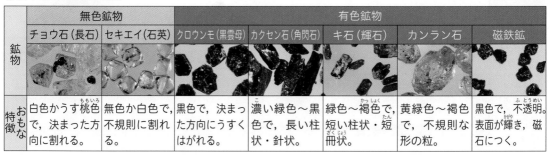

鉱物	無色鉱物		有色鉱物				
	チョウ石（長石）	セキエイ（石英）	クロウンモ（黒雲母）	カクセン石（角閃石）	キ石（輝石）	カンラン石	磁鉄鉱
鉱物							
おもな特徴	白色かうす桃色で，決まった方向に割れる。	無色か白色で，不規則に割れる。	黒色で，決まった方向にうすくはがれる。	濃い緑色～黒色で，長い柱状・針状。	緑色～褐色で，短い柱状・短冊状。	黄緑色～褐色で，不規則な形の粒。	黒色で，不透明。表面が輝き，磁石につく。

156

② 火成岩

(1) 火成岩

マグマが冷え固まってできた岩石を**火成岩**という。火成岩は，マグマの冷え方の違いによって，**火山岩**と**深成岩**に分けられる。

①火山岩

マグマが地表付近まで上昇し，**地表付近や地表で急に冷え固まった岩石**を**火山岩**という。⑫

②深成岩

マグマが**地下の深いところでゆっくり冷え固まった岩石**を**深成岩**という。

(2) 火成岩のつくり

火成岩の表面をルーペなどで観察すると，火山岩と深成岩のつくりには**図5**のような違いがあることがわかる。

①火山岩のつくり(斑状組織)

火山岩は，**図5**のⓐのように，形がわからないほどの**細かい粒などでできた部分(石基)に，比較的大きな鉱物の結晶(斑晶)が斑点状に散らばったつくり**をしている。このようなつくりを**斑状組織**という。

②深成岩のつくり(等粒状組織)

深成岩は，**図5**のⓑのように，石基がなく，**肉眼でも見分けられるぐらいの大きさの鉱物が組み合わさったつくり**をしている。このようなつくりを**等粒状組織**という。

⑫溶岩も火山岩
溶岩や軽石，火山弾などの火山噴出物も，地表にふき出したマグマが冷え固まったものなので，火山岩のなかまである。

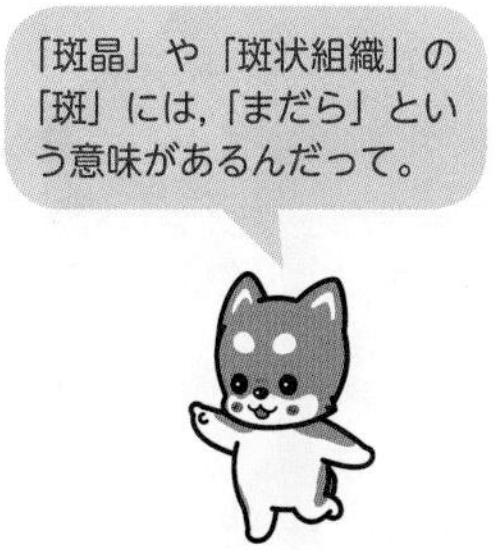

「斑晶」や「斑状組織」の「斑」には，「まだら」という意味があるんだって。

図5 火成岩のつくりの観察

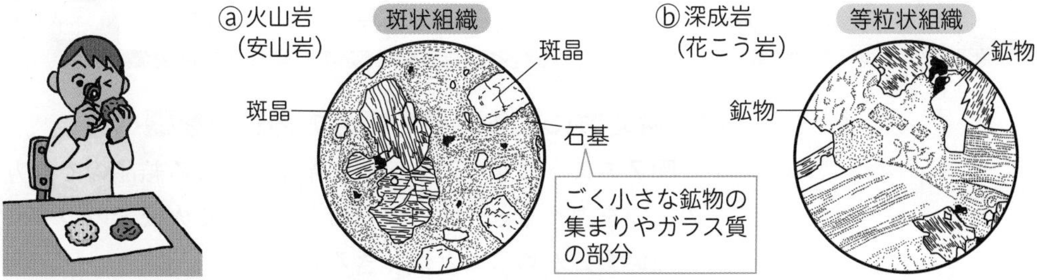

ⓐ火山岩
(安山岩)
斑状組織
斑晶
斑晶
石基
ごく小さな鉱物の集まりやガラス質の部分
ⓑ深成岩
(花こう岩)
等粒状組織
鉱物
鉱物

(3) 火山岩と深成岩のつくりが違うわけ

火山岩と深成岩のつくりが違うのは，でき方（冷え固まるまでの時間）が大きく異なるからである。

①火山岩のでき方

図6の⑧のように，マグマが地下深くにあるとき，マグマはゆっくり冷やされるため，鉱物が成長して**斑晶**ができる。この斑晶を含んだマグマが上昇し，地表や地表付近で**急に冷え固まる**と，小さいままの鉱物やガラス質の部分（**石基**）ができる。

このように，火山岩ではほとんどの鉱物が大きな結晶に成長できないため，**斑状組織**をしている。

②深成岩のでき方

図6の⑥のように，地下深くにあるマグマが，何十万年もの時間をかけて**ゆっくり冷え固まる**と，それぞれの鉱物が十分に成長し，**等粒状組織**をもつ深成岩ができる。[13]

火山岩では，地下深くで斑晶ができた後，上昇して石基ができるんだね。

⑬地表で見られる深成岩
大地が上昇して地表部分が削られると，地下深くにあった深成岩が地表で見られるようになる。

▼図6 火山岩と深成岩のでき方

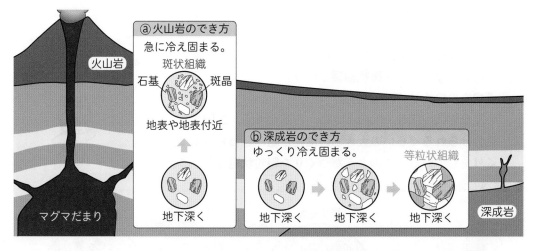

(4) 冷え方による結晶のでき方の違いを調べる

図7のようにして，水溶液の冷え方による結晶のでき方の違いを調べると，マグマの冷え方による火成岩のつくりの違いを確かめることができる。

158

◆ 図7 冷え方による結晶のでき方の違いを調べる実験

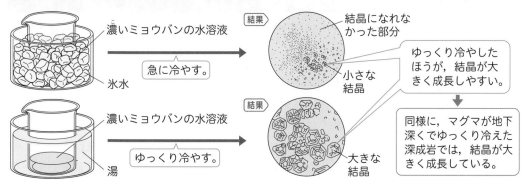

濃いミョウバンの水溶液

急に冷やす。

氷水

結果

結晶になれな
かった部分

小さな
結晶

濃いミョウバンの水溶液

ゆっくり冷やす。

湯

結果

大きな
結晶

ゆっくり冷やした
ほうが，結晶が大
きく成長しやすい。

同様に，マグマが地下
深くでゆっくり冷えた
深成岩では，結晶が大
きく成長している。

(5) いろいろな火成岩

　火山岩と深成岩は，含まれる鉱物の種類と割合によって，
図8のように分けられる。無色鉱物を多く含む火成岩は白
っぽく，有色鉱物を多く含む火成岩は黒っぽく見える。[14]

[14] 火成岩と火山灰に含まれる鉱物
同じマグマからできた火成岩と火
山灰は，含まれる鉱物の種類やそ
の割合が似ている。

◆ 図8 いろいろな火成岩　≫巻末資料③

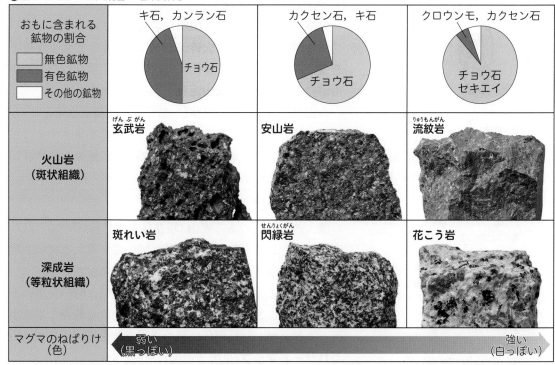

おもに含まれる 鉱物の割合 □ 無色鉱物 ■ 有色鉱物 □ その他の鉱物	キ石，カンラン石 チョウ石	カクセン石，キ石 チョウ石	クロウンモ，カクセン石 チョウ石 セキエイ
火山岩 （斑状組織）	玄武岩	安山岩	流紋岩
深成岩 （等粒状組織）	斑れい岩	閃緑岩	花こう岩
マグマのねばりけ （色）	弱い （黒っぽい） ←――――――――――――――→ 強い （白っぽい）		

小学校の復習

●火山の噴火によって，大地のようすが変化したり，さまざまな災害が起こったりする。

火山は災害ばかりが目立ってしまうけど，ぼくたちの生活の役にも立っているんだね。

⑮地熱発電

地下のマグマだまりの熱を利用して，電気を発生させることを地熱発電という。

「地熱発電」は3年生で学習するよ。

⑯火砕流

高温の溶岩の破片，火山灰，火山ガスが一体となって，山の斜面を高速で流れ下る現象を火砕流という。

⑰火山泥流

火山噴出物が厚く積もった山の斜面に雨が降ったり，山に積もった雪が火山噴出物によってとけたりすると，火山噴出物と水が一体となって流れ下る。この現象を火山泥流という。

⑱活火山

およそ1万年以内に噴火したことがある火山や，現在活発に活動している火山を，活火山という。

---

③ 火山の恵みと災害

火山活動は，私たちに恵みをもたらす一方で，さまざまな災害ももたらす。

(1) 火山による恵み

火山は**美しい景色**をつくり出すため，日本の国立公園の多くは火山地域にある。さらに，マグマの熱によって地下水があたためられるため，火山地域には**温泉**が多い。このような美しい景色や温泉を，私たちは**観光資源**として利用している。マグマの熱による地下の水蒸気や高温の温泉水は，**地熱発電**⑮にも利用されている。

火山岩や火山灰は，長い時間をかけて風化（≫p.181）し，カリウムやリンなどの**ミネラル成分に富んだ土壌**となって，農作物の栽培に役立っている。

(2) 火山による災害

火山が噴火すると，**火山灰**や**溶岩流**によって家屋や道路，農作物が埋もれたり，**火砕流**⑯が起こったりして大きな被害を受けることがある。また，火山灰が厚く積もった斜面に雨が降るなどして，**火山泥流**⑰が起こることがある。

火山ガスは，有毒な気体（二酸化硫黄や硫化水素など）も含み，吸いこむと気管支などの障害や中毒を発生することがあるため，その濃度が下がるまで遠くに避難しなければならないこともある。

(3) 噴火への備え

噴火のおそれのある火山（現在は全国111の活火山⑱）は，その活動が24時間体制で監視されていて，重大な災害が起こると予想される場合には，**噴火警報**が発表される。

また，過去の噴火の記録をもとにして噴火時の災害の予測を立て，災害が起こるおそれのある危険な範囲や避難場所・避難経路，防災関係施設の場所などを地図上にまとめた**ハザードマップ**（災害予測図）が作成されている。

☑ 要点チェック

1 火山の活動

☐ (1) 地球内部の熱によって，地下の岩石がどろどろにとけたものを何というか。≫p.153

(1) マグマ

☐ (2) 噴火によってふき出された，マグマがもとになってできたものを何というか。≫p.153

(2) 火山噴出物

☐ (3) マグマが地表に流れ出たものや，マグマが地表で冷え固まったものを何というか。≫p.153

(3) 溶岩

2 鉱物と火成岩

☐ (4) ねばりけが強いマグマは，流れやすいか，流れにくいか。≫p.154

(4) 流れにくい。

☐ (5) ねばりけが弱いマグマからできた火山噴出物の色は，黒っぽいか，白っぽいか。≫p.154

(5) 黒っぽい。

☐ (6) 傾斜がゆるやかな形の火山をつくるマグマのねばりけは，強いか，弱いか。≫p.154

(6) 弱い。

☐ (7) 激しく爆発的な噴火を起こすことが多いマグマのねばりけは，強いか，弱いか。≫p.155

(7) 強い。

☐ (8) マグマが冷え固まってできた粒のうち，結晶になったものを何というか。≫p.156

(8) 鉱物

☐ (9) セキエイ，カクセン石，キ石のうち，無色鉱物はどれか。≫p.156

(9) セキエイ

☐ (10) マグマが冷え固まってできた岩石を何というか。≫p.157

(10) 火成岩

☐ (11) 火成岩のうち，①マグマが地表付近で急に冷え固まった岩石を何というか。また，②マグマが地下深くでゆっくり冷え固まった岩石を何というか。≫p.157

(11) ① 火山岩
    ② 深成岩

☐ (12) ①火山岩のつくりを何というか。また，②深成岩のつくりを何というか。≫p.157

(12) ① 斑状組織
    ② 等粒状組織

☐ (13) 火山岩のつくりで，①比較的大きな鉱物の結晶を何というか。また，②細かい粒などでできた部分を何というか。≫p.157

(13) ① 斑晶
    ② 石基

☐ (14) 安山岩，玄武岩，花こう岩のうち，深成岩はどれか。≫p.159

(14) 花こう岩

定期試験対策問題 解答➡p.218

1 火山と火山噴出物 >>p.153

火山の噴火によってふき出された火山噴出物について，次の問いに答えなさい。

(1) すべての火山噴出物のもととなるものは何か。

(2) 次の①，②に当てはまる火山噴出物は，それぞれあとの**ア～エ**のどれか。

① 火口から流れ出す液体状のもの

② 空気中にふき出された直径 2 mm 以下の小さい粒

　ア 火山れき　　**イ** 火山灰　　**ウ** 溶岩　　**エ** 火山弾

(3) 噴火のときには，気体の火山ガスも出る。この火山ガスに最も多く含まれる気体は何か。

2 マグマのねばりけと火山の特徴 >>p.154, 155

図のA～Cは，代表的な火山の形
を模式的に表したものである。次の
問いに答えなさい。

A
傾斜がゆるやかな形

B
溶岩ドーム

C
円すいの形

(1) A～Cを，マグマのねばりけが強いほうから順に並べなさい。

(2) A～Cのうち，激しく爆発的な噴火をする火山はどれか。

(3) A～Cのうち，火山噴出物の色が最も黒っぽい火山はどれか。

(4) A～Cのような形に当てはまる火山は，それぞれ次の**ア～ウ**のどれか。

　ア 浅間山　　**イ** 雲仙普賢岳　　**ウ** マウナロア

3 火山灰の観察 >>p.154～156

火山灰を採取し，火山灰に含まれる鉱物を観
察した。表は，観察できた鉱物のスケッチとそ
の特徴を表している。次の問いに答えなさい。

(1) 火山灰の洗い方について説明した次の文の
（　　）に当てはまる語句を答えなさい。

　火山灰と水を蒸発皿に入れ，（　　）で押し
洗いし，にごった水を流す。この下線部の操
作を，水がきれいになるまでくり返す。

(2) 表の（ X ）に当てはまる鉱物名を答えなさい。

鉱物名	スケッチ	特徴
セキエイ		無色か白色で，不規則な形をしている。
チョウ石		白色かうす桃色で，決まった方向に割れる。
（ X ）		黒色で，決まった方向にうすくはがれる。

(3) この火山灰には，セキエイやチョウ石が多く含まれていた。

① セキエイやチョウ石のように，白っぽい鉱物を何というか。

② この火山灰を噴出した火山のマグマのねばりけは，どのようであると考えられるか。

4 火成岩のつくりと種類 >>p.157〜159

図1は，2種類の火成岩X，Yを観察し，スケッチしたものである。次の問いに答えなさい。

(1) 火成岩X，Yのような岩石のつくりをそれぞれ何というか。

(2) 火成岩Xのつくりで，a，bの部分をそれぞれ何というか。

(3) 火成岩Yは，マグマがどのように冷え固まってできたか。冷えた場所と冷え方に着目して，簡単に答えなさい。

(4) **図2**は，火成岩の種類と，含まれる鉱物の割合を表したものである。**図1**の火成岩Xにはチョウ石とカクセン石が多く含まれ，火成岩Yにはチョウ石とセキエイが多く含まれていたとすると，火成岩X，Yはそれぞれ何という火成岩であると考えられるか。

図1

火成岩X　　火成岩Y

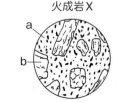

💡ヒント
(3) 鉱物がどれも十分に成長していることから考える。

図2

火成岩の種類			
火山岩	玄武岩	安山岩	流紋岩
深成岩	斑れい岩	閃緑岩	花こう岩

含まれる鉱物の割合

100　　　　　　　　　　　　　　　　　セキエイ

チョウ石

キ石

カンラン石　　カクセン石　　　クロウンモ

0

5 火山の恵みと災害 >>p.160

火山の恵みと災害について，次の問いに答えなさい。

(1) 火山の噴火がもたらす災害について，次の文の（　）に当てはまる語句を答えなさい。

火山が噴火すると，（ ① ）や溶岩によって家屋や道路，畑が埋もれたり，（ ① ）や溶岩の破片が（ ② ）と混じりあい，山の斜面を高速で流れ下る（ ③ ）という現象が起こったりする。また，（ ② ）は有毒な気体を含むため，吸いこむと危険である。

(2) 火山は災害をもたらすことがあるが，一方で恵みももたらしてくれる。火山による恵みの例を，2つ簡単に答えなさい。

要点のまとめ

一問一答
コンテンツ →

1 地震のゆれとその伝わり方　>>p.165

□ **震源と震央**：地震が発生した場所を**震源**といい，
その真上にある地表の地点を**震央**という。

□ **初期微動**：地震のとき初めに起こる小さなゆれ。
速さが速い **P波** が届いて起こる。

□ **主要動**：地震のとき後からくる大きなゆれ。速
さが遅い **S波** が届いて起こる。

□ **初期微動継続時間**：P波 と S波 が届いた時刻
の差。震源からの距離が大きいほど長い。

□ **緊急地震速報**：地震が発生したときに，P波 と
S波 の速さの違いを利用して，大きいゆれがく
ることを事前に知らせる予報・警報。

□ **震度**：ある地点での地震のゆれの大きさ。

□ **マグニチュード**：地震の規模（エネルギーの大きさ）。
記号はMで表される。

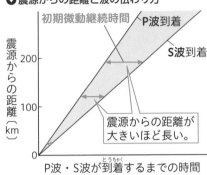

◆ 震源からの距離と波の伝わり方

初期微動継続時間　P波到着

震源からの距離（km）

200

100

0

S波到着

震源からの距離が
大きいほど長い。

P波・S波が到着するまでの時間

震度とマグニチュード
の違いは…

2 地震が起こるしくみと地形の変化　>>p.172

□ **プレート**：地球の表面をおおっている岩盤。

□ **活断層**：今後もくり返し活動して地震
を起こす可能性がある断層。

□ **海溝型地震**：沈みこんだ 海洋プレート
に引きずりこまれた 大陸プレート の先
端が，急激にはね上がるときに起こる。

□ **内陸型地震**：大陸プレート が 海洋プレ
ート に押されて，断層ができたり，活
断層が再びずれたりして起こる。

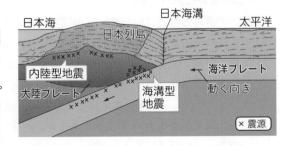

◆ 地震が起こる場所

日本海　　　　　　日本海溝　　太平洋
日本列島

内陸型地震

大陸プレート

海溝型
地震

海洋プレート

動く向き

× 震源

1 地震のゆれとその伝わり方

① 地震のゆれ

(1) 地震とその発生

地球内部の岩石に巨大な力がはたらいて破壊されたとき
に、大地がゆれ動く現象を**地震**という。

①震源

地震が発生した場所を**震源**という（**図1**）。地震はほと
んどの場合、地下で発生する。

②震央

震源の真上にある地表の地点を**震央**という（**図1**）。

(2) 地震計

地震のとき、地面のゆれが時間とともに変化するようす
は、**図2**の@、ⓑのような**地震計**に記録される。地震計は
各地に設置されている。

①地震計のしくみ

地震計では、**図2**のように、地面（記録紙）がゆれても、
おもりとつながった針はほとんど動かない。そのため、
針の先につけたペンで地面のゆれを記録することができ
る。

◆図2 地震計[●]

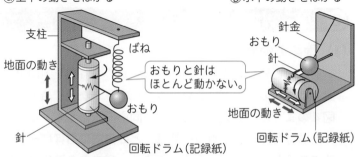

@上下の動きをはかる

ⓑ水平の動きをはかる

支柱

ばね

地面の動き

針

回転ドラム（記録紙）

おもりと針は
ほとんど動かない。

おもり

針金

おもり

針

地面の動き

回転ドラム（記録紙）

小学校の復習

●地震とは、大地がゆれることで
ある。

◆図1 地震に関する名称

震央から震源までの距離を震
源の深さ、観測地点から震源
までの距離を震源距離、観測
地点から震央までの距離を震
央距離という。

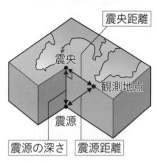

震央距離

震央

観測地点

震源

震源の深さ

震源距離

❶地震のゆれのはかり方

図2のⓑの地震計は、置く向きを
変えることで東西方向と南北方向
のゆれを調べることができる。下
図のように、@を1つ、ⓑを2つ
使って、上下・東西・南北方向の
ゆれを測定している。

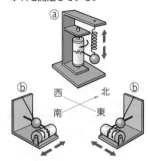

@

ⓑ

ⓑ

西

北

南

東

発展 ❸P波とS波の伝わり方
下図は，ばねを使ってP波とS波
を再現したときのようすである。
P波は進行方向に振動する波で，
縦波とよばれる。S波は進行方向
と垂直に振動する波で，横波とよ
ばれる。

(P波)
ばねの端を進行方向に強く押す。

← 進行方向

振動方向

(S波)
ばねの端を進行方向に対して
垂直にゆらす。

振動方向

← 進行方向

❹P‐S時間
初期微動継続時間のことを，P‐
S時間ということがある。

❺同心円
中心が同じで，半径が異なる円の
ことを同心円という。

(3) 地震のゆれ

　地震のとき，初めに小さなゆれが，その後に大きなゆれが起こり，地震計では**図3**のように記録される。これらのゆれは，**震源で同時に発生**した，**伝わる速さが異なる2種類の波**が，地表まで届いて起こる。

　初めの小さなゆれを**初期微動**といい，速さが速い波（**P波**）が届いて起こる。また，後からくる大きなゆれを**主要動**といい，速さが遅い波（**S波**）が届いて起こる。

▼図3 地震計の記録

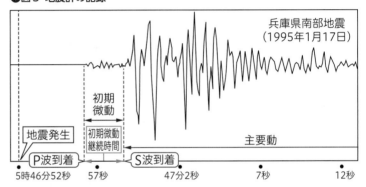

兵庫県南部地震
（1995年1月17日）

初期
微動

初期微動
継続時間

地震発生

主要動

P波到着　　　S波到着

5時46分52秒　　57秒　　47分2秒　　7秒　　12秒

(4) 初期微動継続時間

　ある地点での，**P波とS波が届いた時刻の差**（P波が到着してからS波が到着するまでの時間）を，**初期微動継続時間**という（**図3**）。

② 地震のゆれの伝わり方

(1) 地震のゆれの広がり方

　ある地震について，各地点のゆれ始めの時刻を地図上に記入し，その時刻が等しい地点をなめらかな線で結ぶと，**図4**のように，震央を中心とした**同心円**状になる。これより，震源で発生した地震の波は，どの方向にもほぼ一定の**速さで伝わる**ことがわかる。つまり，**震央から遠い地点ほど，ゆれ始めるまでの時間は長くなる**。

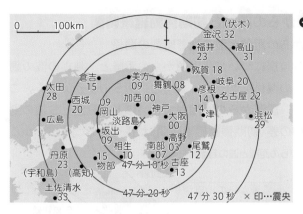

[6]兵庫県南部地震
1995年1月17日の早朝に、淡路島（あわじしま）
北部の地下16kmを震源として発
生した地震である。多くの建物が
崩（くず）れるとともに、高速道路なども
倒壊（とうかい）し、多くの死者が出た。

速さの求め方は、
音のところでも
学習したね！

(2) 地震の波の伝わる速さ

　各地点がゆれ始めるまでの時間から、地震の波の伝わる
速さは、次の式で求められる。

$$波の速さ〔km/s〕 = \frac{震源からの距離（きょり）〔km〕}{地震発生からゆれ始めるまでの時間〔s〕}$$

P波の速さ：
　約6～8km/s
S波の速さ：
　約3～5km/s

　また、上の式を利用すると、ゆれ始めるまでの時間と波
の速さがわかれば、震源からの距離を求めることができる。

例題⓰ 　◀計算▶ 地震の波の伝わる速さと震源からの距離

(1) 震源からの距離が200kmで、地震が発生してからゆれが始まるまでの時間が25
　秒のとき、この地震のP波の速さは何km/sか。

(2) 地震が発生してからゆれが始まるまでの時間が15秒で、この地震のP波の速さ
　が6km/sのとき、震源からの距離は何kmか。

💡ヒント 　(2) 波の速さを求める公式を変形すると、震源からの距離＝波の速さ×ゆれ始めるまでの時間　となる。

解き方
- -

(1) 波の速さを求める公式　速さ＝$\dfrac{距離}{時間}$　より、$\dfrac{200〔km〕}{25〔s〕} = 8$〔km/s〕　　　　解答 8km/s

(2) 波の速さを求める公式を、震源からの距離を求める式に変形すると、
　💡ヒント のようになる。よって、6〔km/s〕×15〔s〕＝90〔km〕　　　　解答 90km

例
題

❼震源から遠いほど初期微動継続
時間が長くなるわけ
震源ではP波とS波が同時に発生
するが，P波のほうが伝わる速さ
が速いので，先にP波が到着し，
遅れてS波が到着する。そのため，
震源から遠くなるほど，P波とS
波の到着時刻の差が大きくなって
いく。

（3）震源からの距離と初期微動継続時間

①震源からの距離と波の到着時刻の関係

　ある地震について，震源からの距離と，地震の波の到着時刻の関係をグラフに表すと，**図5**のようになる。これより，**震源からの距離が大きいほど，P波とS波の到着時刻の差（初期微動継続時間）が長くなる**ことがわかる。[❼]

▼図5　震源からの距離と波の到着時刻の関係

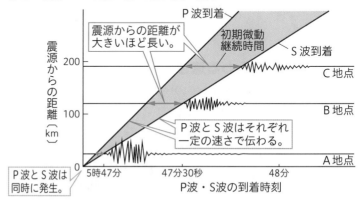

②震源からの距離と初期微動継続時間の関係

　図5をもとに，震源からの距離と初期微動継続時間の関係をグラフに表すと，**図6**のようになる。これより，**初期微動継続時間は震源からの距離に比例する**ことがわかる。

　この関係を利用すると，ある地点の**初期微動継続時間**がわかれば，**震源までのおよその距離**がわかる。

「初期微動継続時間
は震源距離に比例」
は大事！

▼図6　震源からの距離と初期微動継続時間の関係

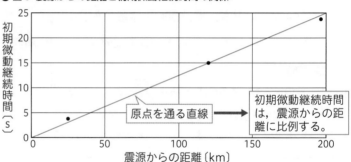

例題⑰ 【計算】 初期微動継続時間

図は，ある地震の，P波とS波が到着するまでの時間と震源からの距離の関係を表したグラフである。

(1) 震源からの距離が120kmの地点での初期微動継続時間は何秒か。

(2) 震源からの距離が80kmの地点での初期微動継続時間は何秒か。

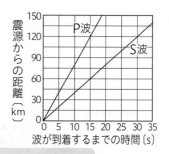

ヒント (1) 2つのグラフから読み取ろう。

(2) 初期微動継続時間は震源からの距離に比例することから，比例式を立ててみよう。

解き方

(1) グラフより，震源からの距離が120kmの地点にP波が到着するまでの時間は15秒，S波が到着するまでの時間は30秒だから，初期微動継続時間は，30－15＝15〔s〕　**解答** 15秒

(2) (1)より，震源からの距離が120kmの地点での初期微動継続時間は15秒なので，震源からの距離が80kmの地点での初期微動継続時間をx秒として比例式を立てると，120〔km〕：15〔s〕＝80〔km〕：x〔s〕となる。比例式の性質より，$x = 15〔s〕 \times \dfrac{80〔km〕}{120〔km〕} = 10〔s〕$　**解答** 10秒

(4) 緊急地震速報とそのしくみ

地震が発生したときに，P波とS波の速さの違いを利用して，大きいゆれがくることを事前に知らせる予報・警報を**緊急地震速報**という。図7のように，震源に近い地震計で感知したP波をコンピュータでただちに解析し，各地のS波の到着時刻やゆれの大きさを予測して，実際にS波が到着する前に知らせる気象庁のシステムである。

❽緊急地震速報を知らせる方法
緊急地震速報は，テレビ放送やラジオ放送のほか，携帯電話への速報メールなどで知らせている。震源からの距離によって，S波が到着するまでの時間は異なるため，震源に近い地域では速報が間に合わないこともある。

▼図7 緊急地震速報のしくみ

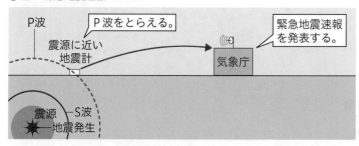

❾震度計
地震のゆれを測定して震度を計算する装置で，日本各地に設置されている。

❿日本の震度階級
表1の震度階級は，気象庁がまとめた日本独自のものである。

③ 震度とマグニチュード

(1) 震度と震度階級

ある地点での地震のゆれの大きさは**震度**で表される。震度は震度計で観測され，**表1**のように0〜7の10階級に分けられている。

◆表1 震度階級とゆれのようす

震度	ゆれに対する人の感じ方
0	人はゆれを感じない。
1	屋内で静かにしている人の中には，ゆれをわずかに感じる人がいる。
2	屋内で静かにしている人の大半が，ゆれを感じる。眠っている人の中には，目を覚ます人もいる。
3	屋内にいるほとんどが，ゆれを感じる。眠っている人の大半が，目を覚ます。
4	歩いている人のほとんどが，ゆれを感じる。眠っている人のほとんどが，目を覚ます。
5弱	大半の人が恐怖をおぼえ，ものにつかまりたいと感じる。
5強	大半の人が，ものにつかまらないと歩くことが難しいなど，行動に支障を感じる。
6弱	立っていることが困難になる。
6強	立っていることができず，はわないと動くことができない。
7	ゆれにほんろうされ，動くこともできず，飛ばされることもある。

⓫地盤によって震度は異なる
震央からの距離は同じでも，地盤（地層）のかたさやつくりによって震度は異なる。地盤がやわらかいほど，震度は大きくなる。

震度はふつう，**図8**のように，震央に近いほど大きく，震央から遠ざかるほど小さくなる。

図8 ▶
兵庫県南部地震の
震度分布

(2) マグニチュード

地震の規模（エネルギーの大きさ）は**マグニチュード**（記号：**M**）で表される。**図9**のように，ほぼ同じ場所で起こった2つの地震を比べると，マグニチュードの値が大きい地震のほうが，震央付近の震度は大きくなり，ゆれを感じる範囲は広くなる。

⓬**マグニチュードの値**
マグニチュードの値が1大きくなると，震源から放出される地震のエネルギーは約32倍になり，マグニチュードの値が2大きくなると，地震のエネルギーは約1000倍になる。

⓭**マグニチュードと震度の違い**
1つの地震に対して，マグニチュードの値は1つに決まる。一方，震度は観測地点によって異なる値になる。

⓮**マグニチュードが同じ場合**
マグニチュードが同じ2つの地震を比べた場合は，震源が浅い地震のほうが，震央付近の震度は大きくなる。

❤**図9 マグニチュードの異なる2つの地震の震度分布**

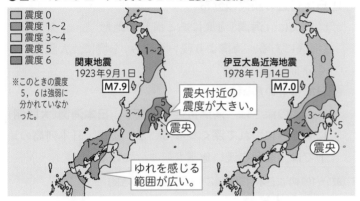

- □ 震度0
- ▨ 震度1〜2
- □ 震度3〜4
- ▨ 震度5
- ■ 震度6

※このときの震度5，6は強弱に分かれていなかった。

関東地震
1923年9月1日
M7.9

伊豆大島近海地震
1978年1月14日
M7.0

震央付近の震度が大きい。

ゆれを感じる範囲が広い。

第**14**章

地震

知識を広げよう **応用** グラフの読み取り

① グラフを利用して地震発生時刻を読み取る

震源からの距離と波の到着時刻の関係を表すグラフから，地震発生時刻を求める。

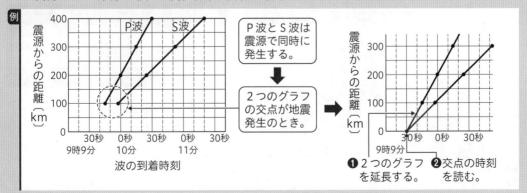

例

P波とS波は震源で同時に発生する。

↓

2つのグラフの交点が地震発生のとき。

➡

❶2つのグラフを延長する。　❷交点の時刻を読む。

171

2　地震が起こるしくみと地形の変化

① 地震が起こるしくみ

（1）日本付近の震央・震源の分布

　図10は，日本付近で過去に起こった地震の震央と震源の分布を表したものである。図10より，次のことがわかる。

①日本付近の震央の分布

　震央は，**海溝**（海底にある溝状の地形≫p.188）やトラフ（海底にある，海溝より浅いくぼみ）を境に，**大陸側に多く分布**している。

②日本付近の震源の深さ

　震源の深さは，**海溝付近では浅く，日本海側（大陸側）に向かうにつれて深くなっている。**また，日本列島の地下では，震源の浅い地震も起こっている。

世界の地震のうち，約１割が日本列島とその付近で起こっているんだって！

◆図10 日本付近の震央・震源の分布（1975〜1994年に日本付近で起こったM5.0以上の地震）

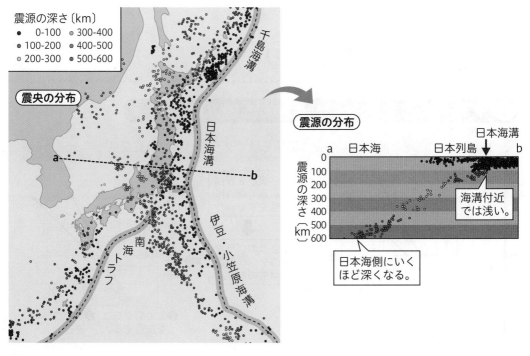

(2) プレートと断層

①プレート

　地球の表面は，**プレート**とよばれる厚さ数10〜100kmほどの岩盤（岩石の層）でおおわれている。日本列島付近には，図11の４つのプレートがあり，**海洋プレートが大陸プレート**の下に沈みこんでいることによって，日本列島に大きな力が加わっている。[16]

🔻 図11 日本列島付近のプレート　点線部分の境界は，はっきりしていない。

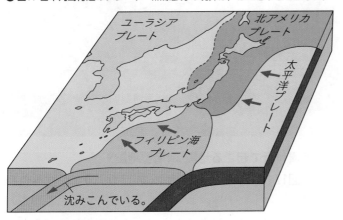

②地震の原因と断層

　図11のプレートは，互いに少しずつ動いているため，プレートの境界部周辺には常にさまざまな力が加わり，地下の岩盤にひずみが生じている。岩盤がそのひずみに耐えられなくなると，破壊されてずれが生じる。このずれを**断層**（≫p.189）といい，断層ができると同時に地震のゆれが発生する。

　断層のうち，**過去にくり返し活動した証拠があり，今後も活動して地震を起こす可能性がある断層**は，**活断層**とよばれる。[17]

> 活断層…ニュースで聞いたことあるかも！

[15]**海洋プレートと大陸プレート**
海底をつくっているプレートを海洋プレート，大陸をのせているプレートを大陸プレートという。太平洋プレートとフィリピン海プレートは海洋プレート，北アメリカプレートとユーラシアプレートは大陸プレートである。

[16]**海洋プレートは重い**
海洋プレートは大陸プレートに比べてうすく，重いため，これらの境界では，海洋プレートが大陸プレートの下に沈みこんでいる。

[17]**日本の活断層**
日本列島には，わかっているだけで2000以上の活断層があり，まだ見つかっていないものもある。活断層を調べれば，将来どのような地震が起こるのかを，ある程度予測することができる。

(3) 地震が起こるしくみ

　震源が深い地震は，沈みこむ海洋プレートにそって起こり，日本海溝から大陸側に向かって震源が深くなる（図12）。また，震源が浅い地震には，海溝やトラフ付近で起こる**海溝型地震**と，内陸で起こる**内陸型地震**がある（図12）。

⑱プレートと火山
図11で，沈みこんだ海洋プレートが100〜150kmの深さに達するところでは，岩石の一部がとけてマグマができている。マグマが上昇し，地表に達してふき出すと火山の噴火になる。そのため，日本海溝よりも大陸プレート側に火山が多く分布している。

▼図12 地震や火山の活動が起こる場所⑱

⑲海溝型地震の例
海溝型地震には，2011年の東北地方太平洋沖地震（M9.0）などの例がある。

①海溝付近で起こる地震（海溝型地震）⑲

　図12の日本海溝付近では，図13のように，沈みこむ海洋プレートに大陸プレートが引きずりこまれる。このとき大陸プレートにたまったひずみが限界に達すると，大陸プレートの先端が急激にはね上がり，地震が起こる。

　このようにして起こる地震は**海溝型地震**とよばれ，マグニチュードが大きくなる場合が多い。また，おもに日本の太平洋側の海底で起こるため，**津波**（≫p.176）が発生することも多い。

▼図13 プレートの境界で起こる地震

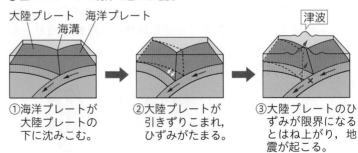

①海洋プレートが大陸プレートの下に沈みこむ。

②大陸プレートが引きずりこまれ，ひずみがたまる。

③大陸プレートのひずみが限界になるとはね上がり，地震が起こる。

地震が起こるしくみは１つではないんだね。

②大陸プレート内で起こる地震(内陸型地震[20])

　図12の日本列島の真下では，大陸プレートが海洋プレートによって大陸側に押されてひずみ，やがて破壊されて断層ができたり，すでにできていた**活断層**が再びずれたりして，地震が起こる。

　このようにして起こる地震は**内陸型地震**(または直下型地震)とよばれ，マグニチュードが小さくても，震源が浅いため震度が大きくなる場合が多い。

② 地形の変化

(1) 隆起・沈降と地形の変化

　大規模な地震が起こると，大地がもち上がったり(**隆起**)，沈んだり(**沈降**)することがある。

①大地の隆起によってできる地形〜海岸段丘

　図14のようにして海岸ぞいにできる，平らな土地と急ながけが階段状に並んだ地形を**海岸段丘**という[21]。

◯図14 海岸段丘のでき方　海水面の低下によってもできる。

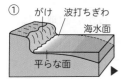  

①波の侵食によって，がけと平らな面ができる。

②土地が隆起して，平らな面が段丘面になる。

③再び波の侵食によって，がけと平らな面ができ，階段状になる。

②大地の沈降によってできる地形〜リアス海岸

　図15のようにしてできる，入りくんだ湾が続く海岸地形を**リアス海岸**という[22]。

◯図15 リアス海岸のでき方　海水面の上昇によってもできる。

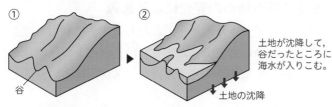

①谷

②土地が沈降して，谷だったところに海水が入りこむ。

土地の沈降

⑳内陸型地震の例
内陸型地震には，1995年の兵庫県南部地震(M7.3)や，2008年の岩手・宮城内陸地震(M7.2)，2016年の熊本地震(M7.3)，2018年の北海道胆振東部地震(M6.7)などの例がある。

第14章 地震

小学校の復習
●大きな地震のときに，土地が盛り上がったり沈んだりして，土地のようすが変化することがある。

㉑河岸段丘
海岸段丘に似た地形として，川ぞいに平らな土地が階段状に並んだ河岸段丘がある。

①上流から運ばれてきた土砂が堆積して，川原ができる。

②土地が隆起して，川原の面が高くなる。

③川がもとの川原を侵食し，川底を下げる。もとの川原の一部が段丘面になる。

㉒多島海
リアス海岸の沈降がさらに進むとできる，山頂や尾根の高い部分だけが海水面上に出ている島の多い海域を多島海という。

(1) 地震による災害

地震が起こると，建物や道路の倒壊，がけ崩れ，地すべり，地割れ，液状化，津波などが発生する。その結果，火災の発生，ライフライン（水道・電気・ガスなどの供給路）や交通網の寸断などの二次的な被害を引き起こすことがある。㉓

①津波

地震によって海底が急激に動くと，海底から海面までのすべての海水が一度に動き，大量の海水が移動する大規模な波（**津波**）が発生する。津波は，広い範囲の海水が盛り上がったまま移動するため，大きなエネルギーをもち，沿岸部に大きな被害をもたらすことがある。震源が陸から近い場合，津波は短時間で陸まで到達するので，速やかに海から離れて高いところに避難しなければならない。

②液状化

海岸の埋め立て地や河川ぞいのやわらかい砂地では，地震のゆれで土地が急に軟弱になったり，地面から土砂や水がふき出したりする**液状化**が起こり，地面が沈下することがある。

(2) 地震への備え

建物の耐震補強や，**ハザードマップ**（>>p.160）の作成が進められている。また，地震が起こると，**緊急地震速報**（>>p.169）や津波警報，津波注意報などが発表される。

(3) 地震に伴う地形の変化による恵み

地震によってできた地形を，私たちは生活に利用してきた。例えば，隆起してできた平らな段丘面はよい住宅地となり，沈降してできた入りくんだリアス海岸はよい漁港となる。

小学校の復習

●地震による災害では，建物や道路が壊れたり，火災が発生したりする。海の近くでは，津波が押し寄せることがある。

㉓「震災」と「地震」の違い
地震による災害全般を震災といい，震災の名称は，自然現象としての地震の名称とは異なる。
例えば，「東北地方太平洋沖地震」による震災が「東日本大震災」で，「兵庫県南部地震」による震災が「阪神・淡路大震災」である。
なお，地震の名称は気象庁がつけている。

㉔Tsunami
津波は，国際的にも「Tsunami」とよばれている。

ぼくたち自身は地震についての知識を身につけて，地震が起こったときにあわてず正しい判断ができるように備えておかないとね！

☑ 要点チェック

1 地震のゆれとその伝わり方

□ (1) ①地震が発生した場所を何というか。また，②地震が発生した場所の真上にある地表の地点を何というか。≫p.165

□ (2) 地震のとき，①初めの小さなゆれを何というか。また，②後からくる大きなゆれを何というか。≫p.166

□ (3) 震源で同時に発生した波のうち，①初期微動を起こす波を何というか。また，②主要動を起こす波を何というか。≫p.166

□ (4) P波とS波が届いた時刻の差を何というか。≫p.166

□ (5) 次の式の①，②に当てはまることばは何か。≫p.167

$$波の速さ〔km/s〕= \frac{震源からの〔　①　〕〔km〕}{地震発生からゆれ始めるまでの〔　②　〕〔s〕}$$

□ (6) 震源からの距離が大きい地点ほど，初期微動継続時間は長くなるか，短くなるか。≫p.168

□ (7) 地震発生直後，P波とS波の速さの違いを利用して，大きいゆれがくることを事前に知らせる予報・警報を何というか。≫p.169

□ (8) ①ある地点での地震のゆれの大きさを何というか。また，②地震の規模（エネルギーの大きさ）を何というか。≫p.170，171

2 地震が起こるしくみと地形の変化

□ (9) 地球の表面をおおっている，厚さ数10〜100kmほどの岩盤を何というか。≫p.173

□ (10) 今後もくり返し活動して地震を起こす可能性がある断層を何というか。≫p.173

□ (11) 沈みこむ海洋プレートに引きずりこまれた大陸プレートの先端が，急激にはね上がるときに起こる地震は，海溝型地震か，内陸型地震か。≫p.174，175

□ (12) 地震によって起こる現象のうち，①大地がもち上がることを何というか。また，②大地が沈むことを何というか。≫p.175

解　答

(1) ① 震源
② 震央

(2) ① 初期微動
② 主要動

(3) ① P波
② S波

(4) 初期微動継続時間

(5) ① 距離
② 時間

(6) 長くなる。

(7) 緊急地震速報

(8) ① 震度
② マグニチュード

(9) プレート

(10) 活断層

(11) 海溝型地震

(12) ① 隆起
② 沈降

定期試験対策問題 解答 ➡ p.220

1 地震計の記録と波の速さ >>p.166, 167

ある日の7時35分42秒に地震が発生した。図は，この地震の震源から60kmの地点Xにおける地震計の記録である。次の問いに答えなさい。

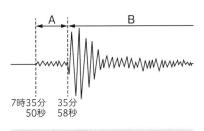

7時35分50秒　　35分58秒

(1) 図のAのような初めに起こる小さなゆれと，Bのような後からくる大きなゆれをそれぞれ何というか。

(2) 地点Xでの初期微動継続時間は何秒か。

(3) P波によって起こるゆれは，A，Bのどちらか。

(4) この地震のP波が伝わる速さは何km/sか。

> **ヒント**
> (4) まず，地震の発生から，P波が地点Xに伝わるまでの時間を求める。

2 地震のゆれの伝わり方 >>p.165〜167

図は，ある地震について，各地点のゆれ始めの時刻を地図上に記入したものである。次の問いに答えなさい。ただし，32"は，8時13分32秒を表し，地震のゆれを起こす波は，一定の速さで伝わるものとする。

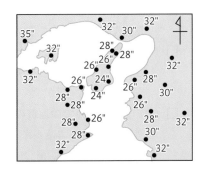

(1) 震源の真上にある地表の地点を何というか。

(2) 図で，ゆれ始めの時刻が同じ地点を，なめらかな曲線で結びなさい。

(3) この地震の(1)の地点を，図に×印で示しなさい。

3 震源からの距離と初期微動継続時間 >>p.168, 169

図は，ある地震における，P波とS波が到着するまでの時間と震源からの距離との関係を表したグラフである。次の問いに答えなさい。

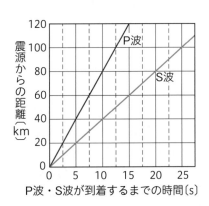

P波・S波が到着するまでの時間〔s〕

(1) 震源からの距離が60kmの地点での初期微動継続時間は何秒か。

(2) 震源からの距離が160kmの地点での初期微動継続時間は，何秒になると考えられるか。

4 地震の大きさ ≫p.170, 171

図のA，Bは，震源が近い2つの地震の震度を示
したもので，図中の×は震央を表している。次の問
いに答えなさい。

(1) 震度はふつう，震央から遠ざかるとどうなるか。

(2) AとBの地震では，どちらのほうがマグニチュ
ードが大きいと考えられるか。また，その理由を，
簡単に答えなさい。

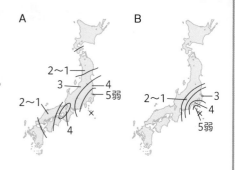

5 地震が起こるしくみ ≫p.174, 175

図は，日本列島付近の地下のようすを表した
もので，点•は，ある1年間に起こったマグニ
チュード3.0以上の地震の震源を表している。次
の問いに答えなさい。

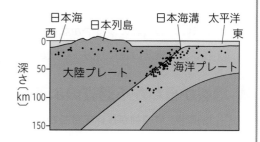

(1) 図の震源の分布についての説明として誤っ
ているものは，次のア～エのどれか。

ア 震源は，日本列島の地下では，深さ50km
より浅いところに多く分布する。

イ 震源は，日本海溝を境にして，日本列島側に多く分布する。

ウ 震源は，プレートの境界付近では，深くなるにしたがって多く分布する。

エ 震源は，日本海溝より東側では，深さ50kmより浅いところに分布する。

(2) 次の文の（　　）に当てはまる語句をそれぞれ答えなさい。

日本海溝付近では，沈みこむ（ ① ）プレートに（ ② ）プレートが引きずりこまれ，ひず
みが限界に達した（ ② ）プレートの先端が急激にはね上がって地震が起こる。一方，日本
列島の真下では，（ ② ）プレートが（ ① ）プレートに押されてひずみ，やがて破壊されて断
層ができたり，すでにできていた（ ③ ）が再びずれたりして地震が起こる。

6 地震による災害 ≫p.176

海底で地震が起こることで，①大規模な波が発生し，沿岸部に大きな被害をもたらすことがあ
る。また，地震のゆれによって，海岸の埋め立て地などでは，②土地が急に軟弱になることがある。
このような地震による災害について，次の問いに答えなさい。

(1) 地震によってもたらされる，下線部①，②が示す災害をそれぞれ何というか。

(2) 災害に備えるため，危険な範囲や避難場所などを地図上に示したものを何というか。

第 **15** 章　地層

要点のまとめ

1　地層のでき方 ≫p.181

- □ **風化**：岩石が気温の変化や風雨のはたらきで土砂に変わっていくこと。
- □ **侵食**：流水によって，岩石が削られること。
- □ **運搬**：流水によって，土砂が運ばれること。
- □ **堆積**：水の流れのゆるやかなところに土砂がたまること。
- □ **柱状図**：地層の重なり方を柱状に表したもの。

◆ 川の水のはたらきと地層のでき方

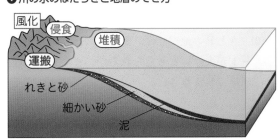

2　地層からわかる過去のようす ≫p.185

- □ **堆積岩**：堆積物が長い年月をかけて押し固められてできた岩石。
- □ **流水のはたらきでできた堆積岩**：粒の大きさによって，**れき岩**，**砂岩**，**泥岩**に分けられる。
- □ **凝灰岩**：火山灰などが堆積して固まった岩石。
- □ **生物の遺骸などからできた堆積岩**：**石灰岩**は，うすい塩酸にとけて二酸化炭素を発生する。**チャート**は，くぎでこすっても傷がつかない。
- □ **示相化石**：地層が堆積した当時の環境を推定できる化石。
- □ **示準化石**：地層が堆積した年代を推定できる化石。
- □ **地質年代**：化石などから決められた，地層が堆積した年代のこと。
- □ **断層**：大きな力によって地層がずれたもの。
- □ **しゅう曲**：大きな力がはたらいて地層が曲がったもの。

◆ いろいろな堆積岩

堆積岩	おもな堆積物	
れき岩	岩石などの破片	れき
砂岩		砂
泥岩		泥
凝灰岩	火山の噴出物	
石灰岩	生物の遺骸や水にとけていた成分	
チャート		

◆ おもな示相化石

示相化石	堆積した当時の環境
サンゴ	あたたかくて浅い海
アサリ	浅い海
シジミ	河口や湖
ブナ	やや寒い気候の陸地

◆ おもな示準化石

古生代	中生代	新生代
サンヨウチュウ フズリナ	アンモナイト 恐竜	ビカリア ナウマンゾウ

1 地層のでき方

① 流水のはたらきと地形

(1) 風化とれき，砂，泥

地表に出ているかたい岩石は，気温の変化や風雨のはたらきなどによって，長い間に表面からぼろぼろになって崩れていく。このように，**地表で岩石が土砂**（表1のれき，砂，泥など）**に変わっていくこと**を**風化**という。

(2) 流水のはたらき

陸地に降って地面を流れる雨水や川の水などの流水は，**風化した岩石を削り取ったり，とかし去ったり**している。このような流水のはたらきを**侵食**という。

侵食によってできた土砂は，流水によって運ばれ（**運搬**），流れのゆるやかなところに積もる（**堆積**）。

(3) 川の水のはたらきと地形（図1）

山地を流れる川（上流）では，流れが速いので川底や川岸が侵食され，V字形の深い谷（**V字谷**）ができる。

山地から平野に出たところでは，流れが急にゆるやかになるので土砂（おもにれきなど）が堆積し，扇形の平らな土地（**扇状地**）ができる。

平野から海に流れこむ河口付近では，流れが非常にゆるやかになるので土砂が堆積し，三角形の土地（**三角州**）ができる。

▼図1 川の水のはたらきと地形

▼表1 れき，砂，泥
粒の大きさで，よび方が決まっている。

粒のよび方	粒の大きさ
れき	2 mm 以上
砂	$\frac{1}{16}$（約0.06）〜 2 mm
泥	$\frac{1}{16}$（約0.06）mm 以下

🔲 小学校の復習

● 流れる水には，土を削ったり，削った土を運んだり積もらせたりするはたらきがある。
● 山の間を流れる川と平野を流れる川では，川原に見られるれきの大きさや形に違いがある。

山地から平野，平野から河口へいくにつれて，堆積する土砂の粒の大きさはしだいに小さくなるよね。

181

❶地層は陸上でもつくられる
火山の噴火によって大量の火山灰が降り積もると，陸上でも火山灰の地層がつくられることがある。

❷大洋の海底にできる地層
河口からはるか遠く離れた大洋の海底には，土砂はほとんど運搬されない。そのような場所では，海水中のプランクトンの遺骸などが堆積して地層ができる。 》》p.186

② 地層のでき方

(1) 地層のでき方

　図2のように，流水のはたらきで運ばれた土砂は，水底に広がって堆積する。これがくり返されて，**地層**ができる。ふつうは，地層の下にある層ほど古く，上にある層ほど新しい。

① 粒の大きさと堆積する場所

　河口に運ばれた水中の土砂は，粒の大きいものほどはやく沈むので，河口や岸に近い浅いところにはれきや砂が堆積しやすい。また，粒の細かいものほど沈みにくく遠くまで運ばれるので，岸から離れた沖合いの深いところには泥が堆積しやすい。

② 1つの層の中の粒の大きさ

　一度に土砂が堆積してできた1つの層の中では，粒の大きいものから先に沈むため，下のほうほど粒が大きい。

◆図2 地層のでき方

| れきと砂 | 細かい砂 | 泥 |

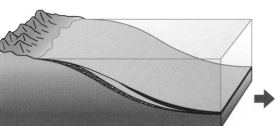
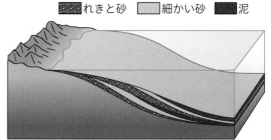

① 海や湖に流れこんだれきや砂，泥は，粒の大きいものから順に堆積して，層をつくる。

② さらに①の層の上に新しい層が積み重なる。これがくり返されて地層がつくられていく。

❸海水面の変化
気候が寒冷化すると，海から蒸発した水が陸地で氷河となり，海水の量が減るため，海水面が低下する。逆に，気候が温暖化すると，氷河がとけて海水の量が増え，さらに温度上昇によって海水の体積が増えるため，海水面が上昇する。

(2) 長い年月をかけた地層の堆積

　長い年月をかけて地層が堆積する間に，土地の高さが変化（隆起・沈降 》》p.175）したり，海水面が変化したりして，同じ場所でも風化や侵食と堆積のようすが変化する。このため，同じ場所でも，性質の違った層が何枚も重なっていく。

③ 地層の広がり

(1) 露頭

　地層はふつう，表土や植物におおわれていて見ることができないが，道路の切り通しやがけなどでは，地層が地表に現れていることがある。[4]このようなところを**露頭**という。

(2) 地層のようす

　地層の層どうしの境目ははっきりしている。１つの層の中では，粒の大きさはそろっていることが多い。[5]

(3) 地層の広がり

　いくつかの地点で地層の重なり方を観察したり，**ボーリング**[6]によって得られる試料を調べたりして，**柱状図**をつくって比較すると，地層の広がりを推測することができる。

①柱状図

　図３のように，ある地点の**地層の重なり方を柱状に表したもの**を，**柱状図**という。

◆図３ 地層のようすと柱状図

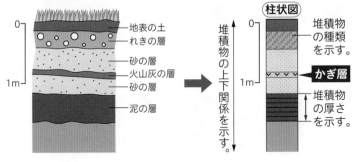

②かぎ層

　火山の噴火による火山灰は広範囲に降り積もるため，遠く離れた地層に同じ火山灰の層が見つかると，それらの地層が同じ時代にできたことがわかる。また，特徴的な化石（**示準化石** >>p.187）を含む層なども，離れた地層を比較するときの手がかりになる。このような**目印となる層をかぎ層**という。

④陸上で見られる地層
がけなどで見られる地層は，長い年月をかけて水底で堆積した後，大地が変動して陸上に現れたものである。

⑤古い地層のようす
古い地層ほど，粒がしっかりと詰まっていて，かたくなっていることが多い。

⑥ボーリング
大きな建物を建てるときなどに，その土地の地下のようすを調べるため，機械で地下深くまで穴を掘って，地下の地層を取り出す調査方法をボーリングという。また，この方法で採取した試料をボーリング試料という。

第15章　地層

カギになる層か！
覚えやすいね！

応用 地層の広がり

① 地形図と柱状図から地下の地層を考える

例

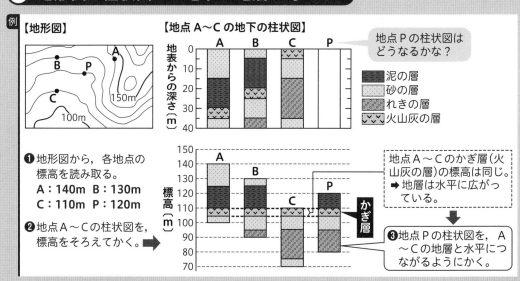

【地形図】

【地点 A～C の地下の柱状図】

地点 P の柱状図は
どうなるかな？

泥の層
砂の層
れきの層
火山灰の層

❶ 地形図から，各地点の
標高を読み取る。
A：140m　B：130m
C：110m　P：120m

❷ 地点 A～C の柱状図を，
標高をそろえてかく。

地点 A～C のかぎ層（火
山灰の層）の標高は同じ。
➡地層は水平に広がっ
ている。

❸地点 P の柱状図を，A
～C の地層と水平につ
ながるようにかく。

かぎ層

② 地形図と柱状図から地層の傾き（かたむ）を考える

例

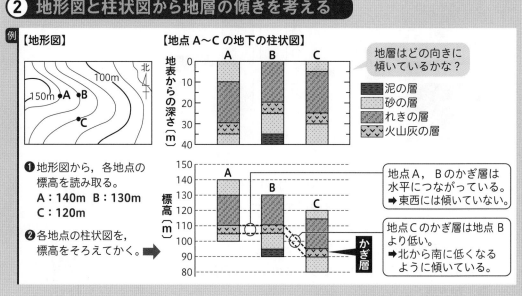

【地形図】

【地点 A～C の地下の柱状図】

地層はどの向きに
傾いているかな？

北

泥の層
砂の層
れきの層
火山灰の層

❶ 地形図から，各地点の
標高を読み取る。
A：140m　B：130m
C：120m

❷ 各地点の柱状図を，
標高をそろえてかく。

地点 A，B のかぎ層は
水平につながっている。
➡東西には傾いていない。

地点 C のかぎ層は地点 B
より低い。
➡北から南に低くなる
ように傾いている。

かぎ層

2 地層からわかる過去のようす

① 堆積岩

(1) 堆積岩

　地層をつくった土砂などの**堆積物は**，さらにその上に積み重なる地層の重みなどで押し固められ，長い年月をかけて岩石になる。このような岩石を**堆積岩**という。

(2) 堆積岩の種類と特徴

　おもな堆積岩の種類と，そのおもな堆積物をまとめると，表2のようになる。

▼表2　堆積岩の種類とおもな堆積物

堆積岩	おもな堆積物	
れき岩	岩石などの破片	れき（粒の直径：2mm以上）
砂岩		砂（粒の直径：$\frac{1}{16}$〜2mm）
泥岩		泥（粒の直径：$\frac{1}{16}$mm以下）❼
凝灰岩	火山の噴出物（火山灰・火山れき・軽石など）	
石灰岩	生物の遺骸や水にとけていた成分	主成分は炭酸カルシウム
チャート		主成分は二酸化ケイ素

①流水のはたらきでできた堆積岩（図4）

　流水が運搬してきた土砂が，水底に堆積して固まった岩石は，含まれる粒の大きさで区別され，おもにれき・砂・泥でできたものを，それぞれ**れき岩・砂岩・泥岩**という。含まれる粒は，流水による運搬の途中で削られて，**丸みを帯びた形**のものが多い。❽

▼図4　流水のはたらきでできた堆積岩

れき岩

5mm

砂岩

5mm

泥岩

5mm

🔁 小学校の復習

● 流れる水のはたらきによってできた岩石には，れき岩，砂岩，泥岩がある。

● 地層に含まれる土や岩石の特徴，化石や火山灰などから，その地層ができたときの周囲のようすなどを知ることができる。

いったい，どのくらいの年月がかかるのかな？

❼**シルトと粘土**
泥はさらに，粒の大きさによってシルトと粘土に分けられる。シルトのほうが粒が大きい。

❽**堆積岩からわかる環境①**
地層をつくっている堆積岩の種類から，その地層が堆積した当時の環境を知ることができる。

堆積岩	堆積した当時の環境
れき岩	水の流れの急な川底や川原，陸地に近い海底。
砂岩	海岸近くの浅い海底。
泥岩	水の動きの少ない湖や沼，湾の中，沖合いの深い海底。

例 下から れき岩→砂岩→泥岩 と重なっている場合，堆積した当時の水深がしだいに深くなっていったと推測できる。

　火山の噴火によって噴出した**火山灰**などが堆積して固まった岩石を，**凝灰岩**という。凝灰岩に含まれる粒は，水に長時間流されることがないので，**角ばっているもの**が多い。

③**生物の遺骸などからできた堆積岩**(図6)

　海水にすむ**生物の遺骸**が堆積したり，**海水にとけている成分**が沈殿したりして固まった岩石には，**石灰岩やチャート**がある。[9]

・**石灰岩**　石灰質(炭酸カルシウム)の殻をもつ生物の遺骸や，海水中の石灰分からできた堆積岩を，**石灰岩**という。石灰岩にうすい塩酸をかけると，とけて二酸化炭素を発生する。また，くぎなどでこすると傷がつく。

・**チャート**　ケイ酸質(二酸化ケイ素)の殻をもつ生物の遺骸や，海水中の二酸化ケイ素からできた堆積岩を，**チャート**という。チャートは，うすい塩酸をかけても**気体を発生しない**。また，とてもかたく，くぎなどでこすっても傷がつかない。[12]

❤図5 火山の噴出物からできた堆積岩

凝灰岩

5mm

❤図6 生物の遺骸などからできた堆積岩

石灰岩

5mm

チャート

5mm

② 化石

(1) 化石

　地層の中に，堆積した当時すんでいた生物の遺骸や生活した跡(あし跡，巣穴，ふんなど)が残っているものを，**化石**という。化石には，**示相化石**と**示準化石**がある。

①示相化石（図7）

　生物には，限られた環境^{かんきょう}でしか生存できないものがいる。このような生物の化石が地層から見つかれば，その**地層が堆積した当時の環境を推定**することができる。このような化石を**示相化石**という。

②示準化石（図8）

　生物には，広い範囲^{はんい}にすんでいて，短い期間に栄えて絶滅^{ぜつめつ}したものがいる。このような生物の化石が地層から見つかれば，その**地層が堆積した年代（地質年代）を推定**することができる。このような化石を**示準化石**という。

（2）地質年代

　示準化石などをもとにして決められた，**地層が堆積した年代を地質年代**という。地質年代は，古いものから順に，**古生代，中生代，新生代**などと区分されている（図8）。

◆図7　おもな示相化石

サンゴ（クサリサンゴ）⑬
あたたかくて浅い海

アサリ
浅い海

シジミ
河口や湖

ブナ
やや寒い気候の陸地

GSJ F14304

⑬**クサリサンゴとハチノスサンゴ**
クサリサンゴやハチノスサンゴは，あたたかくて浅い海であったことを示す示相化石であるとともに，古生代を示す示準化石である。

⑭**栄えた生物の移り変わり**
地質年代ごとに栄えた生物の種類が入れかわるのは，地質年代の境で地球の環境が大きく変化したためと考えられている。

◆図8　おもな示準化石と地質年代　≫巻末資料④

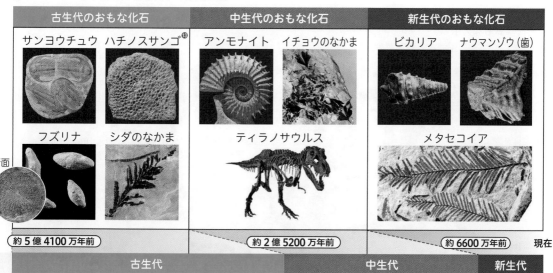

古生代のおもな化石	中生代のおもな化石	新生代のおもな化石
サンヨウチュウ　ハチノスサンゴ⑬　フズリナ　シダのなかま	アンモナイト　イチョウのなかま　ティラノサウルス	ビカリア　ナウマンゾウ（歯）　メタセコイア

断面

約5億4100万年前　　約2億5200万年前　　約6600万年前　　現在

古生代　　中生代　　新生代

地質年代

③ プレートの動きと大地の変動

(1) プレートの誕生と動き

　図9のように，海洋プレートは太平洋などの**海底にそびえる大山脈**（海嶺）でつくられ，両側に広がっていく。**海底にある溝状の地形**（海溝）は，海洋プレートが大陸プレートの下に沈みこんでできる。

　プレートどうしの境界では地震や火山が発生するため，海溝や海嶺の付近では地震や火山活動が起こる（図10）。

⑮**太平洋プレートの誕生と移動**
太平洋プレートは，東太平洋海嶺でうまれ，太平洋の海底を年間8cmずつ日本のほうへ移動し，日本海溝のある場所で大陸プレートの下に沈みこんでいる。太平洋プレートの上にできた火山島であるハワイ諸島は，1年に8cmずつ日本に近づいていることになる。

◆**図9 海洋プレートの誕生と沈みこみ**⑮

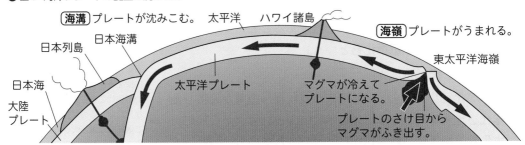

◆**図10 地球上の大地形と震央・火山の分布**　震央や火山が帯状に集中しているところにプレートの境界がある。

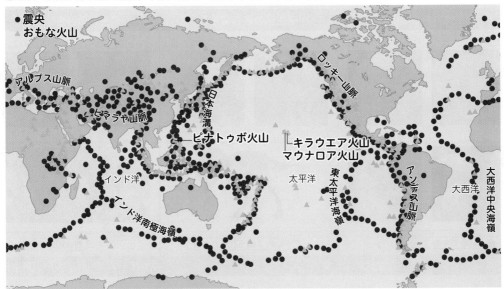

188

(2) 大地の変動

　海底や湖底でつくられた地層は，ふつう水平に広がっているが，プレートの動きによる力を受けて変形していることがある。

①山地や山脈

　大陸プレートどうしがぶつかる場所では，互（たが）いに押（お）しあい，境界に高い山ができる（**図10**）。

　例えば，ヒマラヤ山脈は，**図11**のように，２つの大陸プレートが衝突（しょうとつ）し，間の海底が押し上げられてできた。そのため，ヒマラヤ山脈の高いところには，海でできた石灰岩（せっかいがん）を含（ふく）む地層や，アンモナイトなど海の生物の化石が見られる。

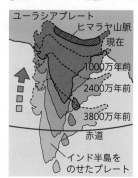

● 図11 ヒマラヤ山脈のでき方

ユーラシアプレート
ヒマラヤ山脈
現在
1000万年前
2400万年前
3800万年前
赤道
インド半島をのせたプレート

②断層

　図12のように，横から押（お）す力や横に引っ張る力がはたらいて，**地層が切れてずれることによってできたくい違（ちが）いを断層**という。断層は，はたらく力の状態によって，地層のくい違った面の傾（かたむ）きやずれの方向に違いが生じる。

● 図12 いろいろな断層のでき方　➡は力の向き，➡はずれの向きを表す。

（正断層）上側の地層が下がる。　　（逆断層）上側の地層が上がる。　　（横ずれ断層）水平方向にずれる。

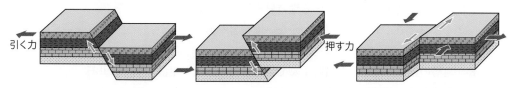

引く力　　　　　　押す力

③しゅう曲

　図13のように，押し縮めるような大きな力がはたらいて，地層が波打つように曲がったものを**しゅう曲**という。

● 図13 しゅう曲のでき方

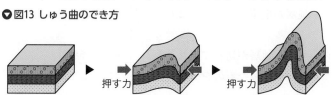

押す力　　　　押す力

☑ 要点チェック

1 地層のでき方

□ (1) 岩石が気温の変化や風雨のはたらきで土砂に変わっていくことを何というか。»p.181

□ (2) 流水のはたらきのうち，①風化した岩石を削るはたらき，②土砂を運ぶはたらき，③土砂を積もらせるはたらきをそれぞれ何というか。»p.181

□ (3) ある地点の地層の重なり方を柱状に表したものを何というか。»p.183

2 地層からわかる過去のようす

□ (4) 堆積物が長い年月をかけて押し固められてできた岩石を何というか。»p.185

□ (5) 流水のはたらきでできた堆積岩のうち，①おもにれきでできた堆積岩，②おもに砂でできた堆積岩，③おもに泥でできた堆積岩をそれぞれ何というか。»p.185

□ (6) 火山灰などが堆積して固まった岩石を何というか。»p.186

□ (7) 生物の遺骸などからできた堆積岩のうち，①うすい塩酸にとけて二酸化炭素を発生する堆積岩を何というか。また，②くぎなどでこすっても傷がつかない堆積岩を何というか。»p.186

□ (8) 地層の中に，堆積した当時すんでいた生物の遺骸や生活した跡が残っているものを何というか。»p.186

□ (9) ①地層が堆積した当時の環境を推定できる化石を何というか。また，②地層が堆積した年代を推定できる化石を何というか。»p.187

□ (10) 化石などから決められた，地層が堆積した年代のことを何というか。»p.187

□ (11) 地層に大きな力がはたらいて，①地層が切れてずれたものを何というか。また，②地層が曲がったものを何というか。»p.189

解 答

(1) 風化

(2) ① 侵食
　　② 運搬
　　③ 堆積

(3) 柱状図

(4) 堆積岩

(5) ① れき岩
　　② 砂岩
　　③ 泥岩

(6) 凝灰岩

(7) ① 石灰岩

　　② チャート

(8) 化石

(9) ① 示相化石
　　② 示準化石

(10) 地質年代

(11) ① 断層
　　② しゅう曲

定期試験対策問題 解答→p.221

1 地層のでき方 >>p.182

図は，海底での堆積物（泥・砂・れき）の分布を模式的に表したものである。次の問いに答えなさい。

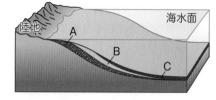

(1) 土砂が水中で沈むとき，粒の大きいものと小さいものでは，どちらがはやく沈むか。

(2) 図のA〜Cのうち，砂を表しているのはどれか。

(3) 川によって運ばれてきた土砂が河口から海底に堆積するとき，海底の堆積物の粒の大きさは，河口から遠ざかるにつれてどうなるか。

2 地層の観察 >>p.183

①地層が露出しているがけを観察した。図1はそのがけの地層のようすをスケッチしたもので，さらに②地層の重なり方を図2のようにまとめた。次の問いに答えなさい。ただし，この地域では，地層の上下の逆転や断層はないことがわかっている。

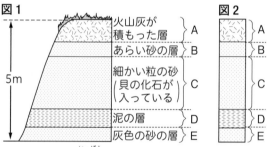

(1) 下線部①のように，地層が地表に露出している場所を一般に何というか。

(2) 最も古くにできた層は，図1のA〜Eのどれか。

(3) 下線部②について，図2のような図を何というか。

3 堆積岩の種類と特徴 >>p.185，186

泥岩，砂岩，れき岩，石灰岩の4種類の堆積岩について，次の問いに答えなさい。

(1) 泥岩・砂岩・れき岩を区別する基準は何か。

(2) 泥岩，石灰岩をつくっているおもな堆積物について正しく述べているものは，それぞれ次のア〜エのどれか。

<ul>
<li>ア 砂よりも小さい粒。</li>
<li>イ 泥や砂が混じったれき。</li>
<li>ウ 軽石などの破片を含む火山灰。</li>
<li>エ 生物の遺骸や海水に含まれていた成分。</li>
</ul>

4 化石 　>>p.187

ある地層から，フズリナの化石とサンゴの化石が見つかった。次の問いに答えなさい。

(1) フズリナの化石を含む地層が堆積した年代は，次のア〜ウのどれか。

　　ア　古生代　　　イ　中生代　　　ウ　新生代

(2) フズリナの化石のように，地層が堆積した年代を推定することができる化石を何というか。

(3) サンゴの化石を含む地層が堆積した環境として考えられるものは，次のア〜エのどれか。

　　ア　浅くてあたたかい海　　　イ　浅くて冷たい海

　　ウ　深くてあたたかい海　　　エ　深くて冷たい海

💡ヒント
(3) サンゴがどのようなところに
　　生息しているかを考える。

5 地層の広がり　>>p.182，183，185〜187

図1は，ある離れた場所にあるA，Bの2か所のがけ
における地層の重なりを模式的に表したものである。ま
た，Aの層えとBの層fからは，中生代の同じ生物の化
石Ⓚが発見された。次の問いに答えなさい。ただし，こ
の地域では，地層の上下の逆転や断層はないことがわか
っている。

(1) Aの層うや層えは，離れた地点の地層を比較すると
きの手がかりになる。このような目印となる層を何と
いうか。

(2) X，Y，Zの層を，堆積した時代が古いほうから順
に並べなさい。

(3) 地層のようすから，この地域では，過去に火山の活
動があったと考えられる。

　① そのように考えられる理由を，簡単に答えなさい。

　② 図1の地層が堆積する間，火山の活動は少なくとも何回あったと考えられるか。

(4) 化石Ⓚとして考えられる生物は，次のア〜エのどれか。

　　ア　サンヨウチュウ　　　イ　ナウマンゾウ　　　ウ　アンモナイト　　　エ　ビカリア

(5) 図2は，図1のAの層うの凝灰岩と層えの砂岩を採
取してルーペで観察したときのスケッチである。凝灰
岩と砂岩の粒を比較したとき，砂岩の粒にはどのよう
な特徴があるか。簡単に答えなさい。

図1

A	B	
あ X	Z	a
い X		b
う		c
え Ⓚ		d
お		e
か Y	Ⓚ	f
き		g

砂岩　　　凝灰岩（ぎょうかいがん）　　　泥岩　　　れき岩　　　石灰岩

Ⓚ…中生代
の生物
の化石

図2
凝灰岩　　砂岩

192

1 光の反射と屈折 ·························· **194**
>> 反射光と屈折光の作図, 半円形ガラスの回転

2 音と光 ······································ **196**
>> 進む船と岸壁の間を往復する音, 全身を映す鏡

3 地震の波と緊急地震速報 ·············· **198**
>> 対話文の読解, 観測結果を利用した計算・作図

4 地層と火山灰の観察 ···················· **200**
>> 複数の資料の読解, 傾いた地層のつながり

入試対策編

難しければ,
3年生の受験期に
取り組んでもいいよ!

入試では, 長文を読ませたり,
複数の資料や知識を活用して考えさせたりする問題も
出題されますので,
そのような問題に慣れておくことも重要です。
ここでは, 実際の入試問題を取り上げました。
最初は解けなくても心配ありません。
解き方のヒントを参考にしながら, まずは挑戦してみましょう。

1 光の反射と屈折 >>p.102, 106, 108, 109

次の実験について，(1)〜(3)の問いに答えなさい。〔福島〕

実験

　光の進み方を調べるため，次のⅠ〜Ⅲを行った。**図1**は，光源装置，厚みのある半円形ガラス，円盤の1目盛りが10°の角度目盛りつき円盤を水平な台の上に置いた実験装置であり，円盤の中心Oを通り，90°ごとに区切った直線と円盤の外周との交点を点A〜Dとし，Oと半円形ガラスの円の中心が重なるように，半円形ガラスの円の直径と円盤の直線BDをあわせて設置したものである。**図2〜4**はこの実験装置を真上から見たものであり，光源装置からの光は，半円形ガラスの円の中心に入射させた。

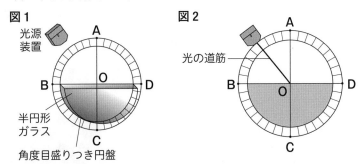

図1
光源装置
A
O
B　D
C
半円形ガラス
角度目盛りつき円盤

図2
光の道筋
A
B　D
O
C

Ⅰ　**図2**のように，AとBの間に光源装置を置き，ガラスの円の中心に光を入射させ，入射角を変えたときの反射角，屈折角を測定した。

結果

入射角	10°	20°	30°	40°	50°	60°	70°	80°
反射角	10°	20°	30°	40°	50°	60°	70°	80°
屈折角	7°	13°	20°	26°	31°	36°	40°	42°

反射の法則が成りたっているね！

●**実験文がある問題**では物理の実験文は，実験の方法や設定を細かく説明していて複雑に感じられる場合もあるので，まず各問題で何が問われているかを確認しよう。
基本的な知識で解ける問題も多いので，問題を解きながら，必要に応じて実験文や結果を確認する方法でもよい。

解き方のヒント

Ⅱ　図3のように，CとDの間に光源装置を移動させ，直線OCと入射する光のなす角が20°になるようにガラスの円の中心に光を入射させ，光の道筋を調べた。

Ⅲ　図4のように，図3の状態から光源装置と円盤は固定させ，Oを中心としてガラスを円盤上で時計回りに25°回転させ，光の道筋を調べた。

図3

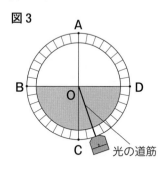

光の道筋

図4

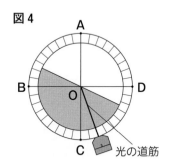

光の道筋

(1)　実験のⅠについて，光の入射角が70°のとき，半円形ガラスの円の中心で反射した光の道筋を点線(------)で，屈折した光の道筋を実線(———)で，右の角度目盛りつき円盤に書きこみなさい。

入射する光の道筋

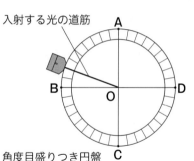

角度目盛りつき円盤

(2)　実験のⅡについて，光の屈折角の大きさは何度か。求めなさい。

(3)　次の文は，実験のⅢについて述べたものである。①，②にあてはまるものは何か。①はことばを，②は0～180の範囲の数値を書きなさい。

> 　半円形ガラスを時計回りに回転させることにより，入射角が大きくなり，光がすべて反射した。この現象を　①　という。このとき，図4において，直線OCと半円形ガラスの円の中心で反射した光の道筋とのなす角は　②　度となる。

注目!

(1)結果の表をもとに，指示された線の種類に注意して作図しよう。

考え方

(2)空気からガラスへ屈折して進む光を，ガラスから逆向きに空気へ進ませると，2つの光の道筋は一致することから，結果の表をもとに求める。

(3)②ガラスだけを回転させるので，光の入射角が変わる。反射の法則から，反射光を作図してみると考えやすい。

2 音と光 ≫p.103〜105, 131, 134

身近な物理現象に関する(1)，(2)の問いに答えなさい。〔静岡・改〕

図1のように，Yさんの乗った船が岸壁から遠く離れた位置で，岸壁に船首を向けて静止していたところ，稲光が見え，雷鳴が聞こえた。このように，雷は，音と光が発生する自然現象である。

図1

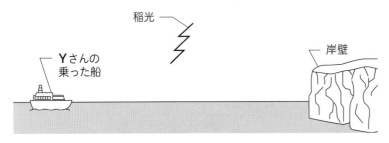

稲光

Yさんの
乗った船

岸壁

解き方のヒント

●入試では
もとの入試問題では，雷という自然現象にからめて，2年生で学習する静電気と，1年生で学習する音と光について問われている。このように，入試では，学年に関係なくいろいろな内容が1つの問題で問われることも多い。

(1) 音に関する①，②の問いに答えなさい。

① 船が岸壁に向かって鳴らした汽笛の音を，Yさんがマイクロホンで拾い，コンピュータの画面上に音の波形を表示させた。**図2**は，このときの音の波形を表したものである。次の**ア〜エ**の中から，**図2**の波形が表している音より，大きい音を表している波形と高い音を表している波形として，最も適切なものを1つずつ選び，記号で答えなさい。

図2

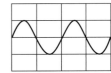

ア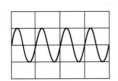

イ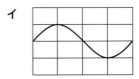

ウ

エ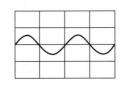

この問題なら
解けるかも！

196

② Ｙさんの乗った船が10m/sの速さで岸壁に向かって進みながら，汽笛を鳴らした。この汽笛の音は，岸壁ではね返り，汽笛を鳴らし始めてから5秒後に船に届いた。音の速さを340m/sとすると，船が汽笛を鳴らし始めたときの，船と岸壁との距離は何mか。計算して答えなさい。ただし，汽笛を鳴らし始めてから船に汽笛の音が届くまで，船は一定の速さで進んでおり，音の速さは変わらないものとする。

(2) 次の文章を読み，光に関する①，②の問いに答えなさい。
　　Ｙさんが使う客室には，Ｙさんの全身が映る鏡が，床に対して垂直な壁に取り付けられていた。図3のように，鏡から2m離れてＹさんが立っている。また，Ｙさんの身長は162cmで，目の高さは150cmである。

図3

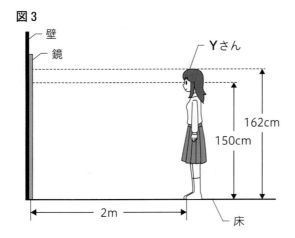

① このとき，Ｙさんから見た，鏡に映っているＹさんの全身は，床からの高さが何cm以上，何cm以下のところに見えるか。図3をもとにして，答えなさい。
② Ｙさんが鏡から4mの位置まで遠ざかって立つ。このとき，Ｙさんから見た，鏡の縦の長さに対する，鏡に映っているＹさんの全身の長さの比率は，鏡から2m離れて立っていたときと比べて，どのようになるか。簡単に書きなさい。

考え方
(1)②汽笛の音が5秒間に伝わった距離を求める。
→船が5秒間に進んだ距離を求める。
→求めた2つの距離と，ここで問われている距離の関係を式に表して計算する。

考え方
(2)①頭のてっぺんと，足の先の像の位置をそれぞれ作図する。
→像の位置をもとに，頭のてっぺん，足の先からの光が，それぞれ鏡で反射して目に入る光を作図する。
→鏡のどの範囲に全身が映るかを考える。
→与えられた数値をもとに計算する。

3 地震の波と緊急地震速報 >>p.166〜169

次の文章は，太郎さんと先生による地震のしくみや緊急地震速報についての会話である。〔愛知・改〕

先生：昨日の地震は，ゆれが大きかったですね。

太郎：はい。カタカタと小さなゆれを感じて，「あっ，地震だ。」と気付いたら，その後，ユサユサと大きなゆれを感じました。

先生：地震のゆれは，Ｐ波とＳ波という速さの異なる２つの波によって伝わるため，そのように感じます。水面に物体を落としたとき，水面に波が広がりますね。それと同じように，地震のゆれは岩石の中を波として周囲に伝わっていきます。日本では，いろいろな場所に，地震計を設置しています。

太郎：いろいろな場所に地震計を設置することでどのようなことがわかるのですか。

先生：例えば，各地点の地震計に記録されたＰ波やＳ波の到着時刻から，震源までの距離や波の速さを計算することができます。表は，ある日に，地下のごく浅い場所で発生した地震を観測した地点Ａ，Ｂ，Ｃについて，各地点の震源からの距離と，Ｐ波が到着した時刻と，地点ＡにＳ波が到着した時刻をまとめたものです。それでは，地点Ａ，Ｂ，Ｃは同じ水平面上にあり，発生するＰ波，Ｓ波はそれぞれ一定の速さで伝わるものとして，Ｐ波とＳ波の速さを比べてみましょう。

太郎：はい。計算すると，表の結果から，この地震のＳ波の速さは，Ｐ波の速さの（　①　）倍になります。

先生：よくできましたね。次に，緊急地震速報について考えてみましょう。表の地震では，緊急地震速報が出されました。緊急地震速報は，Ｐ波とＳ波の速さの違いを利用して，震源近くの地震計がＰ波による小さなゆれを観測したとき，Ｓ波による大きなゆれの到着時刻や震度などを予想して各地に知らせる情報のことで，地震による被害をできるだけ少なくするために活用されています。

太郎：そうなのですね。実際に，②緊急地震速報を受信してから，Ｓ波によるゆれが到着するまでにどのくらいの時間がかかるか調べてみたいと思います。

	震源からの距離	P波が到着した時刻	S波が到着した時刻
地点A	120km	9時45分46秒	9時46分02秒
地点B	30km	9時45分28秒	—
地点C	60km	9時45分34秒	—

（地点B，CにS波が到着した時刻は示していない。）

次の(1)，(2)の問いに答えなさい。

(1) 会話文中の（ ① ）にあてはまる数字を，小数第1位まで求めなさい。

(2) 下線部②について，表をもとにして，震源からの距離と，緊急地震速報を受信してからS波が到着するまでの時間との関係を表すグラフを，下図に書きなさい。

　　ただし，表の地震では，震源からの距離が30kmのところに設置された地震計がP波によるゆれを観測し始めてから4秒後に，震源から120kmまでの全ての地点で緊急地震速報が受信されるものとする。

　　なお，緊急地震速報を受信する前にS波が到着する場合のグラフは書かないものとする。

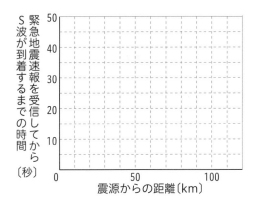

考え方

(1) 表の地点B，Cの記録から，P波の速さを求める。

→地震発生時刻を求める。

→地点Aの記録から，S波の速さを求める。

→P波の速さとS波の速さを比べる。

(2) 問題文の後半の「ただし，〜受信されるものとする。」の部分をもとに，地点Bについて，グラフ上の点を求める。

→同様に，地点Cや地点Aなど他の地点について，グラフ上の点を求める。

注目！

「ただし」や「なお」で始まる文は，重要なことが書かれていることが多いので，読み落とさないようにしよう。

わかっていることを整理して，じっくり考えよう。

4 地層と火山灰の観察　≫p.154, 155, 182〜184, 187

次の問いに答えなさい。〔北海道〕

解き方のヒント

●入試では
この入試問題のように，火山と地層の内容を1つの問題で問われると，一見難しそうだが，問われている内容は基本的なことも多い。
また，地層の内容では，いくつかの露頭の図や柱状図と，標高を示した地形図を組み合わせて，地層の広がりや傾きを考えさせる問題もよく見られる。考え方に慣れれば解けるようになるので，ここで一度挑戦してみよう。

道路沿いに2つの露頭Ⅰ，Ⅱが見られる**図1**のような地域の地層を調べるため，次の観察を行った。

観察1

　露頭Ⅰ，Ⅱを観察したところ，いずれの露頭にも平行に重なった泥，砂，ⓐ火山灰の層が見られ，各露頭の火山灰の層のさまざまなところから火山灰を採集した。また，露頭Ⅰでは，ⓑ石灰岩の層が見られ，その層からサンゴの化石が見つかった。

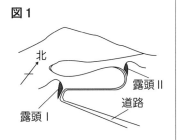

図1

観察2

　観察1で採集した火山灰をよく洗って，双眼実体顕微鏡で観察した。採集したいずれの火山灰も，**図2**のように，ほとんどが白っぽい粒で，それらはおもに石英（セキエイ）や長石（チョウ石）であり，わずかに見られる黒っぽい粒は黒雲母（クロウンモ）であった。

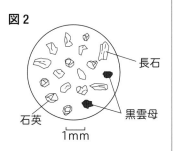

図2

問1　下線部ⓐは，どの火山のいつごろの噴火によるものかがわかれば，地層ができた時代を知る手がかりになる。このような目印となる，特徴的な層を何というか，書きなさい。

問2　下線部ⓑが堆積した当時の環境について推定できることとして，最も適当なものを，**ア**〜**エ**から選びなさい。

　ア　冷たくて浅い海　　　　**イ**　冷たくて深い海
　ウ　あたたかくて浅い海　　**エ**　あたたかくて深い海

問3　観察2について，次の文の①，②の｛　｝に当てはまるものを，それぞれ**ア**，**イ**から選びなさい。

　　観察した火山灰を噴出した火山のマグマのねばりけは

　　①｛**ア** 大きい（強い）　　**イ** 小さい（弱い）｝と考えられ，この火山の形は ②｛**ア** 傾斜がゆるやかな形　　**イ** ドーム状（盛り上がった形）｝であったと推定できる。

問4　**図3**は，地層の観察の後に行われた授業の内容について，中学生がまとめたものの一部を示したものである。次の(1)，(2)に答えなさい。

考え方
問3　観察した火山灰に含まれる鉱物（ふくぶつ）から，火山噴出物の色が白っぽいのか，黒っぽいのかを判断する。

図3

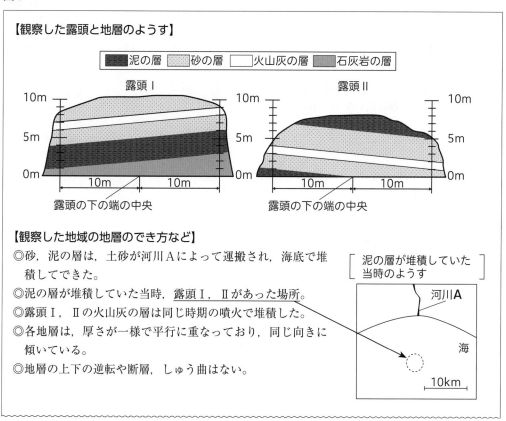

【観察した露頭と地層のようす】

■ 泥の層　　■ 砂の層　　□ 火山灰の層　　■ 石灰岩の層

露頭Ⅰ

露頭の下の端の中央

露頭Ⅱ

露頭の下の端の中央

【観察した地域の地層のでき方など】

◎砂，泥の層は，土砂が河川Ａによって運搬され，海底で堆積してできた。

◎泥の層が堆積していた当時，露頭Ⅰ，Ⅱがあった場所。

◎露頭Ⅰ，Ⅱの火山灰の層は同じ時期の噴火で堆積した。

◎各地層は，厚さが一様で平行に重なっており，同じ向きに傾いている。

◎地層の上下の逆転や断層，しゅう曲はない。

泥の層が堆積していた当時のようす

河川Ａ

海

10km

問題は次ページに続くよ！

(1) 次の文の①，②の｜　｜に当てはまるものを，それぞれ**ア**，**イ**から選びなさい。

　　露頭Ⅰ，Ⅱにおいて，泥の層の上に砂の層が見られた。このことから，砂の層が堆積しはじめたときは，泥の層が堆積していたときと比べて，**図3**の河川Aの河口と露頭Ⅰ，Ⅱがあった場所との距離は

　　① ｜**ア** 遠く　　**イ** 近く｜ なり，堆積する粒子の大きさは

　　② ｜**ア** 大きく　　**イ** 小さく｜ なったと推定できる。

(2) **図4**は，方眼紙を用いて，**図3**で示した露頭Ⅰ，Ⅱの下の端の中央の位置をそれぞれ示したものである。**図4**に示した地点Xにおける柱状図をかくとき，観察した火山灰の層と同じ火山灰の層は，地表から深さ何m〜何mの範囲にあるか，書きなさい。

　　なお，**図4**の（　　）内の値は，各露頭の下の端の中央と地点Xの標高をそれぞれ示している。また，露頭Ⅰ，Ⅱの下の端は水平な地面となっており，いずれの露頭も地面に対し垂直な平面で，露頭Ⅰは真東に，露頭Ⅱは真西に向いているものとする。

図4

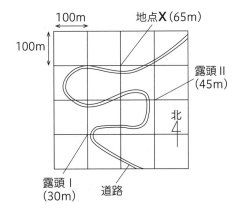

考え方

問4(2)露頭Ⅰの中央における，火山灰の層の高さを求める。

→露頭Ⅱの中央における，火山灰の層の高さを求める。

→上の2つをもとに，地点Xにおける，火山灰の層の高さを求める。

→地点Xの標高から，火山灰の層の地表からの深さを求める。

道路に立って，露頭を見ているようすをイメージしよう。

第1編 いろいろな生物とその共通点

第1章 生物の観察と分類のしかた　p.18, 19

1 (1)A ③　B ②　C ①
(2)A イ　B ア　C ウ
(3) ウ　(4) イ

〈解説〉

(1) 植物Aがある場所は南側なので，日当たりがよく，乾いている。植物Bがある場所は北側なので，日当たりが悪く，湿っている。植物Cがある場所は池のまわりなので，日当たりがよく，湿っている。

(2) タンポポは日当たりがよく乾いている場所で，ゼニゴケは日当たりが悪く湿っている場所で，セリは日当たりがよく湿っている場所で，それぞれ生活している。

(3) ルーペは目に近づけて持つ。観察物が動かせるときは，観察物を前後に動かしてピントを合わせる。

(4) スケッチをするときは，対象とするものだけを，先を細く削った鉛筆を使ってかく。また，細い線と小さな点ではっきりとかき，線を重ねがきしたり，影をつけたりしない。

2 (1) ア，ウ，エ，イ
(2) 黒色

〈解説〉

(1) 双眼実体顕微鏡は，鏡筒（接眼レンズ）の間隔を調整する→ピントを合わせる→視度調節リングで調整する，の順で操作する。ピントを合わせるときは，粗動ねじ（B）をゆるめて鏡筒を上下させて，両目でおよそのピントを合わせた後，右目でのぞきながら微動ねじ（C）を回してピントを合わせる。その後，左目でのぞきながら，視度調節リング（A）を回してピントを合わせる。

(2) 双眼実体顕微鏡のステージには，白い面と黒い面があり，観察物がはっきり見えるほうを使う。

3 (1)A 接眼レンズ　　B 対物レンズ
C ステージ　　D 反射鏡
E 調節ねじ
(2) A　(3) ウ，ア，イ，エ
(4) B（対物レンズ）とプレパラートをぶつけないようにするため。
(5) 10倍
(6) 見える範囲は狭くなり，明るさは暗くなる。
(7)① 空気の泡（気泡）が入ること（を防ぐため）。
② ア
③A ゾウリムシ　　B ミカヅキモ

〈解説〉

(2) レンズは，鏡筒を通して対物レンズの上にほこりが落ちないようにするために，接眼レンズ，対物レンズの順に取りつける。

(4) 接眼レンズをのぞきながらプレパラートと対物レンズを近づけていくと，それらをぶつけてしまうおそれがあるので，遠ざけながらピントを合わせる。

(5) 顕微鏡の倍率は，「接眼レンズの倍率×対物レンズの倍率」で求められる。顕微鏡の倍率が150倍で，Aの接眼レンズの倍率が15倍なので，Bの対物レンズの倍率は，150÷15＝10〔倍〕である。

(6) 高倍率の対物レンズにすると，対物レンズに入る光の量が減って視野全体が暗くなるので，しぼりや反射鏡で明るさを調整する。

(7)① プレパラートの中に空気の泡（気泡）が入ると，観察しにくくなる。
② 顕微鏡の視野内に見えているものは，ふつう，上下・左右の向きが実物とは逆になっている。よって，プレパラートを動かす向きと，観察物の移動する向きは逆になる。

1 (1)A めしべ　　B　がく
　　C　おしべ　　D　花弁
　(2)　A, C, D, B
　(3)　C　　(4)　やく　　(5)　離弁花
　(6)　合弁花

〈解説〉
(2)　花は内側から，めしべ，おしべ，花弁，がくの順
　についている。
(3)・(4)　花粉は，おしべの先端にある袋状のやくの中
　に入っている。
(5)・(6)　花弁が1枚1枚離れている花を離弁花とい
　い，花弁がつながっている花を合弁花という。

2 (1)A ウ　　B エ
　(2)①　柱頭　　②　イ　　③　受粉
　　④果実　子房　種子　胚珠
　(3)　胚珠が子房の中にある（植物）。

〈解説〉
(1)　図1のAはおしべ，Bはがくである。図2のアは
　花弁，イはめしべの柱頭，ウはおしべのやく，エは
　がくである。
(2)　おしべのやくから出た花粉が，めしべの柱頭につ
　くことを受粉という。受粉すると，めしべの根もと
　の子房は成長して果実になり，子房の中の胚珠は成
　長して種子になる。
(3)　タンポポやエンドウのように，胚珠が子房の中に
　ある植物を被子植物という。

3 (1)①　B　　②　C　　③　E
　　④　F　　⑤　A
　(2)E 胚珠　　F　花粉のう
　(3)　外側
　(4)①　ウ
　　②　風で飛ばされやすいように，空気袋がつ
　　　いているから。

〈解説〉
(2)　図1のCは雌花のりん片で，Eは胚珠である。D
　は雄花のりん片で，Fは花粉のうである。
(3)　花粉のうは，雄花のりん片の外側についていて，
　花粉が外に出やすくなっている。
(4)　マツの花粉は，花粉袋がついていて風に飛ばされ
　やすく，遠くまで移動することができる。

4 (1)　（子房がなく，）胚珠がむき出しになってい
　　る。
　(2)①　B　　②　A
　(3)　X　　(4)　B　　(5)　ア

〈解説〉
(1)　裸子植物の花は，子房がなく，胚珠がむき出しに
　なっている。図1のDは胚珠である。
(2)①　花粉はおしべの先端にある袋状のやくの中に入
　っている。
(3)　図2のXは雌花の胚珠である。
(4)　図2のYは雄花の花粉のうである。

1 (1)A　平行脈　　B　網状脈
　　(2)X　主根　　Y　側根
　　(3)　ひげ根　　(4)　B　　(5)　D

〈解説〉

(1)・(4)　A（トウモロコシ）のように，平行に並んでいる葉脈を平行脈という。B（ホウセンカ）のように，網目状に広がっている葉脈を網状脈という。

(2)　C（ホウセンカ）のXのような中心の太い根を主根，Yのような枝分かれしている細い根を側根という。

(3)・(5)　太い根がなく，多数の細い根が広がっているD（トウモロコシ）のような根をひげ根という。

2 (1)①　子葉　　②　2　　③　1
　　(2)　網状脈　　(3)　ひげ根
　　(4)①なかま　合弁花類　　植物　エ
　　　②なかま　離弁花類　　植物　ア

〈解説〉

(1)～(3)　双子葉類と単子葉類は，子葉の枚数や葉脈，根のようすにそれぞれ特徴がある。

	双子葉類	単子葉類
子葉	2枚	1枚
葉脈	網状脈	平行脈
根	主根と側根	ひげ根

(4)　双子葉類のうち，花弁がつながっているなかまを合弁花類，花弁が1枚1枚離れているなかまを離弁花類という。アサガオは合弁花類，サクラは離弁花類，トウモロコシは単子葉類，イチョウは裸子植物である。

3 (1)　胞子
　　(2)①　シダ植物　　②　C　　③　ウ
　　(3)　からだを地面などに固定する（はたらき）。

〈解説〉

(1)　種子をつくらない植物は，胞子のうという袋でつくられた胞子でふえる。胞子でふえる植物には，シダ植物やコケ植物がある。

(2)①・②　イヌワラビのようなシダ植物は，根，茎，葉の区別があり，茎（C）が地中にあるものが多い。地中にある茎を地下茎という。地下茎は横に伸び，ここから葉（A・B）や根を出す。

③　スギゴケはコケ植物，スギナ，ゼンマイ，ワラビはシダ植物である。

(3)　コケ植物には，種子植物やシダ植物と違って，根，茎，葉の区別がない。からだの表面にある根のようなものは仮根といい，おもにからだを地面などに固定するはたらきをする。

4 (1)　種子植物
　　(2)ⓐ　ア　　ⓑ　イ　　ⓒ　エ　　ⓓ　ウ
　　(3)ⓐ　C　　ⓘ　D　　ⓤ　A　　ⓔ　E

〈解説〉

(1)・(2)　種子をつくってふえる植物を種子植物といい，胚珠が子房の中にあるⓐの被子植物か，胚珠がむき出しになっているⓑの裸子植物に分類することができる。被子植物は，芽生えのようすに着目すると，子葉が2枚のⓒの双子葉類と，子葉が1枚のⓓの単子葉類に分けることができる。

1 (1) A, C, E (2) 胎生
(3) B (4) A, E
(5)① A ② E ③ C ④ E

〈解説〉

Aは鳥類，Bは魚類，Cはハチュウ類，Dは両生類，Eはホニュウ類である。

(1) うまれたときから一生，肺で呼吸するのは，鳥類，ハチュウ類，ホニュウ類である。

(2) ホニュウ類の子は，母親の子宮内である程度育ってからうまれる。これを胎生という。

(3) 一般に，水中に卵をうむ魚類や両生類は，1回の産卵数が多く，特に魚類は非常に多い。

(4) 鳥類のからだは羽毛で，ホニュウ類のからだは毛でおおわれており，体温維持に役立っている。

2 (1) B (2) 門歯
(3) 獲物をしとめるとき。 (4) B

〈解説〉

(1) ホニュウ類には，おもに他の動物を食べる肉食動物と，おもに植物を食べる草食動物がいて，歯の形や目のつき方などに違いが見られる。図のAが草食動物，Bが肉食動物の頭骨である。

(2) 草食動物では，草を切る門歯（a）と，草をすりつぶす臼歯が発達している。

(3) 肉食動物では，獲物をしとめる犬歯（b）と皮膚や肉をさいて骨をくだく臼歯が発達している。

(4) 肉食動物では，目が前向きについているため，視野は狭いが立体的に見える範囲が広く，獲物までの距離をはかりながら追いかけるのに役立っている。

3 (1) 無セキツイ動物
(2)a 頭部 b 胸部 c 腹部
(3) 気門 (4) 外とう膜

〈解説〉

(1) 地球上の動物は，背骨があるかないかに着目すると，背骨があるセキツイ動物と，背骨がない無セキツイ動物に分けることができる。

(2) バッタのような昆虫類のからだは，頭部，胸部，腹部の3つの部分に分かれている。

(3) バッタは，胸部や腹部にある気門から空気を取り入れて呼吸する。

(4) イカやアサリなどの軟体動物のからだでは，内臓が外とう膜でおおわれている。

4 (1)A オ B イ C ウ
(2)a ハト b トカゲ c カエル
d コイ e カニ f タコ
(3) えら (4) 甲殻類

〈解説〉

(1) A…背骨があるセキツイ動物を，ネコ（ホニュウ類）とそれ以外に分類する観点は，子のうまれ方である。

B…卵を陸上にうむ動物（鳥類とハチュウ類）を分類する観点は，からだの表面のようすである。

C…外骨格があるかないかで分類することができ，外骨格がある節足動物を，チョウ（昆虫類）とそれ以外に分類する観点は，3対のあしをもつかどうかである。

(2) a・b…セキツイ動物であり，卵を陸上にうむ動物は，鳥類とハチュウ類である。このうち，からだが羽毛でおおわれているaは鳥類のハトで，bはからだがうろこでおおわれているハチュウ類のトカゲである。

c・d…セキツイ動物であり，卵を水中にうむ動物は，両生類と魚類である。このうち，親になると肺と皮膚で呼吸するcは両生類のカエルで，dは一生えらで呼吸する魚類のコイである。

e…無セキツイ動物であり，外骨格があり，あしが3対ではない動物なので，甲殻類のカニである。

f…無セキツイ動物であり，外骨格がない動物なので，軟体動物のタコである。

第2編 身のまわりの物質

第5章 物質の性質 p.62, 63

1 (1) A　(2) A　(3) 二酸化炭素
　　(4) 有機物

〈解説〉

(1) 集気びんの内側がくもるのは，水ができたからである。ろうは水素を含むため，燃やすと水ができる。

(2)・(3) ろうは炭素を含むため，燃やすと二酸化炭素ができる。石灰水に二酸化炭素を通すと，石灰水が白くにごる。スチールウールは炭素を含まないため，燃やしても二酸化炭素はできない。

(4) ろうのように，炭素を含み，火をつけて燃えると二酸化炭素を発生する物質を有機物という。一方，スチールウールのように，炭素を含まず，燃えても二酸化炭素を発生しない，有機物以外の物質を無機物という。

2 (1) ウ
　　(2)① X　砂糖　　Y　食塩　　② X
　　(3) デンプン，砂糖

〈解説〉

(1) デンプン，砂糖，食塩はどれもにおいがなく，白い粉末状の物質なので，においや色で区別することはできない。水に入れると，砂糖と食塩は水に溶けるが，デンプンは水に溶けないので，デンプンを区別することができる。

(2) 砂糖を加熱すると，燃えて炭になるが，食塩を加熱しても変化しない。なお，デンプンを加熱すると，燃えて炭になる。

(3) デンプンや砂糖のように，燃えて炭(炭素)になる物質は有機物，加熱しても変化しない食塩は無機物である。

3 (1)① B　② A
　　(2) ウ，イ，エ，ア

〈解説〉

(1) 上にあるAのねじが空気調節ねじ，下にあるBのねじがガス調節ねじである。

(2) 空気調節ねじとガス調節ねじが閉まっていることを確かめてから元栓を開く(ウ→イ)。その後，マッチに火をつけて下から近づけ，ガス調節ねじを少しずつ開いて点火する(エ)。ガス調節ねじで炎の大きさを10cmくらいの高さに調節した後，ガス調節ねじを押さえて，空気調節ねじを少しずつ開いて青色の炎にする(ア)。なお，火を消すときは，火をつけるときと逆の順序で操作する。

4 (1) B，E　(2) D　(3) イ

〈解説〉

(1) 紙，プラスチックは有機物，鉄，アルミニウム，ガラスは無機物である。

(2) 無機物の鉄，アルミニウム，ガラスのうち，鉄とアルミニウムは金属である。金属以外の物質を非金属といい，ガラスがこれにあたる。

(3) 金属には，みがくと特有の光沢(金属光沢)が出る，熱をよく伝える，電気をよく通す，たたくとうすく広がり(展性)，引っ張るとのびる(延性)などの共通の性質がある。鉄など一部の金属は磁石につくが，磁石につくことはすべての金属に共通する性質ではない。

5 (1)　B　　(2)　2.7g/cm³

　　(3)　アルミニウム　　(4)　ポリエチレン

〈解説〉

(1)　メスシリンダーは水平な台の上に置き，液面の最も低い位置を真横から水平に見る。

(2)　メスシリンダーの目盛りを読むときは，最小目盛りの$\frac{1}{10}$まで目分量で読むので，図のときは73.0cm³と読める。また，球を入れたことで増えた体積は，73.0−50.0＝23.0〔cm³〕なので，これが球の体積となる。

$$密度〔g/cm³〕＝\frac{物質の質量〔g〕}{物質の体積〔cm³〕}　より，$$

$\frac{62.0〔g〕}{23.0〔cm³〕}＝2.69…〔g/cm³〕$　小数第2位を四捨五入して，2.7g/cm³となる。

(3)　表より，密度が2.7g/cm³の物質は，アルミニウムであることがわかる。

(4)　固体が液体に浮くか，沈むかは，その固体の密度が液体の密度よりも小さいか，大きいかで決まる。固体の密度が液体の密度よりも大きいときは，固体は液体に沈み，固体の密度が液体の密度よりも小さいときは，固体は液体に浮く。よって，水に入れると浮くのは，水の密度1g/cm³よりも密度が小さい物質である。表より，密度が0.94g/cm³のポリエチレンは水に浮くことがわかる。

第6章 気体の性質 p.74, 75

1 (1)①　C　　②　B　　③　A

　　(2)①　C　　②　B　　③　B

〈解説〉

(1)①　水に溶けない，または溶けにくい気体は，水上置換法で集める。水上置換法は，気体を水と置きかえて集めるので，空気が混じらない純粋な気体を集めることができる。

②　水に溶けやすく，空気より密度が小さい（空気より軽い）気体は，上方置換法で集める。

③　水に溶けやすく，空気より密度が大きい（空気より重い）気体は，下方置換法で集める。

(2)①　酸素は，水に溶けにくい気体なので，水上置換法で集める。

②　アンモニアは，水に非常によく溶け，空気より密度が小さい気体なので，上方置換法で集める。

(3)　二酸化炭素は，空気より密度が大きい気体なので，下方置換法で集めることができる。また，水に少し溶けるだけなので，水上置換法でも集めることができる。上方置換法では集めることはできない。

2 (1) 液体A　キ　　固体B　オ
　　(2) 液体A　カ　　固体B　ア
　　(3) 最初に出てくる気体には，装置の中に入っていた空気が含まれているから。
　　(4) 線香が炎を上げて燃える。
　　(5) 白くにごる。

〈解説〉
(1) 酸素は，二酸化マンガンにうすい過酸化水素水（オキシドール）を加えると発生する。二酸化マンガンは，うすい過酸化水素水から酸素が発生するのを速くするために用いられる。
(2) 二酸化炭素は，石灰石にうすい塩酸を加えると発生する。
(3) 最初に出てくる気体は，気体発生装置の試験管やガラス管の中に入っていた空気を多く含んでいるので，気体を集めるときは，しばらく気体を出してから集める。
(4) 酸素にはものを燃やすはたらき（助燃性）があるので，酸素を集めた集気びんに火のついた線香を入れると，線香が炎を上げて燃える。
(5) 二酸化炭素には，石灰水を白くにごらせる性質がある。

3 (1) ウ，オ
　　(2) 発生した水が試験管の底のほうに流れると，試験管が割れることがあるから。

〈解説〉
(1) 水素は，鉄や亜鉛などの金属に，うすい塩酸や硫酸を加えると発生する。
(2) 図2の2種類の固体の物質は，塩化アンモニウム（または硫酸アンモニウム）と水酸化カルシウムと考えられる。これらの混合物を加熱すると，アンモニアのほかに水もできる。この水が，試験管の底のほう（加熱部分）に流れると，試験管が割れることがあり，危険である。

4 (1) 水に非常によく溶ける。
　　(2) 水溶液はアルカリ性を示す。

〈解説〉
(1) アンモニアは水に非常によく溶けるため，スポイトの水がフラスコに入ると，その水にアンモニアが大量に溶け，アンモニアの体積が減った分，水が吸い上げられる。
(2) フェノールフタレイン溶液は，酸性・中性では無色で，アルカリ性で赤色に変化する。アンモニアが水に溶けるとアルカリ性を示すため，フェノールフタレイン溶液を加えた水はフラスコに入ると赤色に変化する。

5 (1) 手であおぐようにしてかぐ。
　　(2) E　(3) B　(4) 水

〈解説〉
　表より，最も密度が小さいAは水素，空気より密度が大きく水に少し溶けるBは二酸化炭素，刺激臭があるCはアンモニアである。残りのうち，空気より密度が少し大きいDは酸素，空気よりわずかに密度が小さいEは窒素である。
(1) 気体の中には有毒なものもあるので，大量に吸いこまないように，手であおぐようにしてにおいをかぐ。
(2) 空気中に体積の割合で約78％含まれる気体はEの窒素である。なお，酸素は約21％，二酸化炭素は約0.04％含まれる。
(3) 青色リトマス紙を赤色に変える性質は，酸性である。A～Eのうち，水に溶けて酸性を示す気体はBの二酸化炭素である。
(4) 気体Aは水素である。水素に空気中で火をつけると，爆発して燃え，水ができる。

1 (1)① 塩化ナトリウム　② 水
(2) イ，エ　(3) エ

〈解説〉
(1) 塩化ナトリウム水溶液の塩化ナトリウムのように，溶けている物質を溶質といい，水のように，溶質を溶かしている液体を溶媒という。
(2) 水溶液は透明で，色がついているものもあり，においがあるものもある。また，どの部分も濃さは同じで，時間がたっても液の下のほうが濃くなったり，溶けた物質が出てきたりすることはない。
(3) 塩化ナトリウム水溶液は，水の粒子が塩化ナトリウムの粒子の間に入りこみ，塩化ナトリウムの粒子がばらばらになって水の中に均一に広がった状態である。この状態は，時間がたっても変わらない。

2 (1) 100 g　(2) 15%
(3) 25%　(4) B
(5)① 60 g　② 水を200 g加えればよい。

〈解説〉
(1) 水溶液の質量は，溶媒の質量と溶質の質量の和である。砂糖水Aの質量は，溶媒が85 g，溶質が15 gなので，85＋15＝100〔g〕
(2) 質量パーセント濃度〔%〕
$$=\frac{溶質の質量〔g〕}{溶液の質量〔g〕}\times100\ より，$$
$$\frac{15〔g〕}{100〔g〕}\times100＝15〔%〕$$
(3) 質量パーセント濃度〔%〕
$$=\frac{溶質の質量〔g〕}{溶媒の質量〔g〕＋溶質の質量〔g〕}\times100\ より，$$
$$\frac{40〔g〕}{120〔g〕＋40〔g〕}\times100＝25〔%〕$$
(4) 質量パーセント濃度が大きいほど，濃い水溶液である。
(5)① 溶けている砂糖の質量をx gとすると，30%のときの質量パーセント濃度を求める式は，
$$\frac{x〔g〕}{200〔g〕}\times100＝30〔%〕\ と表される。$$

これより，$x＝200〔g〕\times\dfrac{30}{100}＝60〔g〕$

② 砂糖水Cの質量パーセント濃度は30%なので，砂糖水Aと同じ15%にするためには，水を加える必要がある。加える水の質量をy gとすると，15%のときの質量パーセント濃度を求める式は，
$$\frac{60〔g〕}{(200＋y)〔g〕}\times100＝15〔%〕\ と表される。$$

これより，$(200＋y)〔g〕＝60〔g〕\times\dfrac{100}{15}$

$$y＝60〔g〕\times\frac{100}{15}－200〔g〕＝200〔g〕$$

よって，水を200 g加えればよい。

3 (1) 硝酸カリウム　(2) イ
(3) （ビーカーBに溶かした物質は，）温度が変わっても，溶解度があまり変化しないから。
(4)① イ　② 結晶　(5) 混合物

〈解説〉
(1) 水50 gに15 g溶かすのは，水100 gに30 g溶かすのと同じことである。溶解度曲線より，60℃の水100 gにはどちらの物質もすべて溶け，温度を10℃に下げると，溶解度が30 gより小さくなる硝酸カリウムが現れる。このように，硝酸カリウムは温度によって溶解度が大きく変化するので，その水溶液を冷やすと，溶けきれなくなった溶質が現れる。
(2) ろ紙などを使って，固体と液体を分けることをろ過という。ろ過を行うときは，ろうとのあしの長いほうをビーカーの内壁につける。また，ガラス棒はろ紙が重なっているところに当てる。
(3) 塩化ナトリウムのように，温度が変わっても溶解度があまり変化しない物質は，水溶液を冷やしても溶質はほとんど現れない。
(4) 規則正しい形をした固体を結晶といい，結晶の形は物質の種類によって決まっている。アは硝酸カリウム，イは塩化ナトリウム，ウはミョウバン，エは硫酸銅の結晶である。
(5) 塩化ナトリウムや硝酸カリウムのように，1種類の物質でできたものを純粋な物質（純物質）といい，塩化ナトリウム水溶液や硝酸カリウム水溶液のように，複数の物質が混ざり合ったものを混合物という。

4 (1) 14.5 g (2) 24.0 g

〈解説〉
(1) 溶解度曲線より，硝酸カリウムは60℃の水100 g
に109 g溶けることから，水50 gには，

$109〔g〕× \dfrac{50}{100} = 54.5〔g〕$ 溶ける。水溶液Aには硝
酸カリウムが40 g溶けているので，

54.5−40＝14.5〔g〕より，あと14.5 g溶かすことが
できる。

(2) 溶解度曲線より，硝酸カリウムは20℃の水100 g
に32 g溶けることから，水50 gには，

$32〔g〕× \dfrac{50}{100} = 16〔g〕$ 溶ける。水溶液Aには40 g
の硝酸カリウムが溶けていたので，40−16＝24〔g〕
より，24 gの硝酸カリウムが溶けきれずに出てくる。

第8章 物質の状態変化 p.97, 98

1 (1) 気体 (2) ウ (3) B，D，E

〈解説〉
(1) 物質には，固体，液体，気体の3つの状態がある。
(2) 固体の粒子は規則正しく並び，その場で穏やかに
運動する（ア）。液体の粒子は固体のときのように規
則正しく並ばず，自由に運動できる（イ）。気体の粒
子は液体のときより激しく運動し，自由に飛びまわ
る（ウ）。
(3) 物質は，温度を上げていくと，固体→液体→気体
と変化し，逆に温度を下げていくと，気体→液体→
固体と変化する。また，ドライアイス（固体の二酸
化炭素）のように，固体から直接気体に変化したり，
気体から直接固体に変化したりするものもある。

2 (1)① 体積 小さくなる。 質量 変わらない。
② 沈む。
(2)① ふくらむ。
② 液体のエタノールが気体になって，体積
が大きくなったから。

〈解説〉
(1)① 体積…物質の体積は，粒子の運動のようすによ
って変わる。液体が固体に変化すると，粒子が規
則正しく並んで，粒子間の距離が小さくなるので，
体積は小さくなる。
質量…物質をつくる粒子には，物質ごとに決まっ
た質量がある。物質の状態が変化して体積が変化
しても，物質をつくる粒子の数は変わらないので，
質量は変わらない。
② 液体のろうが固体に変化すると，質量は変わら
ないが体積は小さくなるので，密度は大きくなる。
固体の密度が液体の密度より大きいときは，固体
は液体に沈むので，液体のろうの中に固体のろう
を入れると固体のろうは沈む。
(2) 液体のエタノールが入った袋に熱湯をかけると，
エタノールが液体から気体に変化して，体積が大き
くなるため，袋はふくらむ。なお，液体のエタノー
ルが気体に変化すると，体積はおよそ490倍になる。

3 (1)A 融点　　B 沸点
　　(2)① イ　　② オ
　　(3)（A，Bどちらも）変わらない。

〈解説〉

(1) 　Aは固体がとけて液体に変化するときの温度（融
点）で，固体が液体になり始め，全体が液体になる
までこの温度は一定である。また，Bは液体が沸騰
して気体に変化するときの温度（沸点）で，沸騰して
いる間はこの温度は一定である。

(2)① 　融点に達し，温度が一定である間は，固体が液
体に変化しているので，固体と液体が混ざってい
る。

　　② 　沸点に達した後，液体がすべて気体に変化する
（沸騰が終わる）と，温度は上昇し始める。

(3) 　純粋な物質（純物質）の沸点や融点は，物質の種類
によって決まっていて，物質の質量には関係しない。
よって，物質の質量を2倍にしても，融点や沸点は
変わらない。

4 (1)① D　② A，C　(2) ウ

〈解説〉

(1) 　一般に，物質は，融点より低い温度では固体，融
点と沸点の間では液体，沸点より高い温度では気体
になっている。

　　① 　20℃で気体である物質は，沸点が20℃より低い
ので，物質Dである。

　　② 　20℃で液体である物質は，融点が20℃より低く，
沸点が20℃より高いので，物質Aと物質Cである。

(2) 　加熱を始めたときの温度から，このときの物質E
は固体である。固体の物質を加熱すると，やがて融
点に達し，固体がすべて液体になるまで，温度は一
定である。

5 (1)① 沸点
　　② ・においを調べると，においがある。
　　　　・火を近づけると，長く燃える。
　　(2) ガラス管の先が，試験管に集まった液体の
中に入っていないことを確認する。

〈解説〉

(1)① 　水の沸点は100℃，エタノールの沸点は78℃で
ある。このように沸点が違うため，水とエタノー
ルの混合物を加熱すると，水よりも沸点の低いエ
タノールを多く含んだ気体が先に出てくる。

　　② 　エタノールにはにおいがあり，火をつけると炎
を上げて燃える性質がある。

(2) 　ガラス管の先が試験管に集まった液体の中に入っ
ていると，火を消したときに，液体がフラスコ内に
逆流してしまう。そのため，火を消す前に，ガラス
管の先が液体の中に入っていないことを確認する。

第3編 身のまわりの物質

第9章 光の反射と屈折 p.112, 113

1 (1) c
(2) 52°
(3) 右図

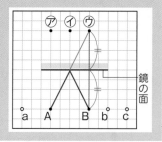

スリット　ライト
鏡の面

〈解説〉

(1) 入射角とは，物体の面に垂直な直線と入射光の間の角である。

(2) bの角度は，90°－38°＝52°
入射角と反射角は等しいので，cの角度はbの角度と等しく，52°である。

(3) 入射角と反射角が常に等しくなることを利用して，鏡の面のどの点で光が反射するのかを考える。

2 (1) ⑦
(2) 右図
(3) a
(4) 79cm

鏡の面
⑦ ⑦ ⑦
a A B b c

〈解説〉

(1) B点にいる人の像は，鏡の面に対して対称である⑦の位置に見える。

(2) A点にいる人には，像の位置（⑦）から光が直進してくるように見えるので，⑦の点とA点を直線で結ぶと，この直線と鏡の面との交点が，光が反射する点である。

(3) A点にいる人から鏡に映って見える範囲は，右図の —→ と —→ の内側の ▨ の部分である。よって，この範囲外のa点にいる人は鏡に映らない。

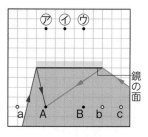

鏡の面
⑦ ⑦ ⑦
a A B b c

(4) 1枚の鏡の前に立って全身を映すには，身長の半分の大きさ（長さ）の鏡があればよい。よって，

$$158（cm）×\frac{1}{2}＝79（cm）$$

3 (1) b　(2) f　(3) ⑦　(4) ⑦

〈解説〉

(1) 物質の境界面に垂直な直線と入射光の間の角を入射角という。

(2) 物質の境界面に垂直な直線と屈折光の間の角を屈折角という。

(3) 光が空気中から水中へ境界面に対して斜めに進む場合，入射角と反射角は等しいが，屈折角は入射角より小さくなる。

(4) 水中の棒を見ている人は，目に入ってきた光を逆にのばした方向に棒の先端があると感じている。

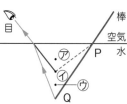

棒
目
空気
P 水
⑦
⑦
⑦
Q

よって，右図のように，目に入ってきた光を逆にのばした線上にある⑦が，棒の先端の像の位置である。

4 (1) b　　(2) d　　(3) 全反射
　　(4) ✕　　(5) ウ，エ　　(6) 光ファイバー

〈解説〉

(1) 水中から空気中に，境界面に対して斜めに進む光
　　は，屈折角が入射角より大きくなるように屈折する。

(2) 水中においても，入射角と反射角は等しくなる。

(3)・(4) 光が水中やガラス中から空気中に進むとき，
　　入射角がある角度より大きくなると，光が境界面で
　　すべて反射する。これを全反射という。

(5) 全反射は，光が空気中から水中やガラス中に進む
　　ときには起こらない。

(6) 光ファイバーは細いガラスの繊維で，入射した光
　　は2種類のガラスの境界面で全反射をくり返しなが
　　ら進む。自由に曲げられるため，光通信や内視鏡な
　　どに使われている。

第10章 凸レンズのはたらき p.124, 125

1 (1) （光の）屈折
　　(2) 焦点
　　(3) 焦点距離
　　(4) 短くなる。
　　(5) 右図

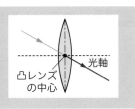

〈解説〉

(1) 凸レンズに，光軸に平行な光を当てると，光は凸
　　レンズで屈折する。

(2) 凸レンズで屈折した光は，1点に集まる。この点
　　を焦点という。

(3) 凸レンズの中心から焦点までの距離を焦点距離と
　　いう。

(4) 凸レンズのふくらみが大きいほど，光の屈折のし
　　かたが大きくなり，焦点距離は短くなる。

(5) 凸レンズの中心を通る光は，そのまま直進する。

2 (1) D
　　(2)①ⓐ　イ　　ⓑ　ア　　②ⓐ　ア　　ⓑ　ア

〈解説〉

(1) 凸レンズの左側の焦点がBなので，右側の焦点は
　　点Dである。あの光は光軸に平行なので，凸レン
　　ズで屈折して焦点Dを通り，スクリーン上の矢印の先
　　端に進む。この光を作図すると，下図のようになる。

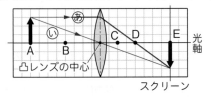

(2)① 物体が焦点Bの外側にあるとき，実像ができる。
　　　物体を点Aから焦点Bに近づけると，像ができる
　　　位置は凸レンズから遠くなり，像の大きさは大き
　　　くなる。

　　② 物体が焦点Bと凸レンズの間にあるとき，実像
　　　はできず，凸レンズをのぞくと虚像が見える。虚
　　　像は，物体よりも大きく，物体と同じ向きである。

3 (1) 下図

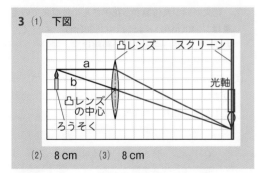

(2) 8 cm　　(3) 8 cm

〈解説〉
(1)　焦点の位置がわからないので，焦点を通らない，凸レンズの中心を通るbの光の進み方をまず考える。bの光は直進するので，これをまっすぐにのばして，スクリーンとの交点を求めると，この点がろうそくの像の先端の位置になる。aの光は，凸レンズで屈折した後，ろうそくの像の先端の位置まで進む。

(2)　(1)で作図した結果から，光軸に平行なaの光は凸レンズで屈折した後，凸レンズの中心から4目盛りの点で光軸と交わることがわかる。この点が焦点で，1目盛りが2cmだから，焦点距離は，
2〔cm〕×4＝8〔cm〕

(3)　ろうそくが焦点と凸レンズの間に入ると，虚像が見える。

4 (1) ③　　(2) 20cm　　(3) ④
(4) エ　　(5) ⑥

〈解説〉
(1)・(2)　物体が凸レンズの焦点距離の2倍の位置にあるとき，反対側の焦点距離の2倍の位置に，物体と同じ大きさの実像ができる。表より，物体が凸レンズから40cmの位置にあるとき，凸レンズから40cmの位置に像ができているので，40cmが焦点距離の2倍の長さであることがわかる。よって，焦点距離は，40〔cm〕÷2＝20〔cm〕

(3)　焦点距離の2倍の位置から物体を凸レンズに近づけると，実像ができる位置は凸レンズから遠ざかり，実像の大きさは物体よりも大きくなる。

(4)　実像は，物体とは上下左右が逆向きになっている。

(5)　物体が凸レンズの焦点よりも内側にあるとき，実像はできず，物体の反対側から凸レンズをのぞくと，物体よりも大きい虚像が見られる。なお，物体が凸レンズの焦点の位置にあるとき（表の⑤のとき）には，実像も虚像も見られない。

解答　定期試験対策問題

1 (1) 鳴っている。

(2)おんさBのようす　鳴っていない。

理由　おんさAの振動を伝える空気の振動が，しきり板によってさえぎられ，おんさBに伝わらなかったから。

(3)　空気

〈解説〉

(1)　おんさAをたたいて振動させて鳴らすと，その振動が伝わり，おんさBも鳴り始める。このとき，おんさAの振動を止めても，おんさBは振動したままで鳴り続ける。

(2)　おんさAとBの間にしきり板を入れると，おんさAをたたいて鳴らしても，おんさBは鳴らない。これは，空気の振動がしきり板でさえぎられ，おんさBに伝わらないためである。

(3)　容器の中の空気を抜いていくと，ブザーの振動を伝えるものがなくなるため，ブザーの音が聞こえなくなる。

2 (1)① 168m　② 336m/s

(2)① 918m　② 612m

③ 音が伝わる速さが，光が伝わる速さより遅いから。

〈解説〉

(1)①　音は，人の立っている位置と校舎の間を往復するので，音が伝わった距離は，

84〔m〕×2＝168〔m〕

②　音の速さ〔m/s〕

$$=\frac{音が伝わった距離〔m〕}{音が伝わるのにかかった時間〔s〕}$$

より，$\frac{168〔m〕}{0.50〔s〕}$＝336〔m/s〕

(2)①　音が伝わった距離〔m〕

＝音の速さ〔m/s〕×音が伝わるのにかかった時間〔s〕

より，340〔m/s〕×2.7〔s〕＝918〔m〕

②　花火が開いた位置から花子さんの位置までの距離は，340〔m/s〕×4.5〔s〕＝1530〔m〕　よって，太郎さんと花子さんの間の距離は，

1530－918＝612〔m〕

③　空気中を伝わる光の速さは約30万km/sで，音の速さ約340m/sよりもはるかに速いため，光が見えた後，遅れて音が聞こえる。

3 (1)　C　(2)　A

(3)　C　(4)　弦を(より)強くはじく。

(5)　弦を張る強さを弱くする。

〈解説〉

(1)　弦の太さが細いほど，弦の長さが短いほど，高い音が出る。

(2)　弦の太さが太いほど，弦の長さが長いほど，低い音が出る。

(3)　音が高いほど，振動数は多いので，最も高い音が出るCが，最も振動数が多くなる。

(4)　弦を強くはじくほど，振幅が大きくなり，大きい音が出る。

(5)　同じ太さ，同じ長さの弦を使うとき，弦を張る強さを強くするほど高い音が，弱くするほど低い音が出る。

4 (1)　(おんさAの)振幅　(2)　振動数

(3)　エ　(4)　イ　(5)　ア

〈解説〉

(1)　オシロスコープの画面の縦軸は振幅を表していて，上下の波の高さが高いほど，音が大きい。

(2)　オシロスコープの画面の横軸は時間を表していて，一定時間における波の数が多いほど，振動数が多く，音が高い。

(3)　同じおんさであれば，音の高さは変わらないので，振動数(波の数)は同じで，振幅が大きいものを選ぶ。

(4)　振動数が多いほど音は高いので，おんさAより波の数が多いものを選ぶ。

(5)　振動数が少ないほど音は低いので，おんさAより波の数が少ないものを選ぶ。

1 (1)A ア　B ウ　C イ
(2) 弾性力（弾性の力）
(3) 摩擦力（摩擦の力）

〈解説〉
(1) Aでは，箱に座ることで力が加わり，箱の形が変わっている。Bでは，ラケットがボールに加える力によって，ボールの運動の向きや速さが変わっている。Cでは，天井からつるしたひもが引く力で，かごを支えている。
(2) 伸びたばねがもとにもどろうとする力のように，変形した物体がもとにもどろうとする力を弾性力（弾性の力）という。
(3) 物体どうしが接している面の間で，物体の動きを妨げる向きにはたらく力を摩擦力（摩擦の力）という。

2 (1) 右図

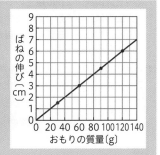

(2) 比例（の関係）　(3) 2.5cm
(4) 240 g

〈解説〉
(1) ばねののびを求めるには，おもりをつるしたときのばねの長さから，おもりをつるしていないとき（おもりの質量が0gのとき）のばねの長さを引けばよい。求めたばねの伸びをまとめると，下表のようになる。

おもりの質量〔g〕	0	30	60	90	120
ばねの伸び〔cm〕	0	1.6	3.0	4.4	6.0

表の値を・などの印で図に記入すると，印の並び方から，直線のグラフになると判断できるので，印が線をはさんで均等にばらつくように直線を引く。

(2) (1)のグラフが原点を通る直線になっていることから，ばねの伸びは，ばねを引く力の大きさに比例する。
(3) このばねは，60gのおもりで3.0cm伸びることから，求めるばねの伸びを x cmとすると，
$60〔g〕:3.0〔cm〕=50〔g〕:x〔cm〕$ という比例式が成りたつ。よって，
$60〔g〕× x〔cm〕=3.0〔cm〕×50〔g〕$ より，
$$x=3.0〔cm〕×\frac{50〔g〕}{60〔g〕}=2.5〔cm〕$$
(4) 求めるおもりの質量を y gとすると，
$60〔g〕:3.0〔cm〕= y〔g〕:12〔cm〕$
よって，$y=60〔g〕×\dfrac{12〔cm〕}{3.0〔cm〕}=240〔g〕$

別解 このばねは，3.0cm伸ばすのに60gの力が必要なので，1cm伸ばすためには，
$60〔g〕×\dfrac{1〔cm〕}{3.0〔cm〕}=20〔g〕$ の力が必要である。
よって，12cm伸ばすためには，
$20〔g〕×12=240〔g〕$ の力が必要である。

3 (1)① C　② A，D　③ 25N
(2) 下図

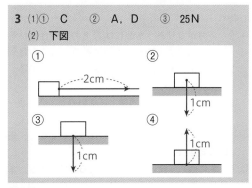

〈解説〉
(1)① 力の大きさは矢印の長さで表すので，矢印の長さが最も長いCである。
② 矢印の長さが同じAとDである。
③ 点Cにはたらいている力の大きさは，5目盛り分である。1目盛りが5Nの力を表しているから，$5〔N〕×5=25〔N〕$

(2)① 10Nの力を1cmの長さで表すから，20Nの力
の矢印の長さは，1〔cm〕×$\dfrac{20〔N〕}{10〔N〕}$＝2〔cm〕

作用点は物体に糸がついているところ，向きは
手が引く向きとなる。

② 1kg＝1000g だから，この物体にはたらく重
力の大きさは，1〔N〕×$\dfrac{1000〔g〕}{100〔g〕}$＝10〔N〕

よって，矢印の長さは1cmとなる。重力の作
用点は物体の中心，向きは下向きとなる。

③ ②と同様，矢印の長さは1cm。作用点は物体
と床が接する面の中心とし，向きは下向きとなる。

④ ②と同様，矢印の長さは1cm。作用点は物体
と床が接する面の中心とし，向きは上向きとなる。

---

4 (1)① C，D
② A
(2)① 垂直抗力
② 右図

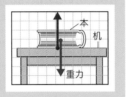

〈解説〉
(1)① 2力がつりあうためには，「2力の大きさは等
しい。」，「2力の向きは反対である。」，「2力は同
一直線上にある。」の3つの条件が必要である。
この条件を満たしているのは，CとDである。

② Aは，2力が同一直線上にないので，2力が一
直線上になるまで，厚紙が回転するように動く。
なお，Bは2力が同じ向きになっているので，矢
印の向き（右向き）に動く。

(2)① 本には，下向きに重力がはたらいているが，本
は動かない。これは，本には上向きにも重力と同
じ大きさの力がはたらいているからである。この
力を垂直抗力という。

② 垂直抗力の矢印は，本と机が接する面から上向
きに，重力の矢印と同じ長さにして，重力の矢印
と一直線になるようにかく。ただし，矢印が重な
って見にくくなる場合は，重力の矢印から少しず
らしてかいてもよい。

第4編 大地の変化

第13章 火山 p.162, 163

1 (1) マグマ (2)① ウ ② イ
(3) 水蒸気

〈解説〉
(1) 地球内部の熱によって，地下の岩石がどろどろに
溶けたものをマグマという。火山噴出物は，噴火に
よってふき出された，マグマがもとになってできた
ものである。

(2)① マグマが地表に流れ出た液体状のものを溶岩と
いう。なお，液体状のもののほか，マグマが地表
で冷え固まったものも溶岩という。

② 噴火によってふき出されたマグマがもとになっ
てできた粒のうち，直径が2mm以下の細かいも
のを火山灰，2mm以上のものを火山れきという。
火山弾は，ふき飛ばされたマグマが空中で冷え固
まったもので，表面に割れ目が入るなど，独特な
形をしている。

(3) 火山ガスの成分は，約90％が水蒸気で，ほかに，
二酸化炭素，二酸化硫黄，硫化水素などが含まれる。

---

2 (1) B，C，A (2) B (3) A
(4)A ウ B イ C ア

〈解説〉
(1) マグマのねばりけが強いと，溶岩は流れにくいた
め，溶岩が火口付近に盛り上がって，Bのようなお
わんをふせたような形（溶岩ドーム）の火山になる。
マグマのねばりけが弱いと，溶岩はうすく広がって
流れ，溶岩が積み重なると，Aのような傾斜がゆる
やかな形の火山になる。マグマのねばりけが中間程
度の場合，流れ出る溶岩はぶ厚くなってあまり広が
らないため，Cのような円すいの形の火山になる。

(2) マグマのねばりけが強いB形の火山では，火山
ガスがマグマから抜け出しにくいためにたまり，激
しく爆発的な噴火をすることが多い。一方，マグマ
のねばりけが弱いA形の火山では，火山ガスがマ
グマから抜け出しやすいため，激しく噴火すること
は少なく，穏やかに溶岩を流し出すことが多い。

(3) ねばりけが弱いマグマからできた火山噴出物は，黒っぽい色になり，ねばりけが強いマグマからできた火山噴出物は，白っぽい色になることが多い。

(4) Aの形の火山には，ハワイのマウナロアやキラウエアなどがあり，Bの形の火山には，雲仙普賢岳や昭和新山，有珠山などがある。Cの形の火山には，浅間山や桜島などがある。

3 (1) 指の腹（親指の腹，指の先）
   (2) クロウンモ（黒雲母）
   (3)① 無色鉱物（白色鉱物）
     ② 強い。（大きい。）

〈解説〉
(1) 火山灰を蒸発皿に入れ，水を加えて指の腹で押し洗いし，にごった水を流す操作を，水がきれいになるまでくり返す。このようにして取り出した火山灰の粒は，乾かした後，ルーペや双眼実体顕微鏡で観察をする。

(2) 黒色で，決まった方向にうすくはがれる鉱物は，クロウンモである。

(3)① セキエイやチョウ石のように，白っぽい鉱物を無色鉱物（白色鉱物）という。一方，クロウンモやカクセン石，キ石，カンラン石などのように，黒っぽい鉱物を有色鉱物という。
   ② セキエイやチョウ石には，二酸化ケイ素が多く含まれている。二酸化ケイ素を多く含むマグマほど，ねばりけは強い。

4 (1)X 斑状組織　Y 等粒状組織
   (2)a 石基　b 斑晶
   (3) マグマが地下の深いところで，ゆっくり冷え固まってできた。
   (4)X 安山岩　Y 花こう岩

〈解説〉
(1)・(2) 火成岩Xのように，形がわからないほどの細かい粒などでできた部分（石基）に，比較的大きな鉱物の結晶（斑晶）が斑点状に散らばったつくりを斑状組織といい，このようなつくりは火山岩で見られる。また，火成岩Yのように，肉眼でも見分けられるぐらいの大きな鉱物が組み合わさったつくりを等粒状組織といい，このようなつくりは深成岩で見られる。

(3) 等粒状組織をもつ深成岩は，マグマが地下の深いところでゆっくり冷え固まってできるため，鉱物が十分に成長する。

(4) 火成岩Xは火山岩で，チョウ石とカクセン石が多く含まれていることから，安山岩であることがわかる。また，火成岩Yは深成岩で，チョウ石とセキエイが多く含まれていることから，花こう岩であることがわかる。

5 (1)① 火山灰　② 火山ガス　③ 火砕流
   (2) 火山が美しい景色をつくり出し，観光地となる。マグマの熱によってできた温泉を利用できる。マグマの熱を発電に利用できる。などから2つ。

〈解説〉
(1) 火山が噴火すると，火山灰や溶岩によって，家屋や道路，畑が埋もれたり，火山灰や溶岩の破片が火山ガスと混じりあって山の斜面を高速で流れ下る火砕流が起こったりして，大きな被害を受けることがある。

(2) 火山は美しい景色をつくり出す。また，マグマの熱によって地下水があたためられるため，火山地域には温泉が多い。このような美しい景色や温泉は，観光資源となる。さらに，マグマの熱は地熱発電にも利用されている。火成岩や火山灰は長い時間をかけて栄養豊富な土となり，農作物の栽培に役立っている。

第14章 地震 p.178, 179

1 (1)A　初期微動　　B　主要動
　　(2)　8秒　　(3)　A　　(4)　7.5km/s

〈解説〉
(1)・(3)　Aのゆれのように，地震のときに初めに起こる小さなゆれを初期微動といい，速さが速いP波が届いて起こる。また，Bのゆれのように，後からくる大きなゆれを主要動といい，速さが遅いS波が届いて起こる。

(2)　初期微動継続時間は，P波とS波が届いた時刻の差なので，（7時35分58秒）－（7時35分50秒）＝8秒

(4)　地点Xにおける，地震発生からゆれ始める（P波が届く）までの時間は，
（7時35分50秒）－（7時35分42秒）＝8秒　である。
よって，P波が伝わる速さは，

波の速さ〔km/s〕
$$= \frac{震源からの距離〔km〕}{地震発生からゆれ始めるまでの時間〔s〕}$$

より，$\frac{60〔km〕}{8〔s〕} = 7.5〔km/s〕$

2 (1)　震央
　　(2)　右図
　　(3)　右図

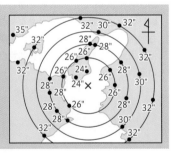

〈解説〉
(1)　地震が発生した場所を震源といい，震源の真上にある地表の地点を震央という。

(2)　震源で発生した地震の波は，どの方向にも一定の速さで伝わるため，各地点のゆれ始めの時刻が同じ地点をなめらかな線で結ぶと，震央を中心とした同心円状になる。

(3)　震央の位置を求めるには，(2)でかいた円のほぼ中心を求めればよい。

3 (1)　7.5秒　　(2)　20秒

〈解説〉
(1)　グラフより，震源からの距離が60kmの地点に，P波が到着するまでの時間が7.5秒，S波が到着するまでの時間が15秒なので，初期微動継続時間は，
15－7.5＝7.5〔s〕

(2)　初期微動継続時間は，震源からの距離に比例する。グラフより，震源からの距離が80kmの地点での初期微動継続時間は10秒なので，震源からの距離が160kmの地点での初期微動継続時間を x 秒とすると，
80〔km〕：10〔s〕＝160〔km〕：x〔s〕

これより，$x = 10〔s〕\times \frac{160〔km〕}{80〔km〕} = 20〔s〕$

4 (1)　小さくなる。
　　(2)マグニチュードが大きい　A
　　　理由　ゆれの範囲が広いから。

〈解説〉
(1)　震度はふつう，震央に近いほど大きく，震央から遠ざかるほど小さくなる。ただし，地盤のかたさやつくりによって，震央からの距離は同じでも震度は異なる。

(2)　ほぼ同じ場所で起こった2つの地震では，マグニチュードの値が大きい地震のほうが，震央付近の震度は大きくなり，ゆれを感じる範囲は広くなる。AとBを比べると，Aのほうが震央より遠いところのゆれが大きく，広い範囲でゆれを感じていることから，Aのほうがマグニチュードが大きいと考えられる。

5 (1)　ウ
　　(2)①　海洋　　②　大陸　　③　活断層

〈解説〉
(1)　図より，プレートの境界付近の震源は，深くなるほど多く分布してはいないので，ウは誤りである。

(2)　震源が浅い地震には，海溝付近で起こる海溝型地震と，日本列島の真下（内陸）で起こる内陸型地震がある。

6 (1)① 津波　② 液状化
　　(2)　ハザードマップ

〈解説〉
(1)①　海底で地震が起こり，海底が大きく変動することが原因で発生する大規模な波を津波といい，沿岸部に押し寄せ，大きな被害をもたらすことがある。
　②　海岸の埋め立て地や河川ぞいのやわらかい砂地など，水を多く含んだ土地では，地震のゆれで，土地が急に軟弱になったり，地面から土砂や水がふき出したりすることがある。この現象を液状化という。
(2)　地震などの自然災害による被害を予測し，地図上に示したものをハザードマップという。ハザードマップには，避難経路や避難場所なども記されている。

1 (1)　大きいもの　(2)　B
　　(3)　小さくなる。

〈解説〉
(1)・(2)　川に運ばれた土砂は，粒の大きいものほどはやく沈み，粒の細かいものほど遠くまで運ばれるので，海岸に近いAにはれきや砂が，Bにはそれより小さい砂が，Cには細かい泥が堆積する。
(3)　粒の大きいものほどはやく沈むので，河口から遠ざかるにつれて，堆積物の粒の大きさはしだいに小さくなる。

2 (1)　露頭　(2)　E　(3)　柱状図

〈解説〉
(1)　地層はもともと，長い年月をかけて水底で土砂などが堆積してできたもので，大地の変動によって陸上に現れることがある。このような地層はふつう，表土や植物におおわれていて見ることができないが，がけや道路の切り通しなどで見られることがあり，このようなところを露頭という。
(2)　大地の変動がない限り，地層はふつう，下にある層ほど古く，上にある層ほど新しいので，Eが最も古くにできた層である。
(3)　ある地点の地層の重なり方を柱状に表したものを柱状図という。いくつかの地点の柱状図を比較することで，地層の広がりを推測することができる。

解答　定期試験対策問題

221

3 (1) 粒の大きさ(粒の直径)
　　(2)泥岩　ア　　石灰岩　エ

〈解説〉
(1) 流水が運搬してきた土砂が，水底に堆積して固まった堆積岩は，含まれる粒の大きさで区別され，れき・すな・泥でできたものを，それぞれれき岩・砂岩・泥岩という。堆積岩に含まれる粒の関係は，れき岩 > 砂岩 > 泥岩 である。

(2) 泥岩は，粒の直径が $\frac{1}{16}$ (約0.06mm)以下で，砂よりも細かい粒が堆積してできた堆積岩である。また，石灰岩は，石灰質(炭酸カルシウム)の殻をもつ生物の遺骸や，海水中の石灰分などが堆積してできた堆積岩である。石灰岩にはうすい塩酸にとけて二酸化炭素を発生する，くぎなどでこすると傷がつく，などの性質がある。なお，軽石などの破片を含む火山灰が堆積してできた堆積岩は凝灰岩である。

4 (1) ア　(2) 示準化石　(3) ア

〈解説〉
(1) フズリナは，古生代に栄えた生物なので，フズリナの化石が見つかった地層は，古生代に堆積したと考えられる。地質年代は，古いものから順に，古生代，中生代，新生代などと区分されている。

(2) 広い範囲にすんでいて，短い期間に栄えて絶滅した生物の化石が地層から見つかると，その地層が堆積した年代(地質年代)を推定することができる。このような化石を示準化石という。

(3) サンゴが生息している環境から，サンゴの化石が見つかった地層は，堆積した当時，浅くてあたたかい海であったと考えられる。サンゴのように，限られた環境でしか生存できない生物の化石が地層から見つかると，その地層が堆積した当時の環境を推定することができる。このような化石を示相化石という。

5 (1) かぎ層　(2) Y，X，Z
　　(3)① 凝灰岩の層があるから。
　　　② 2回
　　(4) ウ　(5) 丸みを帯びている。

〈解説〉
(1) Aの層⑤の凝灰岩の層や，層②の化石Ⓚ(示準化石)を含む層は，離れた場所にある地層が同じ時代にできたものであると判断するときに使われる。このような，離れた地層を比較するときの目印となる層をかぎ層という。

(2) かぎ層であるAの層⑤，層②とBの層e，層fは，それぞれ厚さがほぼ同じで，上に砂岩の層，下にれき岩の層があることから，つながっていると考えられる。よって，Y，X，Zの順に堆積したと考えられる。

(3)① 凝灰岩は，火山の噴火によって噴出した火山灰などが堆積して固まった岩石である。そのため，凝灰岩の層が見られると，過去に火山の活動があったと考えることができる。
　② Bでは，Aの層⑤とつながっている層eのほかに，層bがあるので，この地層が堆積する間には，火山の活動は少なくとも2回あったと考えられる。

(4) 化石Ⓚは中生代の示準化石なので，アンモナイトの化石である。なお，サンヨウチュウの化石は古生代，ナウマンゾウの化石とビカリアの化石は新生代の示準化石である。

(5) 砂岩は，流水が運搬してきた土砂でできたものなので，含まれる粒は，運搬の途中で削られて，丸みを帯びた形のものが多い。一方，凝灰岩に含まれる粒は，水に長時間流されることがないので，角ばっているものが多い。

1 (1)　下図

入射する光の道筋

角度目盛りつき円盤

(2)　30度　(3)①　全反射　②　70

〈解説〉

(1)　結果の表より，光の入射角が70°のときの反射角は70°，屈折角は40°である。

反射角は70°なので，反射光の道筋は点Aから点Dに向かって7目盛り進んだ点と，点Oを結んだ直線になる。

屈折光はCD間へ進むので，OCに対して40°の角をなす光を作図すればよい。よって，屈折光の道筋は点Cから点Dに向かって4目盛り進んだ点と，点Oを結んだ直線となる。

(2)　図3のように，半円形ガラス側から円の中心に入射した光は，屈折してガラスの外へ出ていく。このときの入射角と屈折角の大きさの関係は，結果の表の入射角と屈折角を入れかえた関係になる。

よって，表より，屈折角が20°になるときの入射角は30°だから，図3で入射角が20°のときの屈折角は30°である。

(3)①　ガラスや水などの物質を進んだ光は，空気中へ出ていくときに屈折する。このとき，入射角をしだいに大きくしていくと，やがて光は屈折しなくなり，空気との境界面ですべての光が反射するようになる。このような現象を全反射という。

②　半円形ガラスが時計回りに25°回転するので，ガラスと空気の境界面に対して垂直な直線も時計回りに25°回転する（下図）。よって，入射角は20°から25°大きくなり，20°＋25°＝45°となる。

ここで，反射の法則より，入射角と反射角の大きさは等しいことから，反射光の道筋は下図のようになる。したがって，OCと反射光の道筋とのなす角は，

25°＋45°＝70°

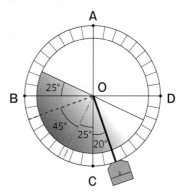

2 (1)① 大きい音　ア　　高い音　ウ

　　② 875m

　(2)① 75cm以上，156cm以下

　　② 変わらない。

〈解説〉

(1)① マイクロホンで拾った音の波形を，図2のように
コンピュータの画面上に表示させた場合，音の
大きさは波形の振幅の大きさから，音の高さは波
形の振動数から読み取れる。

　　振幅が大きいほど音は大きいので，図2より大
きい音を表している波形はアである。また，振動
数が多いほど音は高いので，図2より高い音を表
している波形はウである。

② 下図のように，船が汽笛を鳴らし始めた地点を
点a，そこから船が5秒間進んだ地点（岸壁では
ね返った汽笛の音が船に届いた地点）を点b，岸
壁のある地点を点cとする。

　　汽笛の音は，a→c→bと進み，その距離の和は，
距離＝速さ×時間 より，

$$340〔m/s〕× 5〔s〕=1700〔m〕$$

また，5秒間に船が進んだ距離は，

$$10〔m/s〕× 5〔s〕=50〔m〕$$

ここで，求めるac間の距離をx〔m〕とすると，下
図より，2x＝1700＋50 が成りたつ。

$$よって，x=\frac{1750}{2}=875〔m〕$$

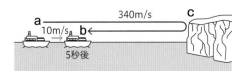

(2)① 下図のように，Yさんの頭のてっぺんからの光
が鏡で反射して目に入る経路をA→B→Cとし，
足の先からの光が鏡で反射して目に入る経路を
D→E→Cとする。

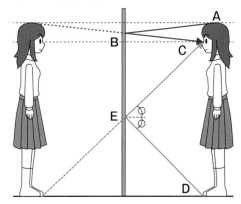

　　反射の法則より，入射角と反射角の大きさは等
しいことから，点Bの高さはACを2等分する点
の高さに等しい。ACの長さは，

$$162-150=12〔cm〕$$

よって，鏡に映ったYさんの頭のてっぺんの高さ
は，$150+\dfrac{12}{2}=156〔cm〕$

　　また，同じように，点Eの高さはCDを2等分
する点の高さに等しい。

　　よって，鏡に映るYさんの足の先の高さは，

$$\frac{150}{2}=75〔cm〕$$

　　したがって，鏡に映るYさんの全身は，床から
75cm以上，156cm以下のところに見える。

② 鏡との距離を遠ざけても，鏡に映る全身像と鏡
の大きさの比率は変わらない。

　　なお，目では，水晶体が凸レンズ，網膜がスク
リーンの役割を果たし，鏡と全身像を1つの像と
して映す。よって，鏡との距離を離したとしても，
全身像だけを小さくすることはできないので，鏡
の縦の長さに対する，鏡に映っているYさんの全
身の長さの比率は変わらない。

3 (1) 0.6
(2) 下図

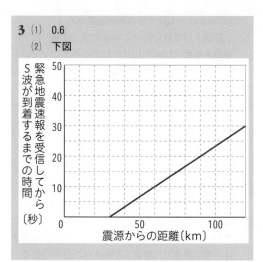

〈解説〉
(1) 表より，地点B，Cにおける，震源からの距離とP波が到着した時刻に着目すると，震源で発生したP波が，震源からの距離の差30km（＝60km－30km）を伝わるのに，6秒（＝9時45分34秒－9時45分28秒）かかっている。よって，P波が伝わる速さは，

$$速さ＝\frac{距離}{時間}　より，\frac{30〔km〕}{6〔s〕}＝5〔km/s〕$$

また，P波が30kmを伝わるのに6秒かかることから，地震が発生した時刻は，地点BにP波が到着する6秒前の9時45分22秒（＝9時45分28秒－6秒）である。

ここで，地点AにS波が到着した時刻と比べると，地点AにS波が到着したのは，地震が発生してから40秒後（＝9時46分02秒－9時45分22秒）であることがわかる。

よって，S波が伝わる速さは，

$$速さ＝\frac{距離}{時間}　より，\frac{120〔km〕}{40〔s〕}＝3〔km/s〕$$

したがって，S波の伝わる速さは，P波の伝わる速さの，

$$\frac{3〔km/s〕}{5〔km/s〕}＝0.6　より，0.6倍である。$$

(2) (1)より，震源から30kmの地点BにP波が到着したのは，地震発生から6秒後であり，問題文より，緊急地震速報はこの4秒後に受信される。よって，緊急地震速報が受信されるのは，地震発生から6＋4＝10〔秒〕後となる。この間にS波が伝わった距離は，

距離＝速さ×時間　より，

　3〔km/s〕×10〔s〕＝30〔km〕

つまり，地点Bをはじめとする，震源からの距離が30kmの地点では，緊急地震速報を受信するのと同時にS波が到着することになる。

したがって，グラフは，<u>横軸（震源からの距離）が30kmのとき，縦軸（緊急地震速報を受信してからS波が到着するまでの時間）が0秒として書き始める。</u>

また，緊急地震速報は距離によらず同時に受信され，S波の速さは3km/sなので，縦軸の時間は，震源から30km離れるごとに10秒ずつ長くなる。つまり，<u>横軸が60kmのときの縦軸は10秒，横軸が120kmのときの縦軸は30秒となる。</u>

以上より，下線部の点を使ってグラフを書く。

電源に近い地点では，緊急地震速報よりもS波のほうが先に届いてしまうんだね。

4 問1 かぎ層 問2 ウ
　　問3 ① ア ② イ
　　問4 (1)① イ ② ア (2) 7m～8m

〈解説〉

問1 火山灰の降り積もった層や，特徴的な化石は，離れた地層の年代を知るための手がかりとなる。このような目印となる層をかぎ層という。

問2 サンゴの化石が見つかったことで，その層が堆積した当時の周囲の環境があたたかく浅い海であったことが推定できる。このサンゴの化石のように，地層が堆積した当時の環境を推定する手がかりとなる化石を示相化石という。

問3
① 無色鉱物である石英（セキエイ）や長石（チョウ石）を多く含む火山灰を噴出した火山は，マグマのねばりけが強い。
② ねばりけの強いマグマを噴出する火山は，おわんをふせたようなドーム状に盛り上がった形になる。

問4
(1) 河川によって運搬されてきたれき，砂，泥が堆積する際は，粒が大きくて重いものから河口近くに堆積する。粒の大きさは，大きいものから順に，れき＞砂＞泥　である。
① 砂の層が堆積しはじめたときのほうが，河口に近かったと考えられる。
② 砂のほうが，泥より粒が大きい。

(2) 【露頭Ⅰの火山灰の層の高さを求める。】
露頭Ⅰは真東に向いているので，地層の傾きに着目すると，20m北に進むと2m高くなっていることがわかる。よって，露頭Ⅰの中央の位置における，火山灰の層の底の高さは，左の目盛りの位置よりも1mだけ高いので，標高よりも 6＋1＝7〔m〕だけ高い。
露頭Ⅰの標高は30mなので，中央の位置における火山灰の層の底の高さは，
30＋7＝37〔m〕

【露頭Ⅱの火山灰の層の高さを求める。】
同様に考えると，真西に向いている露頭Ⅱも，20m北に進むと地層は2m高くなっている。露頭Ⅱの中央の位置における，火山灰の層の底の高さは，右の目盛りの位置よりも1mだけ高いので，標高より，
1＋1＝2〔m〕だけ高い。
露頭Ⅱの標高は45mなので，中央の位置における火山灰の層の底の高さは，
45＋2＝47〔m〕

【地点Ⅹの火山灰の層の高さを求める。】
上で求めた，露頭Ⅰ，Ⅱにおける火山灰の層の底の高さを比べると，100m北に進むと10m高くなっている。したがって，露頭Ⅱからさらに100m北に進んだ地点Ⅹでは，火山灰の層の底の高さは，
47＋10＝57〔m〕
露頭Ⅰ，Ⅱともに，火山灰の層の厚さは1m程度なので，地点Ⅹでは，高さ57～58mに火山灰の層があると推測できる。
以上より，地点Ⅹの標高が65mであることを含めて考えると，火山灰の層の地表からの深さは，
65－58＝7〔m〕と，
65－57＝8〔m〕の間になる。

入試では，差がつく問題で点をとることも重要だけど，基本的な知識問題をとりこぼさないことも大事だよ！

第2編 身のまわりの物質

第5章 物質の性質 p.11, 12

練習①-1　(1)　8.96g/cm³　(2)　銅

〈解説〉

(1)　物質の密度〔g/cm³〕

$$= \frac{物質の質量〔g〕}{物質の体積〔cm³〕}$$

より，$\frac{80.64〔g〕}{9.0〔cm³〕} = 8.96〔g/cm³〕$

(2)　問題中の表より，(1)で求めた物体の密度の値は，銅の密度の値と一致する。よって，物体は銅であると推測できる。

練習①-2　(1)　1.50g/cm³　(2)　硝酸

〈解説〉

(1)　物質の密度〔g/cm³〕

$$= \frac{物質の質量〔g〕}{物質の体積〔cm³〕}$$

より，$\frac{12.02〔g〕}{8.0〔cm³〕} = 1.5025〔g/cm³〕$

小数第2位まで求めるので，小数第3位を四捨五入すると，密度は1.50g/cm³となる。

(2)　問題中の表より，(1)で求めた液体の密度の値は，硝酸の密度の値と一致するため，液体は硝酸であると推測できる。

練習②-1　27.1g

〈解説〉

質量〔g〕=密度〔g/cm³〕×体積〔cm³〕
を利用して，

水銀の質量〔g〕=13.55〔g/cm³〕×20〔cm³〕
　　　　　　　=27.1〔g〕

練習②-2　4cm³

〈解説〉

$$体積〔cm³〕= \frac{質量〔g〕}{密度〔g/cm³〕}$$

を利用して，

銅の体積〔cm³〕$= \frac{35.86〔g〕}{8.96〔g/cm³〕}$

　　　　　　　$= 4〔cm³〕$

練習②-3　150.1cm³

〈解説〉

海水とコップの質量の和が203.1gであり，そのうちコップの質量が50.0gである。よって，海水の質量は，203.1－50=153.1〔g〕となる。

以降は 練習②-2と同様に，

海水の体積〔cm³〕=153.1〔g〕÷1.02〔g/cm³〕
　　　　　　　　=150.09…〔cm³〕

小数第1位まで求めるので，小数第2位を四捨五入すると，150.1cm³となる。

> 液体の密度を求めるためには，コップやビーカーなどの容器の質量は，全体の質量から引いておこう。

第7章 水溶液の性質 p.17〜19

練習③-1　(1)　5％　(2)　20%

〈解説〉

(1)　質量パーセント濃度〔%〕

$$= \frac{溶質の質量〔g〕}{溶液の質量〔g〕} ×100$$

より，砂糖水の質量パーセント濃度は，

$$\frac{砂糖の質量〔g〕}{砂糖水の質量〔g〕} ×100$$

$$= \frac{20〔g〕}{400〔g〕} ×100 = 5〔%〕$$

(2) 質量パーセント濃度〔%〕

$$= \frac{溶質の質量〔g〕}{溶質の質量〔g〕+溶媒の質量〔g〕} \times 100$$

より，砂糖水の質量パーセント濃度は，

$$\frac{砂糖の質量〔g〕}{砂糖の質量〔g〕+水の質量〔g〕} \times 100$$

$$= \frac{30〔g〕}{30〔g〕+120〔g〕} \times 100 = 20〔\%〕$$

練習③-2 (1) 25%　　(2) 10%

〈解説〉

(1) 砂糖水の質量パーセント濃度は，

$$\frac{砂糖の質量〔g〕}{砂糖水の質量〔g〕} \times 100$$

$$= \frac{30〔g〕}{120〔g〕} \times 100 = 25〔\%〕$$

(2) (1)のときよりも，溶媒である水の質量が180g増加した一方で，砂糖の質量に変化はない。したがって質量パーセント濃度は，

$$\frac{砂糖の質量〔g〕}{濃度変化後の砂糖水の質量〔g〕} \times 100$$

$$= \frac{30〔g〕}{120〔g〕+180〔g〕} \times 100 = 10〔\%〕$$

練習③-3 (1) 10%　　(2) 14.3%

〈解説〉

(1) 塩化ナトリウム水溶液の質量パーセント濃度は，

$$\frac{塩化ナトリウムの質量〔g〕}{塩化ナトリウム水溶液の質量〔g〕} \times 100$$

$$= \frac{10〔g〕}{100〔g〕} \times 100 = 10〔\%〕$$

(2) (1)のときよりも，溶質である塩化ナトリウムの質量が5g増加したため，塩化ナトリウム水溶液の質量も5g増加したことになる。(1)と同様に考えると，塩化ナトリウム水溶液の質量パーセント濃度は，

$$\frac{塩化ナトリウムの質量〔g〕}{濃度変化後の塩化ナトリウム水溶液の質量〔g〕} \times 100$$

$$= \frac{10〔g〕+5〔g〕}{100〔g〕+5〔g〕} \times 100 = 14.28 \cdots 〔\%〕$$

小数第2位を四捨五入すると，14.3%となる。

練習④-1 (1) 15g
　　　　　(2) 砂糖　80g　　水　320g

〈解説〉

(1) 溶質の質量〔g〕

$$= 溶液の質量〔g〕 \times \frac{質量パーセント濃度〔\%〕}{100}$$

より，砂糖の質量〔g〕$= 150〔g〕 \times \dfrac{10}{100} = 15〔g〕$

(2) (1)と同様に考えると，溶液に溶けている砂糖の質量は，$400〔g〕 \times \dfrac{20}{100} = 80〔g〕$

溶媒の質量〔g〕

$$= 溶液の質量〔g〕 - 溶質の質量〔g〕$$

より，水の質量は，$400 - 80 = 320〔g〕$

練習④-2 (1) 25g　　(2) 125g

〈解説〉

(1) **練習④-1**(1)と同様に考えると，溶液に溶けている砂糖の質量は，$125〔g〕 \times \dfrac{20}{100} = 25〔g〕$

(2) 溶液の質量〔g〕

$$= 溶質の質量〔g〕 \times \frac{100}{質量パーセント濃度〔\%〕}$$

であり，加える水の質量を x〔g〕とすると，

$$125〔g〕 + x〔g〕 = 25〔g〕 \times \frac{100}{10}$$

よって，$x = 125〔g〕$

練習④-3 (1) 6g　　(2) 4g

〈解説〉

(1) **練習④-1**(1)と同様に考えると，溶液に溶けている塩化ナトリウムの質量は，

$$96〔g〕 \times \frac{6.25}{100} = 6〔g〕$$

(2) 溶質の質量〔g〕

$$= 溶液の質量〔g〕 \times \frac{質量パーセント濃度〔\%〕}{100}$$

であり，加える塩化ナトリウムの質量を x〔g〕とすると，

$$6(g) + x(g) = (96(g) + x(g)) \times \frac{10}{100}$$

よって，$x = 4(g)$

溶質を x 〔g〕加えると，溶液の質量も x 〔g〕増加することに注意しよう。

練習⑤-1　20g

〈解説〉

　図から60℃での溶解度は40〔g/水100g〕であるため，60℃の飽和水溶液中には水100gに対し，40gの硫酸銅が溶けている。同様に考えると，20℃の飽和水溶液中には水100gに対し，硫酸銅は20gしか溶けないことがわかる。

　以上より，この温度変化によって溶けきれなくなった硫酸銅の質量は，

40－20＝20〔g〕

練習⑤-2　137.2g

〈解説〉

　表より，80℃の水100gには168.8g，20℃では31.6gの硝酸カリウムが溶ける。したがって，この温度変化によって，溶けきれなくなった硝酸カリウムの質量は，

168.8－31.6＝137.2〔g〕

第3編　身のまわりの現象

第9章　光の反射と屈折 p.24～26

練習⑥-1　右図

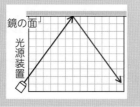

〈解説〉

　入射する光は，右に3マス進むと上に4マス移動している。入射角と反射角が同じ大きさになるので，反射した光は右に3マス進むと下に4マス移動する。

練習⑥-2　右図

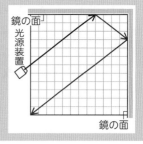

〈解説〉

　練習⑥-1 と同様に考えると，上の鏡の面で反射した光は右に4マス進むと下に3マス移動することになる。この光がさらに右の鏡で反射するので，右の鏡でも光の入射角と反射角が等しくなる。よって，左に4マス進むと，下に3マス移動するようになる。

練習⑦-1　右図

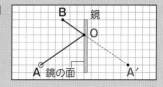

〈解説〉

　まず，点Aの像の位置を，図にかき入れる（点A′とする）。

　次に，点A′と点Bを直線で結ぶ。この直線と鏡との交点（点Oとする）と，点Aを直線で結ぶ。点Aから出た光は，A→O→Bと進む。

練習⑦-2　右図

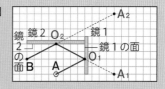

〈解説〉

　鏡1に映った点Aの像の位置（点A_1とする）を図に

かく。さらに，鏡2に映った点A_1の像の位置（点A_2とする）を図にかく。

次に，点Bと点A_2を直線で結ぶ。鏡2とこの直線との交点（点O_2とする）と，点A_1を直線と結ぶ（この直線と鏡1との交点をO_1とする）。

点Aから出た光は，$A → O_1 → O_2 → B$と進む。

練習⑧-1 右図

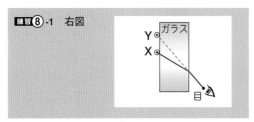

〈解説〉

点Xから出た光は，すぐさまガラスに入射し，ガラスから出るときに屈折する。ガラスから出た光は，目と点Yを結んだ直線上を通り，目に入る。

練習⑧-2 右図

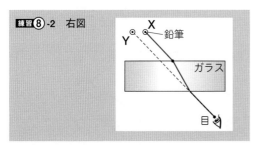

〈解説〉

点Xから出た光は，ガラスに入射したときと，ガラスから出たときとで，2回屈折する。

また，ガラスに入射する入射光と，ガラスから出た屈折光は互いに平行となる。

以上より，光がガラスに入射した点と，ガラスから出ていく点が定まるので，2点を直線で結ぶと，光の道すじが定まる。

第10章 凸レンズのはたらき p.29, 30

練習⑨-1 下図

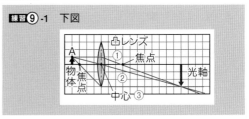

〈解説〉

光源から出た光のうち，特徴的なものは次の3つの光である。

① 凸レンズで屈折したのち，焦点を通る光。

② 凸レンズの中心を通り，凸レンズを通過後も直進する光。

③ 焦点を通り，凸レンズに入ったのち，光軸に対して平行な方向に進む光。

①～③の光のうち，2つをかくと，その交点が物体の点Aの実像の位置になる。

練習⑨-2 下図

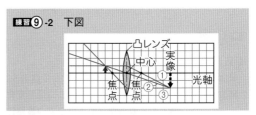

〈解説〉

凸レンズを通る光が **練習⑨-1** の解説の通りに進むことを利用して，光の道筋をさかのぼって考える。

① 凸レンズを通過後に焦点を通過してきた光は，凸レンズを通る前は光軸に対して平行に進んでいる。

② 凸レンズの中心を通ってきた光は，凸レンズに入る前も直進している。

③ 凸レンズに入ったのち，光軸に対して平行な方向に進んできた光は，凸レンズに入る前に焦点を通っている。

①～③の光のうち，2つをかくと，その交点が物体の点Aの実像の位置になる。

練習⑩-1 右図

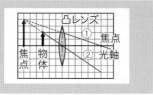

〈解説〉

①光軸に対して平行に進む光は，凸レンズで屈折したのち，焦点を通る。

②凸レンズの中心を通る光は直進する。

上記2つの直線を逆向きに延長した交点に虚像ができる。

練習⑩-2 右図

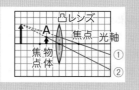

〈解説〉

練習⑩-1 と同様に作図を行う。

第11章 音の性質 p.33

練習⑪-1 341m/s

〈解説〉

稲妻を見た場所から，稲妻までの距離は，

1.5km＝1500m

稲妻の光は，光ったとほぼ同時に見ることができ，稲妻の音はそれから4.4秒後に聞こえた。よって，音の速さは，$\dfrac{1500〔\text{m}〕}{4.4〔\text{s}〕}＝340.9\cdots〔\text{m/s}〕$

整数で答えるため，小数第1位を四捨五入すると，341m/sとなる。

練習⑫-1 1870m

〈解説〉

稲妻の光が見えてから，稲妻の音は5.5秒後に聞こえた。音の速さが340m/sなので，稲妻を見た場所から稲妻までの距離は，340〔m/s〕×5.5〔s〕＝1870〔m〕

第12章 力のはたらき p.36〜38

練習⑬-1 右図

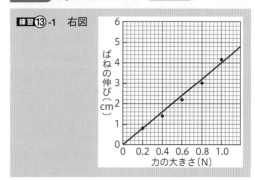

〈解説〉

力の大きさを横軸，ばねの伸びを縦軸とし，表に記された点をグラフにとり，原点を通り，グラフにとったすべての点のなるべく近くを通る直線を引く。

練習⑬-2 右図

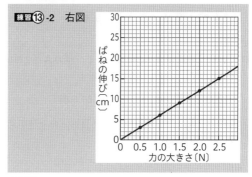

〈解説〉

ばねに力がはたらいていない（はたらく力の大きさが0Nである）とき，ばねは自然の長さとなる。

（ばねの伸び）＝（ばねの長さ）－（自然の長さ）

となるため，ばねにはたらく力の大きさとばねの伸びとの関係を表した表は次のようになる。

力の大きさ〔N〕	0	0.5	1.0	1.5	2.0	2.5
ばねの伸び〔cm〕	0	3.0	6.1	8.9	11.8	15.0

以降は，**練習⑬-1** と同様にして作図する。

練習⑭-1 (1) 9 cm (2) 160g

〈解説〉

(1) グラフより，おもりの質量が100gのとき，ばね
Aの伸びは10cmとなる。よって，90gのおもりを
つるしたときのばねAの伸びを x cmとすると，お
もりの質量とばねの伸びとの比より，

$$100〔g〕：90〔g〕=10〔cm〕：x〔cm〕$$

したがって， $x=10〔cm〕×\dfrac{90〔g〕}{100〔g〕}=9〔cm〕$

(2) ばねAの伸びが16cmのときにつるされているお
もりの質量を y〔g〕とすると，(1)と同じく，おもり
の質量とばねの伸びとの比より，

$$100〔g〕：y〔g〕=10〔cm〕：16〔cm〕$$

したがって， $y=100〔g〕×\dfrac{16〔cm〕}{10〔cm〕}=160〔g〕$

練習⑭-2 (1) 16cm (2) 190g

〈解説〉

(1) おもりの質量が20g増加すると，ばねAが2cm
伸びるので，ばねAの自然の長さは

$$12〔cm〕-2〔cm〕×\dfrac{60〔g〕}{20〔g〕}=6〔cm〕$$

したがって，100gのおもりをばねにつるしたとき
のばねAの長さは

$$6〔cm〕+2〔cm〕×\dfrac{100〔g〕}{20〔g〕}=16〔cm〕$$

別解 問題文より，おもりの質量が60gから80gへ
20g増加すると，ばねが12cmから14cmへ2cm伸
びる。このことを利用し，おもりの質量が100gの
とき，ばねの伸びは，

$$14+2=16〔cm〕$$

(2) (1)より，ばねAが1cm伸びるためには，つるす
おもりの質量を10g増加させる必要がある。したが
って，ばねの長さが25cmのとき，自然の長さの
6cmを引いて，ばねの伸びは25-6=19〔cm〕
以上より，つるされたおもりの質量は，

$$19×10=190〔g〕$$

練習⑮-1 ①～③下図

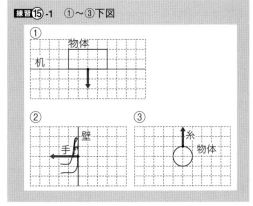

〈解説〉

① 物体が机の面を押す力は，重力によって物体が机
の面を押す力であり，作用点から下向きに2目盛り
分の矢印をかく。

② 壁が手を押す力は，壁から手にはたらく力である。
よって，作用点から左向きに3目盛り分の矢印をか
く。

③ 糸がおもりを引く力は，糸からおもりにはたらく
力である。よって，作用点から上向きに2目盛り分
の矢印をかく。

力を表す矢印は，
必ず作用点から
かく必要があるよ。

練習⑮-2 ①～③下図

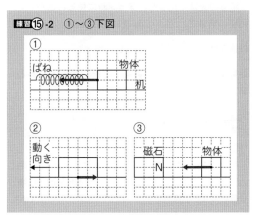

〈解説〉

① 伸びたばねからは，物体を引く力がはたらく。よって，作用点から左向きに4目盛り分の矢印をかく。

② 摩擦力の向きは，物体の動いている向きに対して逆向きとなる。よって，作用点から右向きに2目盛り分の矢印をかく。

③ 磁石からは，鉄製の物体を引くがはたらく。よって，作用点から左向きに3目盛り分の矢印をかく。

第4編 大地の変化

第16章 地震 p.43, 44

練習⑯-1 (1) 5km/s (2) 93km

〈解説〉

(1) 波の速さを求める公式

$$速さ＝\frac{距離}{時間} \quad より，\quad \frac{125〔km〕}{25〔s〕}＝5〔km/s〕$$

(2) 波の速さを求める公式を，震源からの距離を求める式に変形すると，距離＝速さ×時間 より，

6.2〔km/s〕×15〔s〕＝93〔km〕

練習⑯-2 (1) 3.4km/s (2) 110km

〈解説〉

(1) $速さ＝\dfrac{距離}{時間}$ より，

$$\frac{150〔km〕}{44〔s〕}＝3.40…〔km/s〕$$

小数第2位を四捨五入すると，3.4km/s

(2) 震源からの距離を求める式に変形すると，

距離＝速さ×時間

より，4.8〔km/s〕×23〔s〕＝110.4〔km〕

小数第1位を四捨五入すると，110km

練習⑰-1 (1) 15秒 (2) 10秒

〈解説〉

(1) 震源からの距離が105kmの地点における初期微動継続時間は，グラフより，15秒である(P波…15秒，

S波…30秒)。

(2) 初期微動継続時間は，震源からの距離に比例するので，80km地点での初期微動継続時間を x〔s〕とすると，

105〔km〕：15〔s〕＝70〔km〕：x〔s〕

より，$x＝15〔s〕×\dfrac{70〔km〕}{105〔km〕}＝10〔s〕$

練習⑰-2 (1) 75km (2) 12.8秒
(3) P波 7.5km/s
　　S波 3.75km/s

〈解説〉

(1) グラフより，初期微動継続時間が10秒となるのは，震源からの距離が75kmの地点である(P波…10秒，S波…20秒)。

(2) 96km地点での初期微動継続時間を x〔s〕とすると，

75〔km〕：10〔s〕＝96〔km〕：x〔s〕

より，$x＝10〔s〕×\dfrac{96〔km〕}{75〔km〕}＝12.8〔s〕$

(3) (1)より，P波とS波の伝わる速さは，波の速さを求める公式に当てはめて考えると，

$$P波…\frac{75〔km〕}{10〔s〕}＝7.5〔km/s〕$$

$$S波…\frac{75〔km〕}{20〔s〕}＝3.75〔km/s〕$$

求めたP波とS波の速さと，それぞれのグラフの傾きの値を比較してみよう！同じ値になるよ。

あ

亜鉛	56, 70
アオサ	36
アオノリ	36
アオミドロ	13
アカムカデ	46
アサガオ	31, 33
アサリ	46, 187
アブラナ	21, 23, 26, 32, 33
アマガエル	42
アーム	15
アメーバ	13
アメンボ	9
アヤメ	24
アルカリ性	65, 69
アルゴン	65, 72
アルミニウム	54
安山岩	157, 159
アンモナイト	187
アンモニア	69, 77

い

硫黄	56
イカ	46
イカダモ	13
伊豆・小笠原海溝	172
イセエビ	46
イチョウ	26
イチョウのなかま	187
一酸化炭素	54, 72
イヌワラビ	34
イネ	24
イモリ	47
インド洋南極海嶺	188

う

ウサギ	43
ウニ	47
ウミガメ	42
上皿てんびん	57, 58, 146
運搬	181, 182

え

液化	89
液状化	176
液体	89
S波	166
エタノール	53, 56, 60, 77
塩化アンモニウム	69
塩化水素	70, 77
塩化ナトリウム	77, 83
塩酸	68, 70, 77, 186
延性	56
塩素	70
鉛直方向	140
エンドウ	21, 23, 26

お

オオバコ	9
オカダンゴムシ	9
雄株	35
オキシドール	67
おしべ	21, 22, 23, 24
おたまじゃくし	9, 10
音の大きさ	132, 133, 134
音の屈折	131
音の高さ	132, 133, 134
音の伝わり方	127
音の速さ	129, 130
音の反射	131
雄花	24, 25, 26
重さ	146
音源	127, 132
おんさ	127

か

海岸段丘	175
海溝	172, 188
海溝型地震	174
外骨格	45
外とう膜	46
海洋プレート	173
外来種	11
海嶺	188
カエル	16, 41
河岸段丘	175
かぎ層	183, 184
がく	21, 22, 24
カクセンセキ（角閃石）	156, 159
花こう岩	157, 159
仮根	35
火砕流	153, 160
火山	153, 154, 183
火山ガス	70, 153, 160
過酸化水素水	67, 77
火山岩	157, 158, 159, 160
火山弾	153
火山泥流	160
火山灰	153, 156, 160, 183, 186
火山噴出物	153, 154
火山れき	153
可視光線	110
果実	23, 26
ガス調節ねじ	55

ガスバーナー ················· 54, 55
火成岩 ······················ 157, 159
化石 ······························ 186
花柱 ································ 22
活火山 ···························· 160
褐藻類 ···························· 36
活断層 ······················ 173, 175
カニ ································ 46
カバーガラス ···················· 14
花粉 ···························· 22, 23
花粉のう ·························· 25
花弁 ··············· 10, 21, 22, 24
下方置換法 ···················· 66, 68
カマキリ ·························· 16
軽石 ······························ 153
カンサイタンポポ ················ 11
観点 ································ 16
カンラン石 ··················· 156, 159

き

気化 ································ 89
基準 ································ 16
キ石（輝石） ··············· 156, 159
北アメリカプレート ············· 173
気体 ································ 89
キツネ ···························· 43
気泡 ································ 14
気門 ································ 45
臼歯 ································ 44
凝華 ································ 89
凝灰岩 ······················ 185, 186
凝結 ································ 89
凝固 ································ 89
凝縮 ································ 89
鏡台 ································ 15

鏡筒 ···························· 12, 15
鏡筒上下式顕微鏡 ················ 15
虚像 ··················· 115, 118, 119
魚類 ······················ 41, 42, 43
緊急地震速報 ················ 169, 176
金属 ································ 56
金属光沢 ·························· 56
ぎんなん ·························· 26

く

空気調節ねじ ···················· 55
クジラ ···························· 47
屈折角 ··················· 106, 108, 110
屈折光 ······················ 106, 107
クラゲ ···························· 47
クリップ ······················ 12, 15
クロウンモ（黒雲母） ······· 156, 159
クロヤマアリ ······················ 9
クンショウモ ······················ 13

け

結晶 ······················ 83, 156
犬歯 ································ 44
顕微鏡 ············· 13, 14, 15, 119
玄武岩 ···························· 159

こ

コイ ···························· 41, 43
恒温動物 ·························· 43
甲殻類 ·························· 45, 46
光源 ······················ 101, 103
光軸 ······················ 116, 117
紅藻類 ···························· 36
鉱物 ······················ 156, 158
合弁花 ·························· 22, 23

合弁花類 ·························· 33
氷 ································ 60
コケ植物 ······················ 34, 35
古生代 ···························· 187
固体 ································ 89
混合物 ···························· 83
昆虫類 ···························· 45
コンブ ···························· 36
根毛 ································ 32

さ

再結晶 ···························· 83
在来種 ···························· 11
砂岩 ······························ 185
酢酸 ································ 68
サクラ ·························· 23, 31
ササ ································ 31
砂糖 ················· 53, 54, 56, 77
サメ ································ 47
作用線 ······················ 144, 147
作用点 ······················ 144, 145
サル ································ 43
三角州 ···························· 181
サンゴ ···························· 187
サンショウウオ ·················· 47
酸性 ·························· 65, 68
酸素 ····················· 54, 65, 67
サンヨウチュウ ·················· 187

し

シジミ ···························· 187
磁石の力（磁力） ················ 140
示準化石 ················ 183, 186, 187
地震 ······························ 165
地震計 ···························· 165

235

示相化石 ……………… 186, 187
シダ植物 ……………………… 34
シダのなかま ………………… 187
実像 ……………… 115, 118, 119
質量 ……………… 57, 90, 146
質量パーセント濃度 …………… 78
磁鉄鉱 ………………………… 156
視度調節リング ………………… 12
子房 ……………… 22, 23, 24, 26
しぼり ………………………… 15
シマウマ ……………………… 44
シマミミズ ……………………… 9
しゅう曲 ……………………… 189
重力 …… 140, 141, 144, 145, 146, 147
主根 ……………………… 32, 33
種子 ……………… 23, 25, 26
種子植物 ……………… 26, 31
受粉 ……………… 23, 25, 26
主要動 ………………………… 166
純粋な物質 ……………… 83, 93
純物質 ……………… 83, 93
子葉 ……………………… 32, 33
昇華 ……………………………… 89
硝酸カリウム ………………… 83
鐘状火山 ……………………… 154
状態変化 ……………… 89, 90, 91
焦点 ……………… 116, 117
焦点距離 ……………………… 116
蒸発 ……………………… 89, 92
上方置換法 ……………… 66, 69
蒸留 ……………………… 94, 95
蒸留水 …………………………… 94
初期微動 ……………………… 166
初期微動継続時間 ……… 166, 168
食塩 ……………………………… 54

触媒 ……………………………… 67
ジョロウグモ ………………… 46
シルト ………………………… 185
震央 ……………… 165, 166, 170
震央距離 ……………………… 165
震源 ……………… 165, 166
震源距離 ……………………… 165
震源の深さ …………………… 165
震災 ……………………………… 176
浸食 ……………………… 181, 182
深成岩 ……………… 157, 158, 159
新生代 ………………………… 187
震度 ……………… 170, 171, 175
振動 ……………… 127, 128
振動数 ……………… 132, 134
震度階級 ……………………… 170
振幅 ……………… 132, 134

す

水銀 ……………………… 56, 60
水酸化カルシウム ……………… 69
水上置換法 ……… 66, 67, 68, 70
水素 ……………………… 53, 70
垂直抗力 ……………… 139, 147
水溶液 ……………………… 77, 82
スギ ……………………………… 26
スギゴケ ……………………… 35
スギナ ……………………… 34, 35
スケッチ ……………………… 11, 12
ススキ …………………………… 32
スズメ ……………………… 9, 43
スチールウール ………………… 54
ステージ ……………………… 12, 15
ステージ上下式顕微鏡 ………… 15
砂 ……………………… 181, 182

スライドガラス ………………… 14

せ

成層火山 ……………………… 154
セイヨウタンポポ ……………… 11
セイヨウミツバチ ……………… 9, 10
セキエイ（石英） ……… 156, 159
セキツイ動物（脊椎動物） ……… 41
石灰岩 ……………… 185, 186
石灰水 ……………… 53, 54, 65, 68
石灰石 …………………………… 68
接眼レンズ ……………… 12, 15
石基 ……………… 157, 158
節足動物 ……………… 45, 46
ゼニゴケ ……………………… 9, 35
セリ ……………… 9, 10, 16
扇状地 ………………………… 181
全反射 ……………… 108, 109
ゼンマイ ……………… 34, 35
閃緑岩 ………………………… 159

そ

像 ……………… 103, 105, 107, 115,
　　　　　　　118, 119, 120, 122
双眼実体顕微鏡 ……………… 11, 12
双子葉類 ……………… 32, 33
草食動物 ……………………… 44
ゾウリムシ …………………… 13
藻類 …………………………… 36
側根 ……………… 32, 33
ソテツ ………………………… 26
粗動ねじ ……………………… 12

た

胎生 …………………………… 42

堆積 ································· 181, 182

堆積岩 ································· 185

台ばかり ························· 142, 146

対物レンズ ························· 12, 15

太平洋プレート ················· 173, 188

大陸プレート ····················· 173, 188

脱皮 ································· 45

楯状火山 ··························· 154

多島海 ····························· 175

炭酸水素ナトリウム ··············· 68

単子葉類 ························· 32, 33

弾性力（弾性の力）····· 139, 145, 147

炭素 ····························· 53, 54

断層 ······················· 173, 175, 189

タンポポ ············· 9, 10, 16, 23, 32

ち

力がはたらく点 ··················· 144

力の大きさ ······················· 144

力の三要素 ······················· 144

力のつりあい ····················· 147

力のはたらき ····················· 139

力の向き ························· 144

地形図 ··························· 184

地質年代 ························· 187

千島海溝 ························· 172

地層 ····························· 182

窒素 ····························· 65, 68

地熱発電 ························· 160

チャート ························· 185, 186

柱状図 ··························· 183, 184

中生代 ··························· 187

柱頭 ····························· 22, 23

超音波 ··························· 133

チョウ石（長石）··············· 156, 159

調節ねじ ························· 15

張力 ····························· 139

鳥類 ····························· 41, 43

沈降 ····················· 175, 176, 182

つ

ツツジ ····················· 21, 26, 33

津波 ····················· 174, 176

ツバキ ························· 31

ツユクサ ······················· 31, 32

ツリガネムシ ··················· 13

て

泥岩 ····························· 185

ティラノサウルス ··············· 187

鉄 ····················· 54, 60, 70

電気伝導性 ····················· 56

電気の力 ························· 140

テングサ ························· 36

電子てんびん ··················· 57, 58

展性 ····························· 56

てんびん ························· 58

デンプン ························· 54, 56

と

トウモロコシ ··················· 31, 33

等粒状組織 ····················· 157, 158

トカゲ ························· 41, 43

ドクダミ ························· 9, 10

トサカノリ ····················· 36

突沸 ····························· 92, 95

凸レンズ

······ 115, 116, 117, 118, 119, 122

トノサマガエル ················· 43

トノサマバッタ ················· 45

ドライアイス ··················· 89

泥 ····················· 181, 182

な

内骨格 ··························· 45

内陸型地震 ····················· 174, 175

ナウマンゾウ ··················· 187

ナナホシテントウ ··············· 9

鉛 ····························· 56

波 ····························· 128, 134

南海トラフ ····················· 172

軟体動物 ························· 46

に

肉食動物 ························· 44

二酸化硫黄 ····················· 72, 153

二酸化炭素

··· 53, 54, 65, 68, 77, 89, 153, 186

二酸化窒素 ····················· 68, 72

二酸化マンガン ················· 67

日本海溝 ················· 172, 174, 188

入射角 ··········· 102, 106, 108, 109

入射光 ··········· 102, 106, 107

ニュートン ····················· 141

2力がつりあう条件 ············· 147

ね

根 ····························· 33

ネオン ························· 72

ネコ ····························· 41

熱伝導性 ························· 56

粘土 ····························· 185

の

濃度 ····························· 78, 79

ノキシノブ ……………………… 35

は

胚珠 …………… 22, 23, 24, 25, 26
白色光 ……………………… 110
白色鉱物 …………………… 156
ハザードマップ ………… 160, 176
ハチノスサンゴ ……………… 187
ハチュウ類（は虫類）…… 41, 42, 43
発音体 ……………………… 127
ハツカダイコン ……………… 32
バッタ ……………………… 16
ハト ………………………… 41
ばねばかり ……………… 142, 146
ハルジオン ………………… 9, 10
反射角 ……………… 102, 106
反射鏡 ……………………… 15
反射光 …………… 102, 106, 109
反射の法則 ……………… 102, 104
斑晶 ………………… 157, 158
斑状組織 …………… 157, 158
斑れい岩 …………………… 159

ひ

東太平洋海嶺 ……………… 188
ビカリア …………………… 187
光の屈折 ………… 106, 107, 115
光の直進 …………………… 101
光の速さ …………………… 129
光の反射 …………………… 102
光の分散 …………………… 110
光ファイバー ……………… 109
非金属 ……………………… 56
ひげ根 ……………… 32, 33
被子植物 …………… 24, 26, 31, 32

BTB溶液 …………………… 65
微動ねじ …………………… 12
P波 ………………………… 166
ヒメジョオン ……………… 10
百分率 ……………………… 78

ふ

V字谷 ……………………… 181
フィリピン海プレート ……… 173
風化 ……………… 181, 182
フェノールフタレイン溶液 …… 69
フズリナ …………………… 187
フックの法則 ……………… 142
物質 ………………………… 53
物体 ………………………… 53
沸点 ……………… 92, 93, 94
沸騰 ……………… 89, 92
沸騰石 ……………… 92, 95
ブナ ………………………… 187
プラスチック ……………… 53, 56
プランクトン ……………… 13
プリズム …………………… 110
プレート ……………… 173, 188
プレパラート ………… 13, 14, 15
プロパン …………………… 53, 72
噴火 ……………… 153, 155, 183
噴火警報 …………………… 160
分類 ………………………… 16

へ

平行脈 ……………… 31, 33
ヘチマ ……………………… 24
ヘビ ………………………… 47
ヘリウム …………………… 72
ヘルツ ……………………… 132

変温動物 …………………… 43
ペンギン …………………… 47

ほ

望遠鏡 ……………………… 119
胞子 ……………… 34, 35
胞子のう ……………… 34, 35
飽和 ………………………… 80
飽和水溶液 ………………… 80
ホテイアオイ ……………… 9
ホニュウ類（哺乳類）……… 41, 43
ボーリング ………………… 183

ま

マイマイ …………………… 47
マグニチュード …… 171, 174, 175
マグマ ……………… 153, 156
マグマだまり ……………… 153
マグマのねばりけ
………… 154, 155, 156, 159
摩擦力（摩擦の力）……… 139, 147
マツ ……………… 25, 26
まつかさ ……………… 25, 26

み

ミカヅキモ ……………… 13, 36
ミジンコ …………………… 13
水 ……………… 53, 54, 60
水の状態変化 ………… 90, 91, 92
密度 ……………… 57, 59, 91
ミドリムシ ………………… 13
ミミズ ……………………… 47
ミョウバン ………………… 83

む

無機物 ················· 54, 56
無重力状態 ·············· 146
無色鉱物 ············· 156, 159
無セキツイ動物（無脊椎動物）
  ·················· 41, 47
ムラサキツユクサ ·········· 33

め

雌株 ·················· 35
めしべ ·········· 21, 22, 23, 24
メジロ ················· 43
メスシリンダー ········· 57, 58
メダカ ············· 9, 42, 43
メタセコイア ············· 187
メタン ················· 72
雌花 ············· 24, 25, 26

も

網状脈 ··············· 31, 33
モノコード ·············· 132
門歯 ·················· 44

や

やく ················ 22, 23

ゆ

融解 ·················· 89
有機物 ············· 53, 54, 56
有色鉱物 ············· 156, 159
融点 ················ 93, 94
ユーラシアプレート ········· 173
ユリ ·················· 24

よ

溶液 ·················· 77
溶解 ·················· 77
溶解度 ················· 80
溶解度曲線 ············· 80, 84
溶岩 ············· 153, 154, 155
溶岩ドーム ·············· 154
溶岩流 ················· 160
溶質 ·················· 77
溶媒 ·················· 77
葉脈 ················· 31, 33
ヨモギ ·················· 9

ら

ライオン ················ 44
裸子植物 ················ 26
卵生 ················ 42, 45
乱反射 ················· 104

り

リアス海岸 ············ 175, 176
リトマス紙 ··············· 65
離弁花 ················ 22, 23
離弁花類 ················ 33
硫化水素 ············· 70, 153
隆起 ············· 175, 176, 182
硫酸 ·················· 70
硫酸アンモニウム ··········· 69
硫酸銅 ··············· 77, 83
粒子 ················ 78, 91
流紋岩 ················· 159
両生類 ············· 41, 42, 43
緑藻類 ················· 36
臨界角 ················· 108

り

りん片 ················· 25

る

ルーペ ············· 11, 12, 119

れ

れき ················ 181, 182
れき岩 ················· 185
レボルバー ·············· 15

ろ

ろう ················ 53, 56
ろ過 ·················· 82
露頭 ·················· 183

わ

ワカメ ················· 36
ワニ ·················· 47
ワラビ ················· 35

●写真提供
一般財団法人 地球の石科学財団 奇石博物館
気象庁
公益社団法人 鹿児島県観光連盟
国立科学博物館
コーベットフォトエージェンシー
コーベットフォトエージェンシー / ミラージュ
産業技術総合研究所 地質調査総合センター
東京大学総合研究博物館
福井県立恐竜博物館
瑞浪市化石博物館
OPO/Artefactory
photolibrary
PIXTA

初版
第 1 刷　1972 年 2 月 1 日　発行
新指導要領準拠版
第 1 刷　2021 年 4 月 1 日　発行
第 2 刷　2022 年 8 月 1 日　発行

●カバー・本文デザイン
アーク・ビジュアル・ワークス（落合あや子）
デザイン・プラス・プロフ株式会社

編　者　数研出版編集部　　　　　　　　編集協力　有限会社マイプラン
発行者　　星野 泰也

ISBN978-4-410-15064-7

チャート式®シリーズ 中学理科 1年

発行所　**数研出版株式会社**

〒101-0052　東京都千代田区神田小川町 2 丁目 3 番地 3
　　　　　　〔振替〕00140-4-118431
〒604-0861　京都市中京区烏丸通竹屋町上る大倉町205番地
〔電話〕代表（075）231-0161
ホームページ　https://www.chart.co.jp
印刷　株式会社太洋社

本書の一部または全部を許可なく複写・複製すること，および本書の解説書，問題集ならびにこれに類するものを無断で作成することを禁じます。

乱丁本・落丁本はお取り替えいたします。　　　　220702

「チャート式」は登録商標です。

無色鉱物		有色鉱物				
チョウ石	セキエイ	カンラン石	キ石	カクセン石	クロウンモ	磁鉄鉱

火山岩（斑状組織）

玄武岩　　安山岩　　流紋岩

深成岩（等粒状組織）

斑れい岩　　閃緑岩　　花こう岩

弱い（小さい）	マグマのねばりけ	強い（大きい）
黒っぽい	色	白っぽい

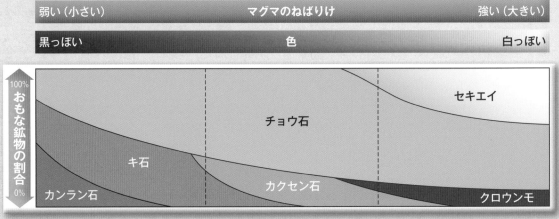

100%
おもな鉱物の割合
0%

セキエイ

チョウ石

キ石

カクセン石

カンラン石

クロウンモ

チャート式®
シリーズ

中学

理科

1年

Science

別冊

参考書らくらく
活用ノート

数研出版
https://www.chart.co.jp

もくじ

第1編 いろいろな生物とその共通点

第1章 生物の観察と分類のしかた
- ●要点のまとめ ……………………………… 2
- ☑要点チェック …………………………… 3

第2章 花のつくり
- ●要点のまとめ ……………………………… 4
- ☑要点チェック …………………………… 5

第3章 植物の分類
- ●要点のまとめ ……………………………… 6
- ☑要点チェック …………………………… 7

第4章 動物の分類
- ●要点のまとめ ……………………………… 8
- ☑要点チェック …………………………… 9

第2編 身のまわりの物質

第5章 物質の性質
- ●要点のまとめ …………………………… 10
- 例題❶，例題❷ ………………………… 11，12
- ☑要点チェック ………………………… 13

第6章 気体の性質
- ●要点のまとめ …………………………… 14
- ☑要点チェック ………………………… 15

第7章 水溶液の性質
- ●要点のまとめ …………………………… 16
- 例題❸ 〜 例題❺ …………………… 17〜19
- ☑要点チェック ………………………… 20

第8章 物質の状態変化
- ●要点のまとめ …………………………… 21
- ☑要点チェック ………………………… 22

第3編 身のまわりの現象

第9章 光の反射と屈折
- ●要点のまとめ …………………………… 23
- 例題❻ 〜 例題❽ …………………… 24〜26
- ☑要点チェック ………………………… 27

第10章 凸レンズのはたらき
- ●要点のまとめ …………………………… 28
- 例題❾，例題❿ ………………………… 29，30
- ☑要点チェック ………………………… 31

第11章 音の性質
- ●要点のまとめ …………………………… 32
- 例題⓫，例題⓬ ………………………… 33
- ☑要点チェック ………………………… 34

第12章 力のはたらき
- ●要点のまとめ …………………………… 35
- 例題⓭ 〜 例題⓯ …………………… 36〜38
- ☑要点チェック ………………………… 39

第4編 大地の変化

第13章 火山
- ●要点のまとめ …………………………… 40
- ☑要点チェック ………………………… 41

第14章 地震
- ●要点のまとめ …………………………… 42
- 例題⓰，例題⓱ ………………………… 43，44
- ☑要点チェック ………………………… 45

第15章 地層
- ●要点のまとめ …………………………… 46
- ☑要点チェック ………………………… 47

第1章 生物の観察と分類のしかた

要点のまとめ　わからないときは本冊のp.8を見よう！

学習日　　/

1 生物の観察

- [ ] **タンポポやオオバコ**は，日当たりが〔 よく　悪く 〕，乾いているところに見られ，**ドクダミやゼニゴケ**は，日当たりが〔 よく　悪く 〕，湿っているところに見られる。

- [ ] **タンポポの花**は，小さな花が集まって，1つの花のように見える。

▼ルーペの使い方

観察物が動かせるとき

ルーペは目に近づけて持つ。

観察物を前後に動かしてピントを合わせる。

観察物が動かせないとき

顔を前後に動かしてピントを合わせる。

▼顕微鏡の使い方

ステージ上下式顕微鏡

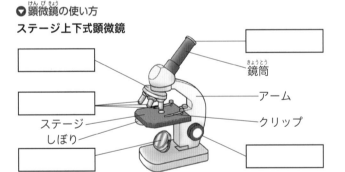

鏡筒

アーム

ステージ

クリップ

しぼり

▼水中の小さな生物　▲動く ●緑色

 ゾウリムシ▲

 アメーバ▲

ツリガネムシ▲

 ミジンコ▲

 ミドリムシ▲● ミカヅキモ●

アオミドロ● イカダモ●

操作の手順　レンズは，**接眼レンズ→対物レンズ**の順に取りつける。

①最も低倍率の**対物レンズ**にして，反射鏡としぼりで視野を明るくする。

→

②プレパラートをステージにのせ，横から見ながら**対物レンズ**とプレパラートを近づける。

→

③**接眼レンズ**をのぞきながら，**対物レンズ**とプレパラートを離していき，ピントを合わせる。

→

④高倍率にするときはレボルバーを回して**対物レンズ**をかえる。

2 生物の分類のしかた

- [ ] 生物を**分類**するときは，まず生息場所などの**観点**を決め，さらに水中か陸上かなどの**基準**を設定する。

✔ 要点チェック

解答 ➡ 本冊 p.17

学習日　　／

1 生物の観察

☐ (1) タンポポ，ドクダミ，セリ，オオバコのうち，①日当たりがよく，湿っている場所でよく見られるものはどれか。また，②日当たりが悪く，湿っている場所でよく見られるものはどれか。

☐ (2) ルーペで観察するとき，ルーペは目に近づけるか，目から遠ざけるか。

☐ (3) プレパラートをつくる必要がなく，観察物をそのまま20〜40倍程度の倍率で立体的に観察することができる顕微鏡を何というか。

☐ (4) スケッチするとき，細い線でかくか，太い線でかくか。

☐ (5) プレパラートをつくるとき，スライドガラスの上にかぶせるガラスを何というか。

☐ (6) 顕微鏡で観察するとき，最初はふつう，低倍率，高倍率のどちらで観察するか。

☐ (7) 顕微鏡にレンズを取りつけるとき，はじめに取りつけるレンズを何というか。

☐ (8) 10倍の接眼レンズと40倍の対物レンズを用いると，顕微鏡の倍率は何倍になるか。

(1) ①

　　②

(2)

(3)

(4)

(5)

(6)

(7)

(8)

2 生物の分類のしかた

☐ (9) 共通点や相違点に着目してなかま分けし，整理することを何というか。

☐ (10) タンポポ，カエル，バッタを，①生息場所の観点で分類したとき，「水中・水辺」という基準に当てはまるものはどれか。また，②栄養分のとり方の観点で分類したとき，「植物を食べる」という基準に当てはまるものはどれか。

(9)

(10) ①

　　②

3

要点のまとめ　**わからないときは本冊のp.20を見よう！**

わからないときは本冊のp.20を見よう！

学習日　　／

1 果実をつくる花のつくり

□ **花のつくり**：外側から順に，〔　　　　　　〕，

〔　　　　　　〕，〔　　　　　　〕，〔　　　　　　〕がある。

□〔　　　　　　〕：花弁が1枚1枚離れている花。

□〔　　　　　　〕：花弁がつながっている花。

□ **やく**：おしべの先端にある，花粉が入っている小さな袋。

□ **柱頭**：めしべの先端。花粉がつきやすくなっている。

□〔　　　　　　〕：めしべの根もとのふくらんだ部分。

□〔　　　　　　〕：めしべの子房の中にある粒。

□〔　　　　　　〕：めしべの柱頭に花粉がつくこと。

□ **果実**と**種子**：受粉すると，**子房**が成長して〔　　　　　　〕

になり，**子房**の中の**胚珠**が成長して〔　　　　　　〕になる。

□〔　　　　　　〕：**胚珠**が**子房**の中にある植物。

◆花から果実・種子への変化

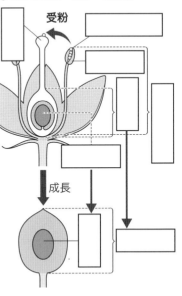

受粉

成長

2 マツの花と種子植物

□〔　　　　　　〕：マツの雄花のりん片にある袋。花粉が入っている。

□〔　　　　　　〕：**子房**がなく，**胚珠**がむき出しになっている植物。

□〔　　　　　　〕：花をさかせ，**種子**をつくる植物。

◆マツの花と種子ができるまで

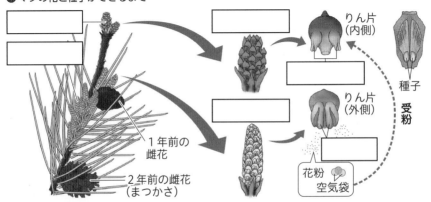

りん片
(内側)

種子

りん片
(外側)

受粉

1年前の
雌花

2年前の雌花
(まつかさ)

花粉
空気袋

✔ 要点チェック

解答 ➡ 本冊 p.27　　　学習日　　/

1 果実をつくる花のつくり

□ (1)　おしべ，めしべ，がく，花弁のうち，①花の最も外側に
ある部分はどれか。また，②花の最も内側にある部分はど
れか。

□ (2)　花弁が1枚1枚離れている花を何というか。

□ (3)　花弁がつながっている花を何というか。

□ (4)　おしべの先端にある，花粉が入っている小さな袋（ふくろ）を何と
いうか。

□ (5)　めしべの先端の，花粉がつきやすくなっている部分を何
というか。

□ (6)　めしべの根もとのふくらんだ部分を何というか。

□ (7)　めしべの子房の中にある粒を何というか。

□ (8)　めしべの柱頭に花粉がつくことを何というか。

□ (9)　受粉すると，①めしべの子房は成長して何になるか。ま
た，②子房の中の胚珠は成長して何になるか。

□ (10)　胚珠が子房の中にある植物のなかまを何というか。

(1) ①_____

　　②_____

(2)_____

(3)_____

(4)_____

(5)_____

(6)_____

(7)_____

(8)_____

(9) ①_____

　　②_____

(10)_____

2 マツの花と種子植物

□ (11)　マツの，①新しく伸（の）びた枝の先にさく花を何というか。
また，②新しく伸びた枝のもとにさく花を何というか。

□ (12)　マツの雄花のりん片にある，花粉が入っている袋を何と
いうか。

□ (13)　子房がなく，胚珠がむき出しになっている植物のなかま
を何というか。

□ (14)　花をさかせ，種子をつくってふえる植物を何というか。

(11) ①_____

　　②_____

(12)_____

(13)_____

(14)_____

学習日 ／

1 被子植物の分類

□〔　　　　　　　〕：葉に見られる**すじ**のようなつくり。

□〔　　　　　　　〕：**網の目**のように広がっている葉脈。

□〔　　　　　　　〕：**平行**に並んでいる葉脈。

□**主根と側根**：タンポポの根は，**中心の太い**〔　　　　　　　〕

から，**細い**〔　　　　　　〕が枝分かれして広がっている。

□〔　　　　　　　〕：ススキの根のような，**多数の細い根が**

広がっている根のつくり。

□〔　　　　　　　〕：根の先端近くに多く生えている，細い

毛のようなもの。

□〔　　　　　　　〕：種子ができるとき最初につくられる葉。

種子が発芽するとき，ふつう最初に地上に出る。

□〔　　　　　　　〕：被子植物のうち，**子葉が2枚**のなかま。

□〔　　　　　　　〕：被子植物のうち，**子葉が1枚**のなかま。

□〔　　　　　　　〕：双子葉類のうち，**花弁がつながっている**なかま。

□〔　　　　　　　〕：双子葉類のうち，**花弁が1枚1枚離れている**なかま。

▼ 単子葉類と双子葉類の特徴

	類 （アブラナ）	類 （トウモロコシ）
子葉	2枚	1枚
葉脈	網状脈	平行脈
根	主根 側根	ひげ根

2 種子をつくらない植物の分類

□**胞子のうと胞子**：種子をつくらない

植物は，〔　　　　　　〕という袋で

つくられた〔　　　　　　〕でふえる。

□**シダ植物**：胞子でふえる植物のうち，

根，茎，葉の区別があるなかま。

□**コケ植物**：胞子でふえる植物のうち，

根，茎，葉の区別がないなかま。

□**仮根**：コケ植物のからだの表面にあ

る，からだを地面などに固定するは

たらきをする根のようなもの。

▼ シダ植物とコケ植物

シダ植物　　コケ植物　　雄株　　雌株

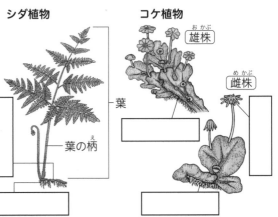

葉

葉の柄

1　被子植物の分類

☐ (1)　葉に見られる，すじのようなつくりを何というか。

☐ (2)　被子植物の，①網の目のように広がっている葉脈を何というか。また，②平行に並んでいる葉脈を何というか。

☐ (3)　タンポポに見られる，①中心の太い根を何というか。また，②中心の太い根から枝分かれして広がっている細い根を何というか。

☐ (4)　ススキの根のような，多数の細い根が広がっている根のようすを何というか。

☐ (5)　根の先端近くに多く生えている，細い毛のようなものを何というか。

☐ (6)　種子が発芽するとき，ふつう最初に地上に出る葉を何というか。

☐ (7)　被子植物のうち，①子葉が2枚のなかまを何というか。また，②子葉が1枚のなかまを何というか。

☐ (8)　双子葉類のうち，①花弁がつながっているなかまを何というか。また，②花弁が1枚1枚離れているなかまを何というか。

2　種子をつくらない植物の分類

☐ (9)　種子をつくらない植物は，何という袋でつくられた胞子でふえるか。

☐ (10)　胞子でふえる植物のうち，①根，茎，葉の区別があるなかまを何というか。また，②根，茎，葉の区別がないなかまを何というか。

☐ (11)　コケ植物のからだの表面にある，根のようなものを何というか。

(1)

(2) ①

　　②

(3) ①

　　②

(4)

(5)

(6)

(7) ①

　　②

(8) ①

　　②

(9)

(10) ①

　　②

(11)

第4章　動物の分類

要点のまとめ　わからないときは本冊のp.40を見よう！

学習日　　／

1　セキツイ動物の分類

□〔　　　　　　〕：背骨がある

動物。

□〔　　　　　　〕：背骨がない

動物。

□ **セキツイ動物のなかま**：

〔　　　　　〕,〔　　　　　〕,

〔　　　　　〕,〔　　　　　〕,

〔　　　　　〕の5つ。

□〔　　　　　〕：親が卵をうみ，卵から子がかえるうまれ方。

□〔　　　　　〕：子が母親の子宮内で，ある程度育ってからうまれるうまれ方。

□〔　　　　　〕：おもに他の動物を食べる動物。

□〔　　　　　〕：おもに植物を食べる動物。

▼セキツイ動物のなかまの特徴

	類	類	類	類	類
生活場所	水中	陸上			
体表	うろこ	湿った皮膚	うろこ	羽毛	毛
呼吸	えら	えら→肺	肺		
うまれ方	卵生				胎生

2　無セキツイ動物の分類

□〔　　　　　〕：昆虫やカニなどのからだ

の外側をおおっているかたい殻。

□〔　　　　　〕：外骨格をもち，からだや

あしに節がある動物。

□〔　　　　　〕：節足動物のうち，バッタ

やチョウなどのなかま。

□〔　　　　　〕：節足動物のうち，エビや

カニなどのなかま。

□〔　　　　　〕：イカやアサリなどのから

だで，内臓をおおっている膜。

□〔　　　　　〕：外とう膜をもつ動物。

▼いろいろな無セキツイ動物

節足動物

昆虫類

トノサマバッタ

甲殻類

イセエビ

軟体動物

アサリ

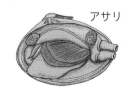

✔ 要点チェック

解答 ➡ 本冊 p.48

学習日　　　／

1 セキツイ動物の分類

☐ (1) 動物を背骨があるかないかで分けたとき，①背骨がある動物を何というか。また，②背骨がない動物を何というか。

☐ (2) セキツイ動物の5つのなかまのうち，①一生，水中で生活するなかまを何というか。また，②子のときは水中で，親になると陸上や水辺で生活するなかまを何というか。

☐ (3) セキツイ動物の5つのなかまのうち，①からだの表面がかたいうろこでおおわれていて水を通さないなかまを何というか。また，②からだの表面が羽毛でおおわれているなかまを何というか。

☐ (4) 動物の子のうまれ方に着目したとき，①親が卵をうみ，卵から子がかえるうまれ方を何というか。また，②子が母親の子宮内で，ある程度育ってからうまれるうまれ方を何というか。

☐ (5) ホニュウ類の食物に着目したとき，①おもに他の動物を食べる動物を何というか。また，②おもに植物を食べる動物を何というか。

2 無セキツイ動物の分類

☐ (6) 昆虫やカニなどのからだの外側をおおっている，かたい殻のようなものを何というか。

☐ (7) からだの外側がかたい殻でおおわれ，からだやあしに節がある無セキツイ動物のなかまを何というか。

☐ (8) 節足動物のうち，①バッタやチョウなどのなかまを何というか。また，②エビやカニなどのなかまを何というか。

☐ (9) イカやアサリなどのからだで，内臓をおおっている膜を何というか。

☐ (10) 無セキツイ動物のうち，外とう膜をもつなかまを何というか。

(1) ①

②

(2) ①

②

(3) ①

②

(4) ①

②

(5) ①

②

(6)

(7)

(8) ①

②

(9)

(10)

第5章 物質の性質

学習日　　／

1 物質の区別

- [ ] **物体**：使う目的や外見に着目したときの「もの」。
- [ ] **物質**：物体をつくる材料に着目したときの「もの」。
- [ ] 〔　　　　　　　〕：**炭素を含む物質**。多くは水素を含み，燃えると〔　　　　　〕と〔　　　　　　〕ができる。こげて黒い炭（炭素）になるものもある。
- [ ] 〔　　　　　　〕：**有機物**以外の物質。
- [ ] 〔　　　　　　〕：鉄，アルミニウム，金，銀，銅など。金属には共通の性質がある。
- [ ] 〔　　　　　　〕：**金属以外**の物質。

▼ 金属に共通の性質

〔　　　　　　〕光沢　　〔　　　　　　〕伝導性

〔　　　　　　〕伝導性　　展性　　延性

2 物質の密度

- [ ] 〔　　　　　　〕：電子てんびんや上皿てんびんではかることのできる，**物質そのものの量**。
- [ ] 〔　　　　　　〕：物質の**一定体積当たりの質量**。
- [ ] **密度とものの浮き沈み**：固体を液体に入れたとき，固体の密度が液体の密度よりも**大きけ**れば固体は〔　　　　　　〕，液体の密度よりも**小さければ**固体は〔　　　　　　　〕。

▼ ろうと鉄が燃えたときのようす

ろう

水滴でくもる。

石灰水

石灰水は白くにごる。

ろうは炭素を含む有機物。 ← 二酸化炭素ができた。

スチールウール（鉄）

水滴はできない。

石灰水

石灰水は変化しない。

鉄は無機物。 ←

性質を調べれば，物質を区別できるんだね！

▼ 密度を求める式

$$物質の密度〔g/cm^3〕＝\frac{物質の \boxed{} 〔　〕}{物質の \boxed{} 〔　〕}$$

例題 ❶ ◀ 計算 ▶ 物質の密度

(1) ある金属でできた物体の質量と体積をはかったところ，質量は47.22g，体積は6.0cm³であった。この物体の密度を求めなさい。

(2) ある液体を30.0cm³はかり取り，質量をはかったところ，23.67gであった。この液体の密度を，小数第2位まで求めなさい。

💡ヒント (2)「小数第2位まで求めなさい」という指示に注意する。

解答 (1)　　　　　(2)　　　　　　　　解答 ➡ 本冊 p.59

練習 ❶-1

(1) ある金属でできた物体の質量と体積をはかったところ，質量は80.64g，体積は9.0cm³であった。この物体の密度を求めなさい。

(2) (1)の金属の種類は何と推測できるか。下の表をもとに答えなさい。

金属	スズ	鉄	銅	銀	鉛
密度〔g/cm³〕	7.31	7.87	8.96	10.50	11.35

❶-1

(1)

(2)

解答 ➡ 本冊 p.227

練習 ❶-2

(1) ある液体を8.0cm³はかり取り，質量をはかったところ，12.02gであった。この液体の密度を，小数第2位まで求めなさい。

(2) (1)の液体は何と推測できるか。下の表をもとに答えなさい。

液体	酢酸	水	硝酸	硫酸	水銀
密度〔g/cm³〕	0.79	1.00	1.50	1.84	13.55

❶-2

(1)

(2)

解答 ➡ 本冊 p.227

例題 ② ◀計算▶ 密度の公式から質量・体積を求める

(1) 密度が0.79g/cm³のエタノールがある。このエタノールの体積が100cm³のとき，エタノールの質量を求めなさい。

(2) 密度が2.7g/cm³のアルミニウムでできた，質量が135gの物体がある。この物体の体積を求めなさい。

(解答) (1)　　　　　　(2)　　　　　　解答➡本冊 p.59

練習②-1

密度が13.55g/cm³の水銀がある。この水銀の体積が20cm³のとき，水銀の質量を求めなさい。

②-1
_____
解答⇒本冊 p.227

練習②-2

密度が8.96g/cm³の銅でできた，質量が35.84gの物体がある。この物体の体積を求めなさい。

②-2
_____
解答⇒本冊 p.227

練習②-3

密度が1.02g/cm³の海水をコップに注ぎ，質量をはかったところ，203.1gであった。空のコップの質量が50.0gであるとき，コップに注がれた海水の体積を，小数第1位まで求めなさい。

②-3
_____
解答⇒本冊 p.227

1 物質の区別

□ (1) ①コップのように，使う目的や外見に着目したときの「もの」を何というか。また，②コップをつくっているガラスやプラスチックのように，物体をつくる材料に着目したときの「もの」を何というか。

□ (2) ろうのように，炭素を含む物質を何というか。

□ (3) ろうが燃えると，①ろうに炭素が含まれていることで何という気体が発生するか。また，②ろうに水素が含まれていることで何という液体ができるか。

□ (4) 有機物以外の物質を何というか。

□ (5) 砂糖，食塩，デンプンを水に入れたとき，溶けないものはどれか。

□ (6) 砂糖，食塩，デンプンを加熱したとき，変化しないものはどれか。

□ (7) 金属は，電気をよく通すか，通さないか。

□ (8) 金属は，どれも磁石につくといえるか，いえないか。

□ (9) 金属以外の物質を何というか。

(1) ①

　　②

(2)

(3) ①

　　②

(4)

(5)

(6)

(7)

(8)

(9)

2 物質の密度

□ (10) 電子てんびんや上皿てんびんではかることのできる，物質そのものの量を何というか。

□ (11) 一定の体積当たりの質量を，その物質の何というか。

□ (12) 次の式の①，②に当てはまることばは何か。

$$物質の密度[g/cm^3] = \frac{物質の〔①〕[g]}{物質の〔②〕[cm^3]}$$

□ (13) 固体を液体に入れたとき，①固体の密度が液体の密度よりも大きければ，固体は沈むか，浮くか。また，②固体の密度が液体の密度よりも小さければ，固体は沈むか，浮くか。

(10)

(11)

(12) ①

　　②

(13) ①

　　②

第5章 物質の性質

第6章 気体の性質

要点のまとめ　わからないときは本冊のp.64を見よう！

学習日　　／

1 気体の性質の調べ方と集め方

□ **空気の組成**：体積の割合で，〔　　　　　〕が約78%，〔　　　　　〕が約21%，〔　　　　　〕が約0.04%である。

酸素は空気の$\frac{1}{5}$しかないんだね。

□ **気体が水に溶けた水溶液の性質**：
青色リトマス紙を**赤色**に変える水溶液の性質は〔　　　　〕，赤色リトマス紙を**青色**に変える水溶液の性質は〔　　　　〕である。

● リトマス紙の色の変化

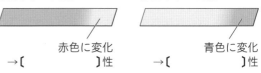

青色リトマス紙　　　　　**赤色リトマス紙**

赤色に変化　　　　　　　青色に変化

→〔　　　　　〕性　　　→〔　　　　　〕性

□ **気体の集め方**：**水に溶けにくい気体**は〔　　　　　〕で，**水に溶けやすく，空気より密度が大きい気体**は〔　　　　　〕で，**水に溶けやすく，空気より密度が小さい気体**は〔　　　　　〕で集められる。

● 気体の集め方

|　　　　　法 |　　　　　法 |　　　　　法 |

気体　　　　　　　　　　　　　← 気体

気体 →

2 気体の発生と性質

□ **酸素の性質**：水に溶け〔 **やすい　にくい** 〕。〔　　　　　　　　〕はたらきがある。

□ **二酸化炭素の性質**：空気より密度が大きい。**石灰水**を〔　　　　　　〕。水に少し溶け，水溶液は**酸性**を示す。

□ **アンモニアの性質**：空気より密度が小さい。水に非常によく溶け，水溶液は〔　　　　　〕性を示す。

□ **水素の性質**：水に溶けにくい。空気中で**燃えて**〔　　　　　〕ができる。

● 気体の発生方法

酸素

うすい過酸化水素水（オキシドール）　　　酸素

二酸化マンガン　　　　　水

二酸化炭素

うすい塩酸　　　　二酸化炭素

石灰石

1 気体の性質の調べ方と集め方

- □ (1) 空気に，体積の割合で，①約8割含まれている気体は何か。また，②約2割含まれている気体は何か。
- □ (2) 気体が水に溶けた水溶液の性質は，①青色リトマス紙が赤色に変わったときは何性か。また，②赤色リトマス紙が青色に変わったときは何性か。
- □ (3) 水に溶けにくい気体を集めるときの方法を何というか。
- □ (4) 水に溶けやすい気体のうち，①空気より密度が大きい気体を集めるときの方法を何というか。また，②空気より密度が小さい気体を集めるときの方法を何というか。

2 気体の発生と性質

- □ (5) 二酸化マンガンにうすい過酸化水素水(オキシドール)を加えると発生する気体は何か。
- □ (6) 石灰石にうすい塩酸を加えると発生する気体は何か。
- □ (7) 塩化アンモニウムと水酸化カルシウムの混合物を加熱すると発生する気体は何か。
- □ (8) 亜鉛にうすい塩酸を加えると発生する気体は何か。
- □ (9) 酸素，二酸化炭素，アンモニア，水素のうち，①ものを燃やすはたらきがあるものはどれか。また，②空気中で火をつけると燃えて水ができるものはどれか。
- □ (10) 酸素，二酸化炭素，アンモニア，水素のうち，①水に非常によく溶け，水溶液がアルカリ性を示すものはどれか。また，②水に少し溶け，水溶液が酸性を示すものはどれか。
- □ (11) 酸素，窒素，水素，塩素のうち，物質の中で最も密度が小さいものはどれか。
- □ (12) 水素，塩素，塩化水素，硫化水素のうち，黄緑色をしているものはどれか。

(1) ①

　　②

(2) ①

　　②

(3)

(4) ①

　　②

(5)

(6)

(7)

(8)

(9) ①

　　②

(10) ①

　　②

(11)

(12)

第7章 水溶液の性質

要点のまとめ わからないときは本冊のp.76を見よう！

学習日 ／

1 物質が水に溶けるようす

□ 溶質と溶媒：砂糖水の場合，砂糖のように，溶けている物質を〔　　　　〕，水のように，溶質を溶かしている液体を〔　　　　〕という。

□ 溶液と水溶液：溶質が溶媒に溶けた液全体を〔　　　　〕といい，砂糖水のように，溶媒が水である溶液を〔　　　　〕という。

□ 水溶液の性質：色がついていてもついていなくても透明で，どの部分も濃さが同じ（均一）で，時間がたっても溶けた物質は出てこない。

□ 〔　　　　〕：溶液の質量に対する溶質の質量の割合を百分率（％）で表したもの。

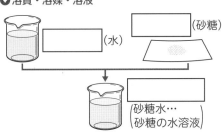

▼溶質・溶媒・溶液

（水）　（砂糖）

（砂糖水…砂糖の水溶液）

▼濃度を求める式

$$質量パーセント濃度〔\%〕 = \frac{\boxed{}の質量〔g〕}{\boxed{}の質量〔g〕} \times 100$$

$$= \frac{溶質の質量〔g〕}{\boxed{}の質量〔g〕+溶質の質量〔g〕} \times 100$$

2 溶解度と再結晶

□ 飽和：ある溶質が溶媒に限度まで溶けている状態。

□ 〔　　　　〕：飽和している水溶液。

□ 〔　　　　〕：一定量（100g）の水に溶ける物質の最大の量。物質の溶解度と温度の関係をグラフに表したものを〔　　　　〕という。

□ 〔　　　　〕：規則正しい形をした固体。

□ 〔　　　　〕：いったん溶媒に溶かした固体の物質を再び結晶として取り出すこと。

□ 混合物と純粋な物質：複数の物質が混ざり合ったものを〔　　　　〕といい，1種類の物質でできているものを〔　　　　〕という。

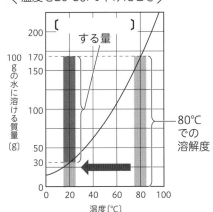

▼溶解度曲線（硝酸カリウム）

80℃の飽和水溶液の温度を20℃まで下げたとき

〔　　　〕　〔　　　〕

する量

100gの水に溶ける質量〔g〕

80℃での溶解度

温度（℃）

例題 ③ ◀ 計算 ▶ 質量パーセント濃度

(1)　砂糖25gを水に溶かして，砂糖水100gをつくった。この砂糖水の質量パーセント濃度を求めなさい。

(2)　水80gに砂糖20gが溶けている。この砂糖水の質量パーセント濃度を求めなさい。

解答 (1)　　　　　　　(2)　　　　　　　　　　　　　解答➡本冊 p.79

練習 ③ -1

(1)　砂糖20gを水に溶かして，砂糖水400gをつくった。この砂糖水の質量パーセント濃度を求めなさい。

(2)　水120gに砂糖30gが溶けている。この砂糖水の質量パーセント濃度を求めなさい。

③-1

(1)

─────────────

(2)

解答➡本冊 p.227，228

練習 ③ -2

(1)　砂糖30gを水に溶かして，砂糖水120gをつくった。この砂糖水の質量パーセント濃度を求めなさい。

(2)　(1)の砂糖水に水180gをさらに加えた。この砂糖水の質量パーセント濃度を求めなさい。

③-2

(1)

─────────────

(2)

解答➡本冊 p.228

練習 ③ -3

(1)　塩化ナトリウム10gを水に溶かして，塩化ナトリウム水溶液100gをつくった。この塩化ナトリウム水溶液の質量パーセント濃度を求めなさい。

(2)　(1)の塩化ナトリウム水溶液に塩化ナトリウム5gをさらに溶かした。この塩化ナトリウム水溶液の質量パーセント濃度を小数第1位まで求めなさい。

③-3

(1)

─────────────

(2)

解答➡本冊 p.228

💡ヒント

溶質の質量が増加すると，溶液の質量も同じだけ増加する。

例題❹ ◀計算▶ 濃度の公式の利用

(1) 質量パーセント濃度が5％の砂糖水200gには，何gの砂糖が溶けているか。

(2) 質量パーセント濃度が10％の砂糖水を300gつくるには，砂糖と水は何gずつ必要か。

解答 (1)　　　　　　(2) 砂糖　　　　　　水

解答➡本冊 p.79

練習❹-1

(1) 質量パーセント濃度が10％の砂糖水150gには，何gの砂糖が溶けているか。

(2) 質量パーセント濃度が20％の砂糖水を400gつくるには，砂糖と水は何gずつ必要か。

❹-1

(1)

(2) 砂糖

水

解答➡本冊 p.228

練習❹-2

(1) 質量パーセント濃度が20％の砂糖水125gには，何gの砂糖が溶けているか。

(2) (1)の砂糖水に水をさらに加え，砂糖水の質量パーセント濃度を10％とした。加えた水の量は何gか。

❹-2

(1)

(2)

解答➡本冊 p.228

練習❹-3

(1) 質量パーセント濃度が6.25％の塩化ナトリウム水溶液96gには，何gの塩化ナトリウムが溶けているか。

(2) (1)の塩化ナトリウム水溶液に塩化ナトリウムをさらに溶かし，塩化ナトリウム水溶液の質量パーセント濃度を10％とした。加えた塩化ナトリウムの量は何gか。

❹-3

(1)

(2)

解答➡本冊 p.228，229

例題⑤ **◀ 計算 ▶ 水溶液の温度を下げて出てくる物質の量**

図は，硝酸カリウムの溶解度曲線を表したものである。硝酸カリウムを80℃の水100gに溶かして飽和水溶液をつくり，温度を20℃まで下げると，何gの硝酸カリウムが出てくるか。図の80℃と20℃のところに示した棒グラフを参考に求めなさい。

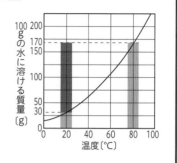

> 💡ヒント 図から，80℃のとき，170gの硝酸カリウムが溶けていることがわかる。

〔解答〕 _____

解答 ➡ 本冊 p.82

練習⑤-1 図は，硫酸銅の溶解度曲線を表したものである。硫酸銅を60℃の水100gに溶かして飽和水溶液をつくり，温度を20℃まで下げると，何gの硫酸銅が出てくるか。図の60℃と20℃のところに示した棒グラフを参考に求めなさい。

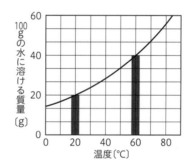

⑤-1

_____

解答 ➡ 本冊 p.229

練習⑤-2 次の表は，溶液の温度に対して，硝酸カリウムの溶解度の変化を表したものである。80℃の水100gに溶かした飽和水溶液をつくり，温度を20℃まで下げた。このとき，何gの硝酸カリウムが出てくるか。下の表をもとに答えなさい。

温度〔℃〕	0	20	40	60	80
溶解度	13.3	31.6	63.9	109.2	168.8

⑤-2

_____

解答 ➡ 本冊 p.229

1 物質が水に溶けるようす

- ☐ (1) ①砂糖水の砂糖のように，溶けている物質を何というか。また，②砂糖水の水のように，溶質を溶かしている液体を何というか。

- ☐ (2) ①溶質が溶媒に溶けた液全体を何というか。また，②溶液のうち，溶媒が水であるものを何というか。

- ☐ (3) 水溶液に，色がついているものはあるか，ないか。

- ☐ (4) 物質をつくっている目に見えない粒子を，目に見えるように表したものを何というか。

- ☐ (5) 次の式の①〜③に当てはまることばは何か。

$$質量パーセント濃度〔\%〕=\frac{〔\ ①\ 〕の質量〔g〕}{〔\ ②\ 〕の質量〔g〕}\times100$$

$$=\frac{〔\ ①\ 〕の質量〔g〕}{〔\ ③\ 〕の質量〔g〕+〔\ ①\ 〕の質量〔g〕}\times100$$

2 溶解度と再結晶

- ☐ (6) ①溶質が溶媒に限度まで溶けている状態を何というか。また，②溶質が溶媒に限度まで溶けている水溶液を何というか。

- ☐ (7) 100gの水に溶ける物質の最大の量を何というか。

- ☐ (8) 物質の溶解度と温度の関係をグラフに表したものを何というか。

- ☐ (9) 温度によって溶解度があまり変化しない固体の物質を溶かした水溶液から，溶質を再び固体として取り出すには，水溶液を冷やすか，水溶液の水を蒸発させるか。

- ☐ (10) 規則正しい形をした固体を何というか。

- ☐ (11) いったん溶媒に溶かした固体の物質を，再び結晶として取り出すことを何というか。

- ☐ (12) 物質のうち，①複数の物質が混ざり合ったものを何というか。また，②1種類の物質でできているものを何というか。

(1) ①＿＿＿＿＿＿＿

　　②＿＿＿＿＿＿＿

(2) ①＿＿＿＿＿＿＿

　　②＿＿＿＿＿＿＿

(3) ＿＿＿＿＿＿＿＿

(4) ＿＿＿＿＿＿＿＿

(5) ①＿＿＿＿＿＿＿

　　②＿＿＿＿＿＿＿

　　③＿＿＿＿＿＿＿

(6) ①＿＿＿＿＿＿＿

　　②＿＿＿＿＿＿＿

(7) ＿＿＿＿＿＿＿＿

(8) ＿＿＿＿＿＿＿＿

(9) ＿＿＿＿＿＿＿＿

(10) ＿＿＿＿＿＿＿＿

(11) ＿＿＿＿＿＿＿＿

(12) ①＿＿＿＿＿＿＿

　　②＿＿＿＿＿＿＿

第8章 物質の状態変化

学習日　　／

1 状態変化と体積・質量

▼状態変化

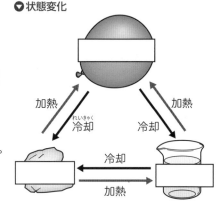

- [ ] **物質の状態**：物質には，〔　　　　　〕，〔　　　　　〕，〔　　　　　〕の３つの状態がある。

- [ ] 〔　　　　　〕：温度によって，**固体⇔液体⇔気体**と**物質の状態**が変わること。

- [ ] **状態変化と体積**：物質の状態が**液体**から**気体**に変化すると，体積は非常に〔 小さく　大きく 〕なる。また，**液体**から**固体**に変化すると，水以外の物質では体積が〔 小さく　大きく 〕なる。

- [ ] **状態変化と質量**：状態変化によって物質の体積が変化しても，**質量は変化しない**。

- [ ] **状態変化と粒子のモデル**：**固体**のとき，粒子は〔 不規則に　規則正しく 〕並び，粒子間の距離は小さい。加熱して**液体**になると，粒子は自由に運動し，粒子間の距離も〔 小さく　大きく 〕なる。さらに加熱して**気体**になると，粒子はさらに激しく運動し，粒子間の距離は非常に〔 小さく　大きく 〕なる。

2 状態変化と温度

▼水の状態変化と温度

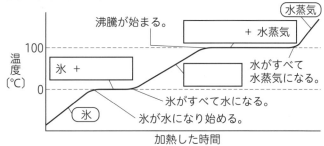

- [ ] **水の状態変化と温度**：氷を加熱すると，〔　　　　　〕℃で**液体の水になり始め**，**液体**の水を加熱すると，**100℃**で〔　　　　　〕が始まる。

- [ ] 〔　　　　　〕：**液体が沸騰して気体に変化**するときの温度。

- [ ] 〔　　　　　〕：**固体がとけて液体に変化**するときの温度。

- [ ] 〔　　　　　〕：**液体を沸騰させて気体にし，それを冷やして再び液体にして取り出す**方法。

- [ ] **水とエタノールの混合物の蒸留**：水とエタノールの混合物を加熱すると，〔　　　　　〕よりも沸点の低い〔　　　　　〕を多く含む**気体**が先に出てくる。

1 状態変化と体積・質量

□ (1) 温度によって，物質の状態が 固体⇔液体⇔気体 と変わることを何というか。

□ (2) 物質の状態が，①液体から気体に変化すると，体積は大きくなるか，小さくなるか。また，②液体から固体に変化すると，水以外の物質では体積は大きくなるか，小さくなるか。

□ (3) 状態変化によって物質の体積が大きくなったとき，質量は大きくなるか，小さくなるか，変化しないか。

□ (4) 物質の粒子が規則正しく並んでいるのは，物質の状態が固体，液体，気体のどのときか。

□ (5) 物質の粒子が最も激しく運動しているのは，物質の状態が固体，液体，気体のどのときか。

□ (6) ①液体の水が氷になると，密度は大きくなるか，小さくなるか。また，②氷を水に入れると，氷は水に浮くか，沈むか。

2 状態変化と温度

□ (7) 氷を加熱したとき，①液体の水になり始める温度は何℃か。また，②液体の水が沸騰して気体になり始める温度は何℃か。

□ (8) ①液体が沸騰して気体に変化するときの温度を何というか。また，②固体がとけて液体に変化するときの温度を何というか。

□ (9) 融点や沸点が決まった温度になるのは，純粋な物質か，混合物か。

□ (10) 液体を沸騰させて気体にし，それを冷やして再び液体にして取り出す方法を何というか。

□ (11) 水とエタノールの混合物を加熱すると，水，エタノールのどちらを多く含む気体が先に出てくるか。

(1)
(2) ①
　　②
(3)
(4)
(5)
(6) ①
　　②
(7) ①
　　②
(8) ①
　　②
(9)
(10)
(11)

22

第9章 光の反射と屈折

要点のまとめ わからないときは本冊のp.100を見よう！

学習日 ／

1 光の進み方と反射

□〔　　　　〕：みずから光を発するもの。

□ 光の〔　　　　〕：光がまっすぐに進むこと。

□ 光の〔　　　　〕：光が物体の表面では**ね返る**こと。

□〔　　　　〕：物体の面に当たった光。

□〔　　　　〕：物体の面で反射した光。

□〔　　　　〕：物体の面に垂直な直線と入射光の間の角。

□〔　　　　〕：物体の面に垂直な直線と反射光の間の角。

□ **反射の法則**：光の**入射角**と**反射角はつねに**〔　　　　〕。

□〔　　　　〕：鏡などにうつって見える，**物体はないのにあるように見えるもの**。

□〔　　　　〕：物体のでこぼこした表面で，光がいろいろな方向に反射すること。

● 光の反射

鏡の面

入射角 ＝ 反射角

光はまっすぐに進むから，光の道すじは直線で表せるよ。

2 光の屈折（くっせつ）

□ 光の〔　　　　〕：光が異なる物質に進むとき，境界面で光の道すじが**曲がる**こと。

□〔　　　　〕：屈折して進む光。

□〔　　　　〕：境界面に垂直な直線と屈折光の間の角。

□〔　　　　〕：光が水やガラスから空気へ進むとき，境界面で屈折せず，**すべて反射**することすること。

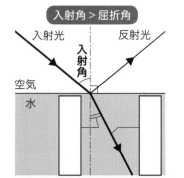

● 光の屈折（空気⇒水）

入射角 ＞ 屈折角

入射光　反射光

入射角

空気
水

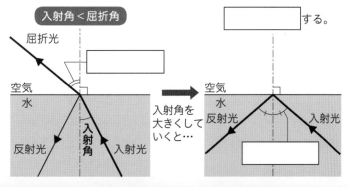

● 光の屈折（水⇒空気）と全反射

入射角 ＜ 屈折角

屈折光

空気
水

入射角

反射光　入射光

入射角を大きくしていくと…

□□□□□する。

空気
水
反射光　入射光

23

例題 ⑥ ◀ 作図 ▶ 鏡で反射する光

　図は，水平な面に置いた方眼紙の上に，鏡を垂直に立てたときのようすを真上から見たものである。図の矢印は，光源装置の光が鏡に当たるまでの道すじを表している。鏡に当たった光が進む道すじを，実線でかきなさい。

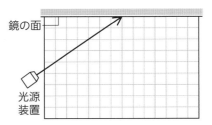

💡ヒント　反射の法則が成り立つことに着目し，方眼のマス目を利用して反射光をかこう。

解答 ➡本冊 p.102

練習⑥-1 図は，方眼紙の上に鏡を垂直に立てたときのようすを真上から見たものである。図の矢印は，光源装置の光が鏡に当たるまでの道すじを表している。鏡に当たった光が進む道すじを，実線でかきなさい。

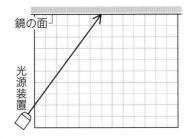

解答 ➡本冊 p.229

練習⑥-2 図は，2枚の鏡を90°に組み合わせ，方眼紙の上に垂直に立てたときのようすを真上から見たものである。図の矢印は，光源装置の光が1枚の鏡に当たるまでの道すじを表している。このあと，光がもう1枚の鏡に当たって進む道すじを，実線でかきなさい。

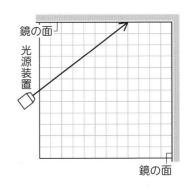

解答 ➡本冊 p.229

💡ヒント

1枚目で反射するときも2枚目で反射するときも，反射の法則が成り立つ。

例題 ⑦ ◀ 作図 ▶ 像の位置と光の道すじ

図のように，点Aに物体を置き，鏡に映った物体の像を点Bから見た。点Aの物体から出た光が鏡で反射して点Bに届くまでの道すじを，実線でかきなさい。

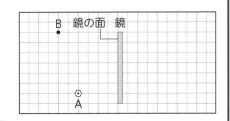

💡ヒント　まず，点Aに置いた物体の像の位置を求めよう。次に，像の位置から点Bまで，光が直進してくると考えよう。

解答 ➡ 本冊 p.104

練習 ⑦-1 図のように，点Aに物体を置き，鏡に映った物体の像を点Bから見た。点Aの物体から出た光が鏡で反射して点Bに届くまでの道すじを，実線でかきなさい。

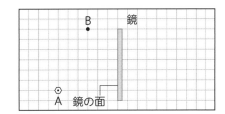

解答 ➡ 本冊 p.229

練習 ⑦-2 図のように，点Aに物体を置き，鏡1で1回反射し，鏡2に映った物体の像を点Bから見た。点Aの物体から出た光が鏡1，2の順で反射して点Bに届くまでの道すじを，実線でかきなさい。

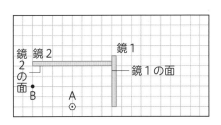

解答 ➡ 本冊 p.229, 230

例題 ❽ ◀ 作図 ▶ 屈折する光の道すじ

図のように，直方体のガラスを通して鉛筆を見ると，鉛筆の点Xが点Yにあるように見えた。点Xから出た光が目に届くまでの道すじを，実線でかきなさい。

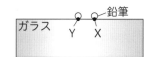

💡ヒント 目から出てガラスを通った光が，ガラスと空気の境界面のどの点で屈折したかをまず求めよう。

解答 ➡ 本冊 p.108

練習 ❽-1 図のように，直方体のガラスを通して鉛筆を見ると，鉛筆の点Xが点Yにあるように見えた。点Xから出た光が目に届くまでの道すじを，実線でかきなさい。

解答 ➡ 本冊 p.230

練習 ❽-2 図のように，直方体のガラスを通して鉛筆を見ると，鉛筆の点Xが点Yにあるように見えた。点Xから出た光が目に届くまでの道すじを，実線でかきなさい。

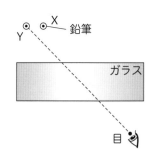

解答 ➡ 本冊 p.230

1 光の進み方と反射

- ☐ (1) 太陽や電球のように，みずから光を発するものを何というか。

- ☐ (2) 光がまっすぐに進むことを光の何というか。

- ☐ (3) 物体の表面で光がはね返ることを光の何というか。

- ☐ (4) 光を鏡などの面に当てたとき，①面に当たった光，②面ではね返った光をそれぞれ何というか。

- ☐ (5) 光を鏡などの面に当てたとき，①鏡の面に垂直な線と入射光の間の角，②鏡の面に垂直な線と反射光の間の角をそれぞれ何というか。

- ☐ (6) 光が反射するとき，入射角と反射角はいつも等しくなることを何というか。

- ☐ (7) 物体を鏡などに映したとき，鏡のおくに物体があるように見えるものを，物体の何というか。

- ☐ (8) 表面がでこぼこした物体に当たった光が，いろいろな方向に反射することを何というか。

2 光の屈折（くっせつ）

- ☐ (9) 光が空気から水に斜（なな）めに入るときのように，物質の境界面で光が折れ曲がることを光の何というか。

- ☐ (10) 光が物質の境界面で折れ曲がるとき，①折れ曲がって進む光を何というか。また，②境界面に垂直な線と折れ曲がって進む光の間の角を何というか。

- ☐ (11) 光が水やガラスから空気へ進むとき，光が境界面で屈折せず，すべて反射することを何というか。

- ☐ (12) 太陽や白熱電灯の光のように，色合いを感じない光を何というか。

(1)

(2)

(3)

(4) ①

　　②

(5) ①

　　②

(6)

(7)

(8)

(9)

(10) ①

　　②

(11)

(12)

要点のまとめ わからないときは本冊のp.114を見よう！

学習日 ／

1 凸レンズを通る光の進み方

□〔 〕：凸レンズを通して見えるものや，スクリーンなどに映ったもの。

□〔 〕：**光軸（凸レンズの軸）** に平行な光が，**凸レンズで屈折して集まる点**。

□〔 〕：凸レンズの**中心から** 焦点までの距離。凸レンズのふくらみが大きいほど〔 長い 短い 〕。

□ 凸レンズを通る光の進み方：

① **光軸に平行な光** は，屈折した後，〔 〕を通る。

② **凸レンズの中心を通る光** は，そのまま**直進する**。

③ **焦点を通る光** は，屈折した後，**光軸**に〔 〕に進む。

● 凸レンズを通る光の進み方

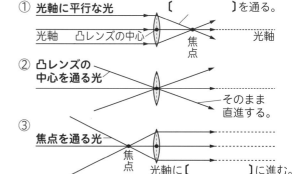

① 光軸に平行な光 〔 〕を通る。
光軸 凸レンズの中心 焦点 光軸

② 凸レンズの中心を通る光 そのまま直進する。

③ 焦点を通る光 焦点 光軸に〔 〕に進む。

2 凸レンズによってできる像

□〔 〕：物体が**焦点の外側**にあるとき，凸レンズを通った**光が実際に集まってできる像**。もとの物体とは，上下左右の**向きが**〔 〕になる。

□〔 〕：物体が**焦点の内側**にあるとき，**凸レンズをのぞくと見える像**。もとの物体と，上下左右の**向きが**〔 〕になる。

● いろいろな位置に物体があるときの像のでき方

物体の位置		像の作図	像の種類
焦点の外側	焦点距離の2倍より遠い	物体 F' F 中心 F F' 光軸 像	実像
	焦点距離の2倍	F' F F F' 像	
	焦点距離の2倍と焦点の間	F' F F F' 像	
	焦点	F' F F F'	像はできない
	焦点の内側	像 F' F F F'	

※ Ｆ…焦点　Ｆ'…焦点距離の２倍の位置

例題 ❾ ◀ 作図 ▶ 凸レンズを通る光の道すじと実像

　図の位置に物体を置いたとき，物体の点Aから出た次の①〜③の光のうち，2つ
の道すじを実線でかきなさい。また，このときできる実像を矢印でかきなさい。

　　①光軸に平行な光　　②凸レンズの中心を通る光
　　③焦点を通って凸レンズに入る光

①〜③のうちのどの
2つをかいても結果
は同じになるよ！

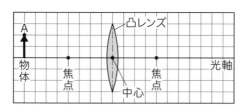

解答➡本冊 p.121

練習 ❾-1　図の位置に物体を置いたとき，物体の点Aから出た次の①〜③の光のうち，2
つの道すじを実線でかきなさい。また，このときできる実像を矢印でかきなさい。

　　①光軸に平行な光　②凸レンズの中心を通る光　③焦点を通って凸レンズに入る光

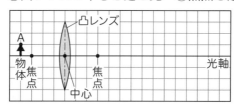

解答➡本冊 p.230

練習 ❾-2　凸レンズの近くに物体を置いたところ，図の位置に実像ができた。光が通った道
すじを作図し，置かれた物体を正しい位置に矢印でかきなさい。

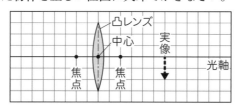

解答➡本冊 p.230

例題⑩ ◀ 作図 ▶ 凸レンズを通る光の道すじと虚像

　図の位置に物体を置いたとき，物体の点Aから出た次の①，②の光の道すじを，実線でかきなさい。また，このときできる虚像を矢印でかきなさい。

　①光軸に平行な光
　②凸レンズの中心を通る光

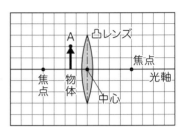

解答➡本冊 p.121

練習⑩-1 図の位置に物体を置いたとき，物体の点Aから出た次の①，②の光の道すじを，実線でかきなさい。また，このときできる虚像を矢印でかきなさい。

　①光軸に平行な光
　②凸レンズの中心を通る光

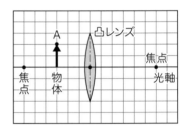

解答➡本冊 p.231

練習⑩-2 図の位置に物体を置いたとき，物体の点Aから出た次の①，②の光の道すじを，実線でかきなさい。また，このときできる虚像を矢印でかきなさい。

　①光軸に平行な光
　②凸レンズの中心を通る光

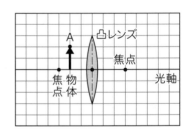

解答➡本冊 p.231

1 凸レンズを通る光の進み方

- □ (1) 虫めがねやルーペに使われている，中央部がふくらんだレンズを何というか。

- □ (2) 凸レンズを通して見えるものや，スクリーンなどに映ったものを何というか。

- □ (3) 光軸に平行な光が，凸レンズを通るときに屈折して集まる点を何というか。

- □ (4) 凸レンズの中心から焦点までの距離を何というか。

- □ (5) 凸レンズの中心から焦点までの距離は，凸レンズのふくらみが大きいほど長くなるか，短くなるか。

- □ (6) 物体のある点から出て凸レンズを通る光のうち，①光軸に平行な光は，凸レンズで屈折した後，何という点を通るか。また，②凸レンズで屈折せずに直進するのは，凸レンズの中心を通る光か，焦点を通る光か。

2 凸レンズによってできる像

- □ (7) 物体が焦点の外側にあるとき，物体から出て凸レンズを通った光が実際に集まってできる像を何というか。

- □ (8) 物体が焦点の内側にあるとき，凸レンズをのぞくと見える像を何というか。

- □ (9) もとの物体と比べて，上下左右の向きが逆になるのは，実像か，虚像か。

- □ (10) 物体が焦点距離の2倍の位置にあるとき，①凸レンズによる像はどのような位置にできるか。また，②像の大きさは，物体と比べて大きいか，小さいか，同じか。

- □ (11) 物体が凸レンズの焦点にあるとき，像はできるか，できないか。

(1) _____

(2) _____

(3) _____

(4) _____

(5) _____

(6) ① _____

　　② _____

(7) _____

(8) _____

(9) _____

(10) ① _____

　　② _____

(11) _____

第 11 章 音の性質

要点のまとめ わからないときは本冊のp.126を見よう！

学習日　　／

1 音の伝わり方と速さ

□〔　　　　　　　〕：振動して音を発生している物体。

□〔　　　　　　　〕：振動が次々と伝わる現象。

□ **音の伝わり方**：音源の振動が，空気や水，金属などの物体の中を〔　　　　　〕として伝わる。

□ **音の伝わる速さ**：空気中を伝わる音の速さは，約**340メートル毎秒（340m/s）**で，光の速さと比べてはるかに〔 **速い**　**遅い** 〕。

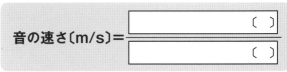

◆音の速さを求める式

$$音の速さ〔m/s〕＝\frac{〔\quad〕}{〔\quad〕}$$

2 音の大きさと高さ

□〔　　　　　　　〕：音源の**振動の振れ幅**。**振幅**が大きいほど，音が大きい。

□〔　　　　　　　〕：音源が**1秒間に振動する回数**。**振動数**が多い（大きい）ほど，音が**高い**。単位には〔　　　　（記号：　　）〕を使う。

□ **弦の振幅**：弦をはじく強さを強くするほど，振幅が大きくなり，音が〔 **大きく**　**小さく** 〕なる。

□ **弦の振動数**：弦の長さが短いほど，弦の太さが細いほど，弦を張る強さが強いほど，〔　　　　　〕が多く（大きく）なり，音が高くなる。

□ **音の波形**：オシロスコープやコンピュータを使うと，音源の振動のようすを波形で表示することができる。

◆弦の振動と音の大きさ・高さ

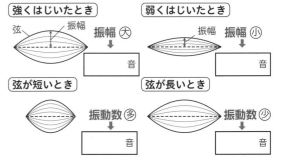

強くはじいたとき
弦　振幅　振幅 大 ↓ 音

弱くはじいたとき
振幅　振幅 小 ↓ 音

弦が短いとき
振動数 多 ↓ 音

弦が長いとき
振動数 少 ↓ 音

◆音の大きさ・高さによる波形の違い

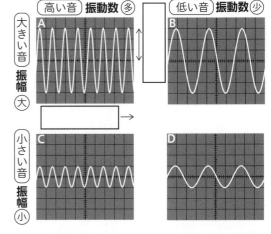

例題⑪ ◀計算▶ 音の速さ

(1) 花火が上空で開くのが見えてから，2.5秒後に花火の音が聞こえた。花火を見た場所から花火が開いた位置までの距離が850mのとき，音の速さは何m/sか。

(2) 雷の稲妻が見えてから音が聞こえるまでに，6.2秒かかった。稲妻を見た場所から稲妻までの距離が2.1kmのとき，音の速さは何m/sか。整数で答えなさい。

💡ヒント (2)「音の速さは何m/sか。」と問われているので，距離2.1kmの単位をmに直す必要がある。また，「整数で答えなさい。」という指示に注意する。

解答 (1) 　　　　　 (2) 　　　　　　　　　　解答➡本冊 p.130

練習⑪-1 雷の稲妻が見えてから音が聞こえるまでに，4.4秒かかった。稲妻を見た場所から稲妻までの距離が1.5kmのとき，音の速さは何m/sか。整数で答えなさい。

⑪-1

解答⇒本冊 p.231

例題⑫ ◀計算▶ 速さの公式から距離・時間を求める

(1) 花火が光るのを見た1.5秒後に，花火の音が聞こえた。花火を見た場所から花火までの距離は何mか。ただし，空気中を伝わる音の速さは340m/sとする。

(2) 空気中を伝わる音の速さを340m/sとすると，音が1700m伝わるのにかかる時間は何秒か。

解答 (1) 　　　　　 (2) 　　　　　　解答➡本冊 p.131

練習⑫-1 雷の稲妻が見えてから音が聞こえるまでに，5.5秒かかった。稲妻を見た場所から稲妻までの距離は何mか。ただし，音の速さを340m/sとする。

⑫-1

解答⇒本冊 p.231

1 音の伝わり方と速さ

□ (1) 振動して音を発生している物体を何というか。

□ (2) 振動が次々と伝わる現象を何というか。

□ (3) 音は水などの液体中や金属などの固体中を，伝わるか，伝わらないか。

□ (4) 速さの単位であるm/sは何と読むか。

□ (5) 空気中を伝わる音の速さは，光の速さと比べて，はるかに速いか，遅いか。

□ (6) 次の式の①，②に当てはまることばは何か。

$$音の速さ〔m/s〕= \frac{音が伝わった〔　①　〕〔m〕}{音が伝わるのにかかった〔　②　〕〔s〕}$$

(1) _____

(2) _____

(3) _____

(4) _____

(5) _____

(6) ① _____

　　② _____

2 音の大きさと高さ

□ (7) 音源の振動の振れ幅を何というか。

□ (8) ①音源が1秒間に振動する回数を何というか。また，②その単位には何が使われるか。

□ (9) 振幅が大きいほど，音は大きいか，小さいか。

□ (10) 振動数が多い（大きい）ほど，音は高いか，低いか。

□ (11) 弦を強くはじくほど大きくなるのは，弦の振幅か，振動数か。

□ (12) はじく弦が短いほど，音は高くなるか，低くなるか。

□ (13) はじく弦が太いほど，音は高くなるか，低くなるか。

□ (14) はじく弦を強く張るほど，音は高くなるか，低くなるか。

□ (15) オシロスコープの画面で，時間を表しているのは，縦軸か，横軸か。

□ (16) オシロスコープの画面で，波が多く見えているほど，振動数は多いか，少ないか。

(7) _____

(8) ① _____

　　② _____

(9) _____

(10) _____

(11) _____

(12) _____

(13) _____

(14) _____

(15) _____

(16) _____

第 12 章 力のはたらき

要点のまとめ わからないときは本冊のp.138を見よう！

学習日 ／

1 物体にはたらく力

□〔　　　　　〕：変形したものがもとにもど
ろうとする性質（**弾性**）によって生じる力。

□〔　　　　　〕：物体を面に置いたとき，面
が物体を垂直に押す力。

□〔　　　　　〕：物体が接している面の間で，
物体の動きを妨げるようにはたらく力。

□〔　　　　　〕：地球が物体を引く力。

□〔　　　　　〕：磁石の極と極の間にはたらく力や，
磁石の極と鉄が引きあう力。

□〔　　　　　〕：物体どうしをこすりあわせたとき，
電気がたまることではたらく力。

□〔　　　　（**記号：**　　）〕：力の大きさを表す
単位。

□〔　　　　　　　〕：ばねの伸びはばねを引く力
の大きさに**比例**する，という関係。

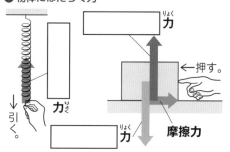
▼物体にはたらく力

力

←押す。

摩擦力

力_{りょく}

力_{りょく}

力_{りょく}

↓引く。

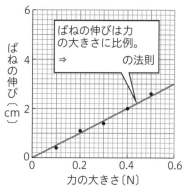
▼力の大きさとばねの伸びの関係

ばねの伸びは力
の大きさに比例。
⇒　　　　　の法則

ばねの伸び〔cm〕

力の大きさ〔N〕

2 力の表し方と2力のつりあい

□**力の三要素**：**力**が〔　　　　　〕，**力**の
〔　　　　　〕，**力**の〔　　　　　〕のこと。
力を表すときは，力の三要素を矢印で表す。

□〔　　　　　〕：**物質そのものの量**。場所が
変わっても変化しない。

□**力のつりあい**：1つの物体に2つ以上
の力がはたらいていて，その物体が動
かないとき，物体にはたらく力は
〔　　　　　〕という。

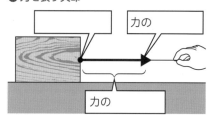
▼力を表す矢印

力の

力の

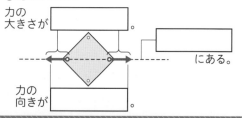
▼力のつりあい

力の
大きさが　　　　　。

にある。

力の
向きが　　　　　。

例題⑬ ◀**作図**▶ **力の大きさとばねの伸びのグラフ**

表は，あるばねを引く力の大きさとばねの伸びの関係を調べた結果である。この関係を表すグラフを，図にかきなさい。

力の大きさ〔N〕	0.2	0.4	0.6	0.8	1.0
ばねの伸び〔cm〕	1.1	1.9	2.9	4.0	5.1

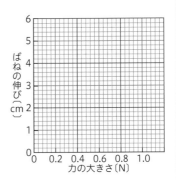

解答➡本冊 p.143

練習⑬-1 表は，あるばねを引く力の大きさとばねの伸びの関係を調べた結果である。この関係を表すグラフを，図にかきなさい。

力の大きさ〔N〕	0.2	0.4	0.6	0.8	1.0
ばねの伸び〔cm〕	0.8	1.5	2.3	3.1	4.1

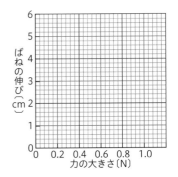

解答➡本冊 p.231

練習⑬-2 表は，あるばねを引く力の大きさとばねの長さの関係を調べた結果である。この表からばねを引く力の大きさとばねの伸びの関係を表すグラフを，図にかきなさい。

力の大きさ〔N〕	0	0.5	1.0	1.5	2.0	2.5
ばねの長さ〔cm〕	7.5	10.5	13.6	16.4	19.3	22.5

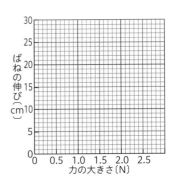

解答➡本冊 p.231

💡ヒント　ばねの「伸び」と「長さ」の違いに注意する。ばねにはたらく力の大きさが0Nのとき，ばねはどのような状態かを考える。

例題⑭ ◀計算▶ フックの法則の利用

あるばねAに40gのおもりをつるすと，ばねAの伸びは10cmであった。

(1) ばねAに100gのおもりをつるすと，ばねAの伸びは何cmになるか。

(2) ばねAの伸びが8cmのとき，ばねAにつるしたおもりは何gか。

💡ヒント (1) 求めるばねの伸びを$x$cmとして，比例式「△g：□cm＝▲g：$x$cm」を立ててみよう。

解答 (1)　　　　　　　　(2)　　　　　　　　　　　　解答➡本冊p.143

練習⑭-1 図はあるばねAにつるしたおもりの質量と，ばねAの伸びの関係を表したグラフである。

(1) ばねAに90gのおもりをつるすと，ばねAの伸びは何cmになるか。

(2) ばねAの伸びが16cmのとき，ばねAにつるしたおもりは何gか。

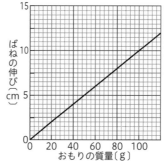

ばねの伸び〔cm〕／おもりの質量〔g〕

⑭-1

(1)

(2)

解答➡本冊p.232

練習⑭-2 あるばねAに60gのおもりをつるすと，ばねAの長さは12cmであった。次に，おもりを外した後，同じばねに80gのおもりをつるすとばねAの長さは14cmであった。

(1) ばねAに100gのおもりをつるすと，ばねAの長さは何cmになるか。

(2) ばねAの長さが25cmのとき，ばねAにつるしたおもりは何gか。

⑭-2

(1)

(2)

解答➡本冊p.232

💡ヒント

⑬-2と同様に，ばねの「伸び」と「長さ」の違いに注意する。

例題 ⑮ ◀ 作図 ▶ いろいろな物体にはたらく力

次の①～③の物体にはたらく力を，それぞれ力の矢印で表しなさい。ただし，図の・を作用点とし，方眼の1目盛りを1Nとする。

① 机の面が物体を支える3Nの力

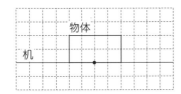

② 手が壁を垂直に押す4Nの力

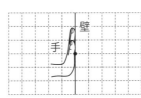

③ 2Nの物体にはたらく重力

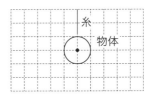

解答➡本冊 p.145

練習 ⑮-1　次の①～③の物体にはたらく力を，それぞれ力の矢印で表しなさい。ただし，図の・を作用点とし，方眼の1目盛りを1Nとする。

① 物体が机の面を押す2Nの力

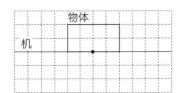

② 壁が手を垂直に押す3Nの力

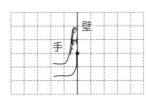

③ 糸が物体を引く2Nの力

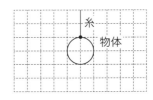

解答➡本冊 p.232

練習 ⑮-2　次の①～③の物体にはたらく力を，それぞれ力の矢印で表しなさい。ただし，図の・を作用点とし，方眼の1目盛りを1Nとする。

① 伸びているばねから物体にはたらく4Nの力

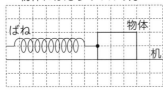

② 床の面から左向きに動く物体にはたらく2Nの摩擦力

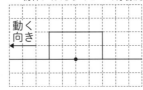

③ 磁石から鉄製の物体にはたらく3Nの力

解答➡本冊 p.232，233

1　物体にはたらく力

☐ (1)　①変形したものがもとにもどろうとする性質を何というか。また，②その性質によって生じる力を何というか。

☐ (2)　物体を面に置いたとき，面が物体を垂直に押す力を何というか。

☐ (3)　物体が接している面の間で，物体の動きを妨げるようにはたらく力を何というか。

☐ (4)　地球が物体を，地球の中心に向かって引く力を何というか。

☐ (5)　磁石の極と極の間にはたらく力や，磁石の極と鉄が引きあう力を何というか。

☐ (6)　物体どうしをこすり合わせたとき，電気がたまることではたらく力を何というか。

☐ (7)　力の大きさを表す単位は何か。

☐ (8)　100gの物体にはたらく重力の大きさを1Nとすると，300gの物体にはたらく重力の大きさは何Nか。

☐ (9)　ばねの伸びはばねを引く力の大きさに比例する，という関係を何というか。

2　力の表し方と2力のつりあい

☐ (10)　①力がはたらく点を何というか。また，②力がはたらく点，力の大きさ，力の向きの3つをあわせて何というか。

☐ (11)　地球上で9Nの物体の重さを月面上ではかると約何Nか。

☐ (12)　場所が変わっても変化しない，物質そのものの量を何というか。

☐ (13)　1つの物体に2つ以上の力がはたらいていて，その物体が動かないとき，物体にはたらく力はどうなっているというか。

(1) ①＿＿＿＿＿＿＿＿

　　②＿＿＿＿＿＿＿＿

(2)＿＿＿＿＿＿＿＿＿

(3)＿＿＿＿＿＿＿＿＿

(4)＿＿＿＿＿＿＿＿＿

(5)＿＿＿＿＿＿＿＿＿

(6)＿＿＿＿＿＿＿＿＿

(7)＿＿＿＿＿＿＿＿＿

(8)＿＿＿＿＿＿＿＿＿

(9)＿＿＿＿＿＿＿＿＿

(10) ①＿＿＿＿＿＿＿＿

　　②＿＿＿＿＿＿＿＿

(11)＿＿＿＿＿＿＿＿＿

(12)＿＿＿＿＿＿＿＿＿

(13)＿＿＿＿＿＿＿＿＿

第 **12** 章　力のはたらき

要点のまとめ わからないときは本冊のp.152を見よう！

学習日 ／

1 火山の活動

□〔　　　　　　〕：地球内部の熱によって**地下の岩石がどろどろにとけたもの**。

□〔　　　　　　　〕：噴火によってふき出された，**マグマからできたもの**。

□〔　　　　　　〕：マグマが**地表に流れ出たもの**や，マグマが**地表で冷え固まったもの**。

□〔　　　　　　〕：マグマから出てきた気体。**大部分は水蒸気**である。

▼マグマのねばりけと火山の特徴

火山の形	傾斜がゆるやかな形	円すいの形	おわんをふせたような形（溶岩ドーム）
マグマのねばりけ	弱い（小さい）		強い（大きい）▶
噴火のようす	◀穏やか		激しい（爆発的）▶
火山噴出物の色	◀黒っぽい		白っぽい

2 鉱物と火成岩

□〔　　　　　　〕：マグマが冷え固まってできた粒のうち，**結晶になったもの**。

〔　　　　　　〕と〔　　　　　　〕に分けられる。

▼おもな鉱物

鉱物	無色鉱物		有色鉱物				
	チョウ石（長石）	セキエイ（石英）	クロウンモ（黒雲母）	カクセン石（角閃石）	キ石（輝石）	カンラン石	磁鉄鉱

□〔　　　　　　〕：マグマが冷え固まってできた岩石。**火山岩**と**深成岩**に分けられる。

□〔　　　　　　〕：マグマが**上昇**し，**地表付近や地表で急に冷え固まった岩石**。**斑状組織**をしている。

□〔　　　　　　〕：マグマが**地下深くでゆっくり冷え固まった岩石**。**等粒状組織**をしている。

▼火成岩のつくり

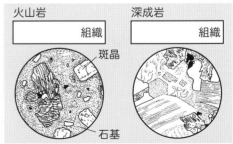

火山岩	深成岩
組織	組織

斑晶

石基

1 火山の活動

- ☐ (1) 地球内部の熱によって，地下の岩石がどろどろにとけたものを何というか。
- ☐ (2) 噴火によってふき出された，マグマがもとになってできたものを何というか。
- ☐ (3) マグマが地表に流れ出たものや，マグマが地表で冷え固まったものを何というか。

2 鉱物と火成岩

- ☐ (4) ねばりけが強いマグマは，流れやすいか，流れにくいか。
- ☐ (5) ねばりけが弱いマグマからできた火山噴出物の色は，黒っぽいか，白っぽいか。
- ☐ (6) 傾斜がゆるやかな形の火山をつくるマグマのねばりけは，強いか，弱いか。
- ☐ (7) 激しく爆発的な噴火を起こすことが多いマグマのねばりけは，強いか，弱いか。
- ☐ (8) マグマが冷え固まってできた粒のうち，結晶になったものを何というか。
- ☐ (9) セキエイ，カクセン石，キ石のうち，無色鉱物はどれか。
- ☐ (10) マグマが冷え固まってできた岩石を何というか。
- ☐ (11) 火成岩のうち，①マグマが地表付近で急に冷え固まった岩石を何というか。また，②マグマが地下深くでゆっくり冷え固まった岩石を何というか。
- ☐ (12) ①火山岩のつくりを何というか。また，②深成岩のつくりを何というか。
- ☐ (13) 火山岩のつくりで，①比較的大きな鉱物の結晶を何というか。また，②細かい粒などでできた部分を何というか。
- ☐ (14) 安山岩，玄武岩，花こう岩のうち，深成岩はどれか。

(1) ＿＿＿＿＿＿＿＿

(2) ＿＿＿＿＿＿＿＿

(3) ＿＿＿＿＿＿＿＿

(4) ＿＿＿＿＿＿＿＿

(5) ＿＿＿＿＿＿＿＿

(6) ＿＿＿＿＿＿＿＿

(7) ＿＿＿＿＿＿＿＿

(8) ＿＿＿＿＿＿＿＿

(9) ＿＿＿＿＿＿＿＿

(10) ＿＿＿＿＿＿＿＿

(11) ① ＿＿＿＿＿＿

　　② ＿＿＿＿＿＿

(12) ① ＿＿＿＿＿＿

　　② ＿＿＿＿＿＿

(13) ① ＿＿＿＿＿＿

　　② ＿＿＿＿＿＿

(14) ＿＿＿＿＿＿＿

第 **13** 章

火山

第 **14** 章 地震

要点のまとめ　わからないときは本冊のp.164を見よう！

学習日　　　／

1 地震のゆれとその伝わり方

□ **震源と震央**：地震が発生した場所を**震源**といい，その真上にある地表の地点を**震央**という。

□〔　　　　　　〕：地震のとき初めに起こる小さなゆれ。速さが速い〔　　　　　　〕**波**が届いて起こる。

□〔　　　　　　〕：地震のとき後からくる大きなゆれ。速さが遅い〔　　　　　　〕**波**が届いて起こる。

□〔　　　　　　　　　　　〕：**P波**と**S波**が届いた時刻の差。震源からの距離が大きいほど〔　**長い**　**短い**　〕。

□〔　　　　　　　　〕：地震が発生したときに，**P波**と**S波**の速さの違いを利用して，大きいゆれがくることを事前に知らせる予報・警報。

□〔　　　　　　〕：ある地点での地震のゆれの大きさ。

□〔　　　　　　　　〕：地震の規模（エネルギーの大きさ）。記号は〔　　　　〕で表される。

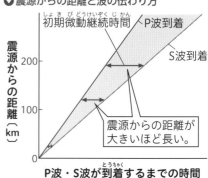

▼震源からの距離と波の伝わり方

初期微動継続時間　P波到着

S波到着

震源からの距離（km）

200

100

0

P波・S波が到着するまでの時間

震源からの距離が大きいほど長い。

震度とマグニチュードの違いは…

2 地震が起こるしくみと地形の変化

□〔　　　　　　〕：地球の表面をおおっている**岩盤**。

□〔　　　　　　〕：今後もくり返し活動して地震を起こす可能性がある断層。

□〔　　　　　　〕**型地震**：沈みこんだ**海洋プレート**に引きずりこまれた**大陸プレートの先端**が，急激にはね上がるときに起こる。

□〔　　　　　　〕**型地震**：**大陸プレート**が**海洋プレート**に押されて，**断層**ができたり，**活断層**が再びずれたりして起こる。

▼地震が起こる場所

日本海　　　日本海溝　　　太平洋

日本列島

内陸型地震

海溝型地震

動く向き

× 震源

例題 ⑯ ◀計算▶ 地震の波の伝わる速さと震源からの距離

(1)　震源からの距離が200kmで，地震が発生してからゆれが始まるまでの時間が25秒のとき，この地震のP波の速さは何km/sか。

(2)　地震が発生してからゆれが始まるまでの時間が15秒で，この地震のP波の速さが6km/sのとき，震源からの距離は何kmか。

💡ヒント　(2)　波の速さを求める公式を変形すると，震源からの距離＝波の速さ×ゆれ始めるまでの時間　となる。

解答　(1)　　　　　　　　　(2)

解答➡本冊 p.167

練習 ⑯ -1

(1)　震源からの距離が125kmで，地震が発生してからゆれが始まるまでの時間が25秒のとき，この地震のP波の速さは何km/sか。

(2)　地震が発生してからゆれが始まるまでの時間が15秒で，この地震のP波の速さが6.2km/sのとき，震源からの距離は何kmか。

⑯ -1

(1)

(2)

解答➡本冊 p.233

練習 ⑯ -2

(1)　震源からの距離が150kmで，地震が発生してから，初期微動ののち，主要動が始まるまでの時間が44秒のとき，この地震のS波の速さは何km/sか。小数第1位まで求めなさい。

(2)　地震が発生してから初期微動ののち，主要動が始まるまでの時間が23秒で，この地震のS波の速さが4.8km/sのとき，震源からの距離は何kmか。整数で答えなさい。

⑯ -2

(1)

(2)

解答➡本冊 p.233

例題 ⑰ ◀計算▶ 初期微動継続時間

　図は，ある地震の，P波とS波が到着するまでの時間と震源からの距離の関係を表したグラフである。

(1) 震源からの距離が120kmの地点での初期微動継続時間は何秒か。

(2) 震源からの距離が80kmの地点での初期微動継続時間は何秒か。

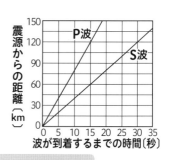

> 💡ヒント (1) 2つのグラフから読み取ろう。
>
> (2) 初期微動継続時間は震源からの距離に比例することから，比例式を立ててみよう。

解答 (1)　　　　　　　　　(2)

解答 ➡ 本冊 p.169

練習 ⑰ -1 図は，ある地震において，P波とS波が到着するまでの時間と震源からの距離の関係を表したグラフである。

(1) 震源からの距離が105kmの地点での初期微動継続時間は何秒か。

(2) 震源からの距離が70kmの地点での初期微動継続時間は何秒か。

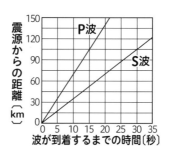

⑰ -1

(1)

(2)

解答 ➡ 本冊 p.233

練習 ⑰ -2 図は，ある地震において，P波とS波が到着するまでの時間と震源からの距離の関係を表したグラフである。

(1) 初期微動継続時間が10秒となるのは，震源からの距離が何kmの地点か。

(2) 震源からの距離が96kmの地点での初期微動継続時間は何秒か。

(3) P波，S波の伝わる速さはそれぞれ，何km/sか。

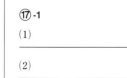

⑰ -2

(1)

(2)

(3) P波

　S波

解答 ➡ 本冊 p.233

1 地震のゆれとその伝わり方

☐ (1) ①地震が発生した場所を何というか。また，②地震が発生した場所の真上にある地表の地点を何というか。

☐ (2) 地震のとき，①初めの小さなゆれを何というか。また，②後からくる大きなゆれを何というか。

☐ (3) 震源で同時に発生した波のうち，①初期微動を起こす波を何というか。また，②主要動を起こす波を何というか。

☐ (4) P波とS波が届いた時刻の差を何というか。

☐ (5) 次の式の①，②に当てはまることばは何か。

$$波の速さ〔km/s〕= \frac{震源からの〔 ① 〕〔km〕}{地震発生からゆれ始めるまでの〔 ② 〕〔s〕}$$

☐ (6) 震源からの距離が大きい地点ほど，初期微動継続時間は長くなるか，短くなるか。

☐ (7) 地震発生直後，P波とS波の速さの違いを利用して，大きいゆれがくることを事前に知らせる予報・警報を何というか。

☐ (8) ①ある地点での地震のゆれの大きさを何というか。また，②地震の規模(エネルギーの大きさ)を何というか。

2 地震が起こるしくみと地形の変化

☐ (9) 地球の表面をおおっている，厚さ数10〜100kmほどの岩盤を何というか。

☐ (10) 今後もくり返し活動して地震を起こす可能性がある断層を何というか。

☐ (11) 沈みこむ海洋プレートに引きずりこまれた大陸プレートの先端が，急激にはね上がるときに起こる地震は，海溝型地震か，内陸型地震か。

☐ (12) 地震によって起こる現象のうち，①大地がもち上がることを何というか。また，②大地が沈むことを何というか。

(1) ①

②

(2) ①

②

(3) ①

②

(4)

(5) ①

②

(6)

(7)

(8) ①

②

(9)

(10)

(11)

(12) ①

②

要点のまとめ　わからないときは本冊のp.180を見よう！

学習日　　／

1 地層のでき方

🔻川の水のはたらき・地形と地層のでき方

☐ **風化**：岩石が気温の変化や風雨のはたらきで土砂に変わっていくこと。

☐〔　　　　　〕：流水によって，岩石が削られること。

☐〔　　　　　〕：流水によって，土砂が運ばれること。

☐〔　　　　　〕：水の流れのゆるやかなところに土砂がたまること。

☐〔　　　　　〕：地層の重なり方を柱状に表したもの。

風化
侵食
堆積
運搬
れきと砂
細かい砂
泥

2 地層からわかる過去のようす

☐〔　　　　　〕：堆積物が長い年月をかけて押し固められてできた岩石。

☐ **流水のはたらきでできた堆積岩**：粒の大きさによって，**れき岩**，**砂岩**，**泥岩** に分けられる。

☐ **凝灰岩**：火山灰などが堆積して固まった岩石。

☐ **生物の遺骸などからできた堆積岩**：**石灰岩** と **チャート** がある。〔　　　　　〕は，うすい塩酸にとけて二酸化炭素を発生する。〔　　　　　〕は，くぎでこすっても傷がつかない。

☐〔　　　　　〕：地層が堆積した当時の環境を推定できる化石。

☐〔　　　　　〕：地層が堆積した年代を推定できる化石。

☐〔　　　　　〕：化石などから決められた，地層が堆積した年代のこと。

☐ **断層**：大きな力によって地層がずれたもの。

☐〔　　　　　〕：大きな力がはたらいて地層が曲がったもの。

🔻いろいろな堆積岩

堆積岩	おもな堆積物	
れき岩	岩石などの破片	れき
砂岩		砂
泥岩		泥
	火山の噴出物	
	生物の遺骸や水にとけていた成分	

🔻おもな示相化石

示相化石	堆積した当時の環境
サンゴ	あたたかくて浅い海
アサリ	浅い海
シジミ	河口や湖
ブナ	やや寒い気候の陸地

🔻おもな示準化石

代	代	代
サンヨウチュウ フズリナ	アンモナイト 恐竜	ビカリア ナウマンゾウ

1 地層のでき方

- □ (1) 岩石が気温の変化や風雨のはたらきで土砂に変わっていくことを何というか。

- □ (2) 流水のはたらきのうち，①風化した岩石を削るはたらき，②土砂を運ぶはたらき，③土砂を積もらせるはたらきをそれぞれ何というか。

- □ (3) ある地点の地層の重なり方を柱状に表したものを何というか。

2 地層からわかる過去のようす

- □ (4) 堆積物が長い年月をかけて押し固められてできた岩石を何というか。

- □ (5) 流水のはたらきでできた堆積岩のうち，①おもにれきでできた堆積岩，②おもに砂でできた堆積岩，③おもに泥でできた堆積岩をそれぞれ何というか。

- □ (6) 火山灰などが堆積して固まった岩石を何というか。

- □ (7) 生物の遺骸などからできた堆積岩のうち，①うすい塩酸にとけて二酸化炭素を発生する堆積岩を何というか。また，②くぎなどでこすっても傷がつかない堆積岩を何というか。

- □ (8) 地層の中に，堆積した当時すんでいた生物の遺骸や生活した跡が残っているものを何というか。

- □ (9) ①地層が堆積した当時の環境を推定できる化石を何というか。また，②地層が堆積した年代を推定できる化石を何というか。

- □ (10) 化石などから決められた，地層が堆積した年代のことを何というか。

- □ (11) 地層に大きな力がはたらいて，①地層が切れてずれたものを何というか。また，②地層が曲がったものを何というか。

(1)

(2) ①

　　②

　　③

(3)

(4)

(5) ①

　　②

　　③

(6)

(7) ①

　　②

(8)

(9) ①

　　②

(10)

(11) ①

　　②

第15章 地層

チャート式®シリーズ 中学理科 1年 別冊ノート

編　者	数研出版編集部	〒101-0052　東京都千代田区神田小川町2丁目3番地3
発行者	星野　泰也	〔振替〕00140-4-118431
発行所	数研出版株式会社	〒604-0861　京都市中京区烏丸通竹屋町上る大倉町205番地

〔電話〕代表（075）231-0161

本書の一部または全部を許可なく
複写・複製すること，および本書
の解説書，問題集ならびにこれに
類するものを無断で作成すること
を禁じます。

ホームページ　https://www.chart.co.jp
印刷　株式会社太洋社

乱丁本・落丁本はお取り替えいたします。　　　220702